Hajo Greif · Matthias Werner (Hrsg.)

Vernetzung als soziales und technisches Paradigma

AF151341

VS RESEARCH

Hajo Greif
Matthias Werner (Hrsg.)

Vernetzung als soziales und technisches Paradigma

VS RESEARCH

Bibliografische Information der Deutschen Nationalbibliothek
Die Deutsche Nationalbibliothek verzeichnet diese Publikation in der
Deutschen Nationalbibliografie; detaillierte bibliografische Daten sind im Internet über
<http://dnb.d-nb.de> abrufbar.

Veröffentlicht mit Unterstützung des Forschungsrates der Alpen-Adria-Universität Klagenfurt
aus den Förderungsmitteln der Privatstiftung der Kärntner Sparkasse.

1. Auflage 2012

Alle Rechte vorbehalten
© VS Verlag für Sozialwissenschaften | Springer Fachmedien Wiesbaden GmbH 2012

Lektorat: Dorothee Koch | Britta Göhrisch-Radmacher

VS Verlag für Sozialwissenschaften ist eine Marke von Springer Fachmedien.
Springer Fachmedien ist Teil der Fachverlagsgruppe Springer Science+Business Media.
www.vs-verlag.de

Umschlaggestaltung: KünkelLopka Medienentwicklung, Heidelberg
Gedruckt auf säurefreiem und chlorfrei gebleichtem Papier
Printed in Germany

ISBN 978-3-531-17604-8

Im Gedenken an Rolf Fechner (1948–2011)

Vorwort

Der vorliegende Band versammelt Beiträge zu einem interfakultären Symposium, das von den Herausgebern des Buches im April 2009 unter dem Titel „Vernetzung als soziales und technisches Paradigma" an der Alpen-Adria-Universität in Klagenfurt veranstaltet wurde. Die Beiträge stammen aus den Disziplinen der Techniksoziologie, den Medienwissenschaften und der Technikphilosophie ebenso wie aus der theoretischen Informatik und der Informationstechnik. Das Symposium wurde als Nachfolger einer thematisch ähnlich gelagerten Veranstaltung im Jahre 2007 konzipiert, deren Beiträge unter dem Titel *Information und Gesellschaft. Technologien einer sozialen Beziehung* bei VS Research veröffentlicht wurden (Greif et al. 2008).

Wie bereits damals wurde die Veranstaltung vom Institut für Technik- und Wissenschaftsforschung gemeinsam mit der Fakultät für Technische Wissenschaften initiiert, um einen direkten und produktiven inhaltlichen Austausch zwischen Sozial- und TechnikwissenschaftlerInnen zu aktuellen Fragen zum Verhältnis von (Informations-) Technik, Kultur und Gesellschaft zu ermöglichen. Dass sowohl einige Vortragende des ersten Symposiums als auch eine Reihe neuer TeilnehmerInnen gewonnen werden konnten, kann als Zeichen für die Beständigkeit *und* Aktualität der verhandelten Fragestellungen sowie für ihre Verankerung an der Alpen-Adria-Universität gewertet werden.

Der Dank der Herausgeber gebührt in erster Linie den TeilnehmerInnen des Symposiums für die Mühen der Vorbereitung, Verschriftlichung und Bearbeitung ihrer Beiträge. Gerade in Zeiten disziplinär enger werdender und zunehmend quantitativ-monetär auf ihren „Impact" im eigenen Feld hin vermessener Publikationsanforderungen gilt es die Bereitschaft zur Auseinandersetzung mit interdisziplinären Fragestellungen, die vielleicht nicht unmittelbar auf dem eigenen Publikations- und Forschungsmarkt verwertet werden können, besonders zu würdigen. Weiters danken wir den Initiatoren des Symposiums, den Professoren Arno Bammé (Institut für Technik- und Wissenschaftsforschung) und Martin Hitz (Institut für Informatiksysteme und Dekan der Fakultät für Technische Wissenschaften) für die Schirmherrschaft über die Veranstaltung. Und nicht zuletzt gebührt dem Forschungsrat der Alpen-Adria-Universität und der Privatstiftung der Kärntner Sparkasse Dank für die finanzielle Unterstützung von Symposium und Publikation.

Hajo Greif & Matthias Werner

Literatur

Greif, H., O. Mitrea und M. Werner, Hrsg. (2008). *Information und Gesellschaft. Technologien einer sozialen Beziehung.* Wiesbaden: VS Research.

Inhaltsverzeichnis

Einleitung: Zur Analyse sozialer und technischer Vernetzung

Hajo Greif & Matthias Werner

1 Ausgangsbeobachtungen

DIE FACEBOOK-REVOLUTION?: Es gab und gibt Bestrebungen seitens diverser Regierungen, die unter anderem von sozialen Online-Netzwerken getragene Dynamik von Protestbewegungen nicht nur durch die üblichen Mittel der Zensur zu unterbinden. In den späten 2000er Jahren kam es an unterschiedlichen Orten und wiederholt zu gezielten Störungen und Abschaltungen von Internetdiensten und/oder mobilen Telekommunikationsnetzwerken. Sowohl die Verbreitung von Protestaufrufen als auch die Koordination zwischen den Protestierenden sollte somit zum Erliegen gebracht werden. Inwieweit solche Versuche den Ausgang der Ereignisse entscheidend beeinflussen können, lässt sich nur schwer abschätzen. Bereits die Unterdrückung der Proteste nach den Wahlen im Iran im Sommer 2009 erfolgte unter Einsatz begrenzter, aber recht gezielter Maßnahmen dieser Art. Anfang 2011 reagierte das ägyptische Regime unter anderem mit einer bis dahin weltweit einmaligen Totalabschaltung des Internet – welche zwar eine erschwerte Berichterstattung und massive wirtschaftliche Schäden für internetbasierte Geschäfte und Dienstleistungen im Lande zur Folge hatte, den Fortgang der Revolution aber nicht aufhalten konnte.[1] Die Ägyptische Revolution hat unter Hinweis auf die Rolle sozialer Online-Netzwerke in der Mobilisierung der AktivistInnen den Beinamen „die Facebook-Revolution" erhalten.[2] Nach den Unruhen in Teilen Englands im Sommer 2011 wurde von offizieller Seite die Forderung in den Raum gestellt, zukünftig in ähnlichen Situationen

---

[1] Eine der ersten Blog-Meldungen zur Internet-Abschaltung in Ägypten findet sich in Ferguson (2011), eine Analyse in *Technology Review*: Mims (2011).

[2] So etwa in Sutter (2011). Kritische Betrachtungen finden sich in Herrera (2011); Shenker (2011). Vor allem stellt sich die Frage, ob diese Bezeichnung den Kern der Sache trifft – oder ob sie das Bild nicht doch eher auf einen technischen Aspekt der Ereignisse verengt, der zudem nur ungenau erfasst wird.

das *Blackberry*-Netzwerk zeitweise abzuschalten, da der in Großbritannien ausgesprochen populäre *BlackBerry-Messenger*-Dienst (BBM) von den Aufständischen als Hauptmedium für die Koordination ihrer Angriffe und Plünderungen genutzt wurde.[3]

WIKIWARS: *WikiLeaks* hat es sich zur Aufgabe gemacht, sensible und vertrauliche Informationen (meist aus staatlichen Quellen), an deren Veröffentlichung ein öffentliches Interesse unterstellt wird, unter Verwendung einer internetbasierten Plattform zu sammeln, ihre Analyse zu organisieren, sie zur Veröffentlichung aufzubereiten, sie ausgewählten Medien zuzuspielen und sie im Internet zugänglich zu machen. Dieses technologisch verstärkte *whistle-blowing* zeigte eine bisher ungekannte mediale Reichweite und verhinderte zugleich alle regierungsseitigen Versuche, die einmal veröffentlichte Information wieder im Reich der Geheimhaltung verschwinden zu lassen. Dennoch erfuhren Personen wie Bradley Manning, trotz aller Bemühungen um Informantenschutz, für ihr Zuspielen als geheim klassifizierter Informationen an *WikiLeaks* eine harsche Behandlung, die von Kritikern nicht nur als unvereinbar mit den Prinzipien von Demokratie und Rechtsstaatlichkeit betrachtet,[4] sondern auch als wirkungslos eingeschätzt wird.[5] Auf die Veröffentlichung der Daten ebenso wirkungslos blieb der Versuch von Unternehmen wie *Amazon* oder *PayPal*, *WikiLeaks* durch das Sperren technischer und finanzieller Infrastrukturen die Arbeit unmöglich zu machen. Durchaus wirkungsvoll jedoch waren die darauf folgenden dezentral organisierten, aber massiven Cyber-Attacken von Wikileaks-Sympathisanten auf die Server genau jener Unternehmen. Zugleich wurde auf der inhaltlichen Ebene darüber debattiert, ob alle Information gleichermaßen würdig ist, von *WikiLeaks* an die Öffentlichkeit getragen zu werden – was für die Aufdeckung von Kriegsverbrechen galt (im Falle „Collateral Murder"), muss nicht unbedingt für informelles Gerede unter Diplomaten gelten (im Falle „Cablegate").[6] In einer weiteren Wendung der Ereignisse sind, wohl in Folge gezielter Indiskretionen und sicherheitstechnischer Pannen, zahlreiche Datensätze mit Informationen zur Identität der InformantInnen in Umlauf geraten.[7]

---

[3] Zur Berichterstattung in *The Guardian* siehe Halliday (2011); eine Analyse zur Rolle von BBM findet sich bei Butcher (2011); Berichterstattung zu den Forderungen nach einer BBM-Sperre findet sich unter anderem auf *Channel4* (Cohen 2011).

[4] Vgl. z.B. Niman (2010); Rötzer (2011).

[5] Ein pointierter Kommentar hierzu: „In any case, there will be other Mannings and other Assanges. You cannot uninvent the technology for copying a State Department's worth of cables and carting them pretty much anywhere" (Economist 2010, 18).

[6] Vgl. z.B. Kosmopolit (2010); Rosewall und Warren (2010).

[7] Vgl. z.B. BBC News (2011); Pany (2011).

In einem Band mit dem Titel *Vernetzung als soziales und technisches Paradigma* würde man – zumal angesichts der dort zu findenden interdisziplinären Zusammenstellung von Beiträgen aus Kultur- und Technikwissenschaften – vielleicht als Erstes Ausführungen zu aktuellen Entwicklungen wie diesen erwarten. Nun sind diese Entwicklungen vielleicht *zu* aktuell, um in den oft eher schwerfälligen Mechanismen akademischen Publizierens binnen weniger Monate Niederschlag zu finden. Ihre Erwähnung in dieser Einleitung dient aber nicht nur dazu, den Gegenstandsbereich dieses Bandes auf aktuelle Ereignisse zu beziehen – wohl wissend, dass der Gang der Geschichte auch weiterhin schneller sein wird. Zuallererst können die Beispielfälle dazu dienen, einige systematische Überlegungen zu den Inhalten dieses Buchs zu verdeutlichen. Gemeinsam haben die erwähnten Beispielfälle in erster Linie, dass sich in ihnen vernetzte Formen sozialer und technischer Organisation wechselseitig ergänzen, wobei dem Internet, als dem Leitmedium für vernetzte Kommunikation und Organisation, eine prominente Rolle zukommt. In unserem Einleitungskapitel wollen wir anhand der aktuellen Beispiele einige Motive im Feld (informations-) technischer und sozialer Vernetzung diskutieren, mit dem Ziel, das Spektrum und die Ansätze der in diesem Band versammelten Beiträge zu verdeutlichen.

2 Vernetzung und Vernetzung

Die Diskussion der eingangs beschriebenen Entwicklungen kann vor allem dazu beitragen, ein gängiges Missverständnis – oder genauer: einen ganzen Komplex von solchen Missverständnissen – zu klären. Das Missverständnis findet sich in der Annahme, dass das Vorhandensein sozialer Online-Netzwerke und anderer Internetangebote, die einer dezentralen, nicht-hierarchisch organisierten Verbreitung von Information dienen, in Verbindung mit der per definitionem vernetzten und – zumindest ursprünglich und im Prinzip – dezentralen und nicht-hierarchischen Organisation des Mediums Internet als Infrastruktur einen Beleg für eine enge, gar essentielle Verbindung zwischen der sozialen und der technischen Struktur des Gesamtphänomens liefern. Träfe dies zu, wären das Internet und die auf ihm basierenden Technologien und Dienste an und für sich bereits solchen Werten wie Partizipation und Demokratie zuträglich – oder, noch weitergehend, ihre verbreitete Verwendung wäre bereits ein Garant für die Herausbildung einer demokratischen, partizipationsorientierten Verfasstheit einer Gesellschaft.[8] Doch allein schon

---

[8] Erstere Annahme entspricht einem Technologieoptimismus, der vor allem in frühen Phasen der sozialwissenschaftlichen Forschung zum Verhältnis von Internet und Demokratie

die Beobachtungen, dass sowohl die Aufrufe zu den Krawallen in London als auch die Aufrufe zu gemeinschaftlichen Aufräumarbeiten sich *Social-Media*-Technologien zunutze machten,[9] oder dass das Internet einen Kontrollraum neuer Qualität darstellt, während es dem Einzelnen zugleich effektive Verschlüsselungs- und Anonymisierungstechnologien für vertrauliche und sichere Kommunikation im Netz zur Verfügung stellt, werden ausreichen, um dieser Annahme die normative Spitze zu nehmen. Andersherum zeichnet sich in den Debatten zur „Netzneutralität" ab, dass die Struktur des Internet zunehmend von den kommerziellen Interessen der großen *Internet Service Provider* (ISP) bestimmt wird – mit Auswirkungen darauf, welche Inhalte und Nutzungsformen dort mit welcher Sichtbarkeit und Qualität präsent sind.

Es mag nun zunächst naheliegen, die oben geschilderten Entwicklungen im begrifflichen Rahmen der bereits alten sozialwissenschaftlichen Debatte um Technik- vs. Sozialdeterminismus zu analysieren. Diese Debatte war nicht zuletzt deswegen nur begrenzt fruchtbar, weil die Frage, ob technische Strukturen wie das Internet soziale Entwicklungen antreiben oder ob sie in erster Linie der Ausdruck bestimmter sozialer Organisationsformen sind, schlichtweg nicht die richtige Frage ist. Man mag zwar nicht unbedingt mehr einem Kulturoptimismus oder -pessimismus verfallen, der in der schieren Präsenz von Online-Netzwerken wahlweise bereits eine emanzipatorische Kraft bzw. eine Schlüsseltechnologie für kaum kontrollierbare Formen organisierter Kriminalität sieht. Doch zum einen stellen sich die Dinge komplexer dar, im Sinne eines vielschichtigen Wechselverhältnisses zwischen technischen und sozialen Strukturen.[10] Zum anderen ist die Pointe, betrachtet man die obengenannten Beispiele etwas genauer, nicht einfach, dass es ein solches Wechselverhältnis gibt, sondern dass bereits die Annahme struktureller Analogien zwischen den Eigenschaften technischer Strukturen und sozialen Organisationsformen irreführend sein kann.

Der Begriff „Vernetzung" mag durchaus über unterschiedliche Felder hinweg eine ähnliche Bedeutung tragen, insofern er etwas über eine Art von Beziehung zwischen unterschiedlichen Entitäten aussagt. So wie Bestandteile eines Systems oder Prozesses oder auch Personen in einer Organisation „linear" oder „hierarchisch" angeordnet sind bzw. zueinander in Beziehung

---

anzutreffen gewesen ist. Vgl. hierzu kritisch Grunwald et al. (2006).

[9] Ein weit verbreiteter und wohl treffender *Tweet* zur Sache: „Blackberry Messenger used to coordinate the #londonriots. Twitter used to coordinate #riotcleanup. The police use a fax machine" (Twitter-User *tomevans*, 09.08.2011, http://twitter.com/#!/tomevans).

[10] Der seither vieldiskutierte Begriff des „mutual shaping of technology and society" wurde von Pinch und Bijker (1984) eingeführt.

stehen können, so können sie dies auch in vernetzter Form tun. Diese Formen sind bereits seit den 1970er Jahren der Gegenstand mathematisch-formaler Analysen geworden. In einem Einführungsband in die Methoden der Netzwerkanalyse werden folgende Anwendungsfelder aufgezählt, mit dem Hinweis auf eine über die Felder hinweg kohärente formale Basis:

> To name but a few examples, ‚network analysis' is carried out in areas such as project planning, complex systems, electrical circuits, social networks, transportation systems, communication networks, epidemiology, bioinformatics, hypertext systems, text analysis, bibliometrics, organization theory, genealogical research and event analysis. (Brandes und Erlebach 2005, 1)

Netzwerkanalysen dieser Art und dieser Bandbreite sind nicht der zentrale Gegenstand der Beiträge dieses Bandes (vgl. aber den Beitrag von Erlacher und Lesjak). Nicht nur ist die Auswahl der Felder enger, als hier aufgezählt, insofern nur soziale und informationstechnische Netzwerke zum Gegenstand der Betrachtung werden – diese aber in einem recht umfassenden Sinne. Auch die Ausgangsdiagnose, auf welcher das Konzept des Symposiums aufbaute, war deutlich bescheidener als der recht universale und formale Anspruch solcher formaler Netzwerkanalysen: Wir gingen von der Beobachtung aus, dass die Häufigkeit und die Reichweite vernetzter Beziehungs- und Organisations-formen sowohl in gesellschaftlichen als auch in technologischen Kontexten zunehmen – und dass es eine lohnende Aufgabe ist, die Gemeinsamkeiten, die Unterschiede, mögliche Ursachen hierfür sowie mögliche Effekte genauer herauszuarbeiten, anstatt von der Koinzidenz der Entwicklungen bereits auf eine allgemeine Analogie der Strukturen zu schließen.

Auf der technischen Seite findet sich nicht nur der Siegeszug des Internet als Basisinfrastruktur der modernen Welt, sondern auch, als ein Leitmotiv neuerer Entwicklungen auf unterschiedlichen Ebenen der Systemgestaltung, die Erkenntnis, dass zentral und hierarchisch organisierte Systemarchitektu-ren an die Grenzen ihrer Leistungsfähigkeit gelangt sind. Dies gilt sowohl für ihre operationale Effizienz als auch für Fragen des Energiehaushalts sowie für die Möglichkeiten der Erschließung neuer Anwendungsbereiche. Als geeignetere Modelle werden nunmehr vielfach Prinzipien der Selbst-organisation herangezogen, wie sie in Natur und Gesellschaft zu finden sind.[11] An die Stelle starrer Strukturen treten vernetzte Systeme, deren

---

[11] Vgl. z.B. Bonabeau et al. (1999); Prehofer und Bettstetter (2005); Staab et al. (2003), aber bereits auch schon Robertazzi und Sarachik (1986).

Elemente ohne oder nur mit einem Minimum an zentraler Kontrolle unmittelbar miteinander kommunizieren und ihre funktionalen Rollen selbsttätig untereinander abstimmen. Gelingt diese Abstimmung zuverlässig, sollten die resultierenden Systeme flexibler einsetzbar, anpassungsfähiger gegenüber ihrer Umwelt, robuster gegenüber Störungen und besser skalierbar als konventionelle informationstechnische Systeme sein.

Vernetzung im Sinne dezentral und flexibel organisierter Systeme bildet zugleich auch eine immer bedeutsamere Metapher für gesellschaftliche Organisationsprozesse und -formen. Man denke etwa an den Begriff der Netzwerkgesellschaft, der die Vernetzung zur zentralen Kategorie für die Charakterisierung der Gegenwartsgesellschaft erhebt (Castells 2001). Die Koordinierung in sozialen Netzwerken erfolgt höchst unterschiedlich, zumeist in einer komplexen Mischung verschiedener Steuerungsmodi. Folgt man aktuellen Diagnosen, so finden Kooperation und informelle Abstimmung als Formen der Selbststeuerung zunehmend Beachtung und ergänzen (oder ersetzen) hierarchische Interaktionen und marktvermittelte Anpassungen.

Zugleich ist das Netzwerkkonzept sowohl in den Sozialwissenschaften als auch in der gesellschaftlichen Praxis selbst Gegenstand kritischer Betrachtungen geworden. So analysieren Georg Krücken und Frank Meier (2003) Netzwerke als „Formalstruktur und Mythos" im Feld der Innovationspolitik. Sie zeigen, dass sich Netzwerke nicht ausschließlich oder in erster Linie aufgrund einer überlegenen Fähigkeit zur Problemlösung etablieren, sondern dass sie sich zu einer akzeptierten Formalstruktur entwickelt haben, die bestimmte Erwartungen erfüllen kann. Diese Erwartungen müssen nicht unmittelbar mit Fragen der Problemlösung zu tun haben, sondern können zum Beispiel förderpolitischen Ursprungs sein. In dem Maß, in dem Netzwerke ein formales oder bloß symbolisches Label für den Nachweis von Modernität darstellen, das für die tatsächliche soziale Praxis der Koordination der Aktivitäten keine echte Relevanz hat, relativiert sich die Annahme von Netzwerken als *der* zentralen Organisationsform und Beschreibungskategorie der Gegenwartsgesellschaft.

Vergleichend betrachtet, unterscheidet sich die Verwendung des Begriffs der Vernetzung in Sozial- und Technikwissenschaften zunächst in den Ebenen seiner Anwendung: Technische Netzwerke werden als solche bezeichnet, weil es konkrete Strukturen gibt, die aufgrund konkreter Baupläne und Systemarchitekturen als vernetzte Systeme gestaltet und realisiert werden. Ob ihre Ziele und Anwendungen auf dieselbe Weise zu charakterisieren sind, ist damit nicht gesagt. So kann ein vernetztes System ohne weiteres einer hierarchischen Kontrollstruktur dienen, während sich ein neuronales, parallel prozessierendes Netzwerk auch in einem konventionellen, seriell prozessierenden Computer mit hierarchischer Systemarchitektur simulieren lässt. Der Anwendungsbereich des Begriffs der Vernetzung ist somit auf der technischen Seite zumindest im Prinzip recht klar definiert – was den Gebrauch einer überbordenden Metaphorik und überschießender Generalisierungen allerdings nicht ausschließt. Was solche Systeme in manchen Bereichen darüber hinaus leisten sollen, ist das Herausbilden höherstufiger adaptiver funktionaler Strukturen ohne weitere Planung und ohne weiteres Hinzutun – und bisweilen auch ohne die Möglichkeit einer präzisen Voraussage über die Struktur von Prozess und Produkt – seitens ihrer Gestalter.

Schwieriger stellt sich die Situation im Falle sozialer Netzwerke dar – aus Gründen, die in der Natur des Gegenstands ebenso wie in der Natur seiner Untersuchung liegen. Soziale Netzwerke sind als soziale Tatsachen etwas, dessen Struktur sich nicht in derselben Weise planvoll festlegen lässt, wie dies für technische Netzwerke zu erwarten ist. Schließlich ist es gerade eines der definierenden Merkmale sozialer Netzwerke, dass sie in einer nicht vorherbestimmten Weise entstehen und auf *jeder* Ebene emergente Eigenschaften aufweisen, wie sie für technische Systeme nur in definierten Bereichen vorgesehen sind. Unabhängig davon sind soziale Netzwerke in einer für soziale Tatsachen charakteristischen Weise zweifach beschreibungsabhängig.

Zum einen wird mit dem Begriff „Netzwerk" eine theorieabhängige, nicht auf dem Wege direkter Beobachtung verifizierbare Struktur sozialer Tatsachen postuliert. Insofern etwa im Rahmen sozialwissenschaftlicher Anwendungen formaler Netzwerkanalysen auf eine messbare Eigenschaft Bezug genommen wird (welche Akteure kommunizieren mit welchen anderen Akteuren, welche weisen zahlreiche Verbindungen zu anderen Akteuren auf), ist die Eigenschaft der Vernetzung inhaltlich sehr eng definiert, anders als etwa in der Akteur-Netzwerk-Theorie oder in Theorien der Netzwerkgesellschaft. Während Letztere die organisationale Logik und die organisationalen Muster der Gegenwartsgesellschaft anhand des Vorbilds informationstechnischer Netzwerke modelliert und Netzwerk als gesellschaftliches Strukturierungsprinzip versteht, geht die Akteur-Netzwerk-Theorie noch einen Schritt weiter und betrachtet alle Formen von Verhalten aller Arten von Akteuren als das Herstellen von Verknüpfungen und die Verschiebung von Kräften in Netzwerken.[12] Es gibt somit weder eine allgemein akzeptierte inhaltliche

---

[12] Zur sozialen Netzwerkanalyse vgl. Freeman (2004); Scott (2000); Wellman und Berkowitz (1988) – mit Moreno (1934) als historischem Vorläufer (vgl. hierzu den Beitrag von Erlacher und Lesjak in diesem Band); zur Akteur-Netzwerk-Theorie vgl. Latour (2007); ebenso die Beiträge von Schachtner sowie Passoth und Wieser in diesem Band);

Definition noch ein entscheidendes empirisches Kriterium, das die Menge derjenigen Tatsachen eindeutig definiert, welche als Netzwerke zu gelten haben.

Zum anderen jedoch teilen soziale Netzwerke, so sie denn von ihren Mitgliedern als solche betrachtet und beschrieben werden und nicht eine Angelegenheit stets anfechtbarer sozialwissenschaftlicher Zuschreibungen sind, eine ontologische Eigenschaft mit zahlreichen sozialen Tatsachen: In David Bloors Worten sind sie als „realities created by references to them" zu beschreiben (1996, 842). Auf eine bestimmte Weise wahrgenommen und beschrieben zu werden ist oft notwendig und manchmal hinreichend dafür, auf diese Weise überhaupt zu existieren. Da die Mitglieder der jeweiligen Institution oder die Teilnehmer der betreffenden Praxis durch ihre Handlungen die Beschaffenheit der sozialen Tatsachen verändern – oder die Tatsachen erst ins Leben rufen –, auf die sich ihr Handeln bezieht, sind Struktur und Dynamik ihrer Netzwerke von anderer Art als die Struktur und Dynamik technischer Netzwerke, deren funktionale Struktur zumindest auf untergeordneten Ebenen klar definiert, das heißt in Spezifikationen, Bauplänen und Programmen festgelegt ist.

Nun kann es der Fall sein, dass sich soziale Netzwerke technischer Netzwerke bedienen oder sich durch deren Nutzung erst herausbilden. Es ist auch naheliegend, dass eine vernetzte technische Infrastruktur bestimmte Formen sozialer Netzwerke und vernetzter Handlungen erst ermöglicht – wofür soziale Online-Netzwerke und *WikiLeaks* als prominente Beispiele dienen mögen. Andersherum ist es genauso gut möglich, dass sich die Funktionen technischer Netzwerke auf das Verhalten ihrer NutzerInnen stützen – etwa im Falle von mobilen Ad-hoc-Netzwerken, in denen die Mobiltelephone der NutzerInnen als Relais dienen. Es gibt jedoch keine Gewähr dafür und keinen Automatismus dahingehend, dass sich die netzwerkartigen Eigenschaften auf der einen Ebene auf die jeweils andere übertragen. Dies gilt unabhängig von der Möglichkeit, verschiedene Arten von Systemen in analoger Weise als Netzwerke zu beschreiben und formal zu analysieren.[13] Wird die Beschreibungsebene gewechselt, kann eine andere inhaltliche Charakterisierung und möglicherweise auch eine andere formale Analyse erforderlich werden.

---

zum Konzept der Netzwerkgesellschaft vgl. Castells (2001); einen Überblick über die sozialwissenschaftliche Netzwerkforschung bietet Weyer (2011).

[13] Neben den bereits eingangs zitierten Brandes und Erlebach (2005) vgl. auch Cohen und Havlin (2010). Wenngleich nicht immer behaglich, so doch wenigstens im Prinzip fügt sich die bereits erwähnte soziale Netzwerkanalyse in dieses Paradigma formaler Modellierung ein.

Dezentrale, vernetzte technische Kommunikationsinfrastrukturen *können* mit netzwerkartigen sozialen Organisationsformen verbunden sein, sie mögen diese vielleicht auch erleichtern – eine Aussage über die „demokratische Qualität" der Infrastruktur oder ihrer Nutzungsformen ist damit aber noch nicht getroffen. Vor allem aber erschöpft sich der Zusammenhang technischer und sozialer Aspekte von Vernetzung nicht im Bereich derjenigen Felder, in denen auf beiden Seiten (explizit oder implizit) netzwerkartige Strukturen bestehen. Ebenso wie technische Problemlösungen, die auf vernetzten Einheiten beruhen, nicht notwendigerweise auf Anwendungszusammenhänge im Sinne sozialer Vernetzung zielen müssen, bedarf Letztere auch nicht zwingend vernetzter technischer Unterstützung. In diesem Sinne gehen die Beiträge in diesem Buch über Felder, die – im oben skizzierten Sinne von *Social Media* – gewissermaßen die Schnittmenge technischer und sozialer Vernetzungsstrategien bilden, hinaus. In offenerer Form widmen sie sich einzelnen Aspekten von (technischer und/oder sozialer) Vernetzung und befragen diese hinsichtlich ihrer Voraussetzungen und Implikationen.

3 Zu den Beiträgen

Die Beiträge in diesem Band sind thematisch in vier Teilen angeordnet. Die ersten beiden Teile, „Paradigmen der Vernetzung" und „Akteure, Netzwerke und ihre Theorien" sind theoretischen Diskussionen zum Begriff der Vernetzung gewidmet, während sich die beiden letzten Teile, „Vernetzte Umwelten" und „Intelligente Umwelten", konkreten Herausforderungen des Lebens und Handelns in informationstechnisch vernetzten Umwelten zuwenden.

In Teil I, „Paradigmen der Vernetzung", finden sich zwei Beiträge, die sich den Gründen und den Implikationen des Siegeszugs des Begriffs der Vernetzung in den Sozialwissenschaften widmen. Arno Bammé, Wilhelm Berger und Ernst Kotzmann beschreiben in „Vom System zum Netzwerk: Perspektiven eines Paradigmenwechsels in den Sozialwissenschaften" vor dem Hintergrund soziologiehistorischer Betrachtungen die Gründe für die Ablösung der sozialwissenschaftlichen Systemtheorien durch – teils ganz unterschiedlich ausgerichtete – Netzwerktheorien. Wo die Systemtheorien von einer funktionalen Ausdifferenzierung gesellschaftlicher Subsysteme ausgingen, um individuelles und kollektives Handeln zu erklären, kehren die Netzwerktheorien die Perspektive um: Systeme erscheinen fortan als emergente Strukturen, die aus Interaktionen zwischen Akteuren hervorgehen. Den Grund für diesen Perspektivwechsel machen die Autoren in der faktisch zunehmenden Hybridisierung und somit Entdifferenzierung besagter Subsysteme aus: Es gibt keine reine Gesellschaft, keine reine wissenschaftliche Beobachtung, keine reine, gesellschaftlich folgenlose Technologie.

Willibald Erlacher und Barbara Lesjak problematisieren in ihrem Beitrag „Soziale Vernetzung: Einheit und Widerspruch" die Durchsetzung des Begriffs des Netzwerks in den Sozialwissenschaften aus der Perspektive der Organisationsforschung und Gruppendynamik. Da dieser Begriff zu ungenau und inflationär verwendet werde, um für dieses Forschungsfeld einen analytischen Wert zu haben, gelte es, ihn zu schärfen und zu solchen Begriffen wie System, Organisation und Gruppe in eine eindeutige Beziehung zu setzen. Dem Dualismus zwischen Struktur und Handlung, der die Sozialwissenschaften schon lange durchzieht, erteilen die AutorInnen eine Absage und entwerfen diese Beziehung als eine dialektische: „Struktur erzeugt Verhalten – Verhalten erzeugt Struktur" (66). In diesem Sinne erscheinen Netzwerke als eine spezifische, durch lose Kopplungen gekennzeichnete Struktur, die im Zuge von Interaktionen und Reflexionen auf diese Interaktionen durch die Akteure erzeugt und modifiziert wird. „Netzwerk" ist dementsprechend nicht nur ein Begriff zur Beschreibung einer sozialen Beziehungsform, sondern auch ein Element der Herausbildung sozialer Beziehungsformen durch die Akteure selbst.

Teil II, „Akteure, Netzwerke und ihre Theorien", widmet sich der inzwischen wohl bekanntesten sozialwissenschaftlichen Theorie, in der Netzwerke eine zentrale Rolle spielen: Bruno Latours Akteur-Netzwerk-Theorie (ANT). Christine Schachtners „Das Soziale im Kontext digitaler Netzwerke: Auf den Spuren von Bruno Latour" befasst sich mit der möglichen Rolle der ANT in der Untersuchung von sozialen Online-Netzwerken. Somit werden Netzwerke sowohl zum Analyseinstrument als auch zum Untersuchungsgegenstand. Naheliegend ist diese Kombination jedoch nicht nur in einem assoziativen Sinne, sondern, so Schachtner, weil die Art und der Grad der Involviertheit der NutzerInnen in digitalen Netzwerken eine besonders intensive Interaktion zwischen Technik und menschlichem Handeln erzeugt – die Vernetzung *der* Technik geht einher mit einer Vernetzung *mit* und *durch* Technik. Diese besondere Konstellation hat Implikationen sowohl auf der Makro- als auch auf der Mikroebene gesellschaftlichen Handelns – in der Netz-Ökonomie und im Internet-Aktivismus einerseits und in der Gestaltung individueller Beziehungen im Cyberspace und den Arten zu kommunizieren, sich zu bewegen und sich selbst zu inszenieren andererseits.

Welche Perspektiven die Akteur-Netzwerk-Theorie für die Medien- und Kommunikationsforschung bieten kann, untersuchen Jan-Hendrik Passoth und Matthias Wieser in ihrem Beitrag „Medien als soziotechnische Arrangements: Zur Verbindung von Medien- und Technikforschung". Sie argumentieren, dass ein zentrales Defizit der Medien- und Kommunikationsforschung darin besteht, dass sie über kein angemessenes Modell für die Erfassung der Rolle der eigentlichen Medientechniken verfügt. Während deren Rolle bisher ignoriert, übergeneralisiert oder überbetont worden sei, ermögliche die ANT durch die Einbeziehung nicht-menschlicher Handlungsbeiträge in Akteur-Netzwerken einen differenzierten Ansatz der Medienanalyse, welcher sich insbesondere für die Untersuchung „neuer", aber auch „alter" Medien eignet. Vor dem Hintergrund der Diskussion möglicher Gründe und Ausprägungen der Technikabstinenz in der Medientheorie zeigen sie, wie der praxistheoretische Ansatz der ANT der Technik wieder einen Platz in der Theoriebildung und Analyse zukommen lässt. Abschließend diskutieren die Autoren drei mögliche Anwendungsfelder für das Instrumentarium der ANT in der Medien- und Kommunikationsforschung: Ethnographien der Distribution sowie Arbeiten zu medientechnischen Infrastrukturen und zur Performativität der Medienforschung.

Die Beiträge in Teil III, „Vernetzte Umwelten", befassen sich mit einigen der Implikationen der Tatsache, dass das Internet – als Paradigma vernetzter Technologien – eine Basisinfrastruktur für jegliches gesellschaftliche Handeln geworden ist. Eine der am wenigsten beachteten, aber grundlegendsten Fragen in diesem Zusammenhang ist, welche sprachliche bzw. allgemein symbolische Form die Kommunikation in einer global vernetzten, aber immer noch vielsprachigen Welt annehmen kann und soll. Überlegungen hierzu finden sich in dem Beitrag von Roland T. Mittermeir und Junichi Azuma, „A Common Language for a Networked Society?". Einerseits mag es einleuchtend scheinen, einfach auf die dominante Weltsprache, das Englische, zu verweisen und ihr die Rolle zuzuerkennen, die das Latein bis in die frühe Neuzeit hatte. Aber nicht nur die gängigen Sorgen um das Bestehen kleinerer, minoritärer Sprachen stellen eine solche Lösung in Frage, sondern auch einige Besonderheiten des Mediums Internet selbst. Vor diesem Hintergrund untersuchen die Autoren das Potential und die Grenzen piktographischer und verwandter bildbasierter Kommunikationssysteme und betonen die Wichtigkeit eines über unterschiedliche Sprachen hinweg bestehenden „gemeinsamen Protokolls" des Kommunizierens, das die Kontexte der Kommunikation fixiert und diese so erst ermöglicht.

In seinem Beitrag „Vernetzungskonzepte in der Verwaltungsmodernisierung: E-Government und die informationelle Organisation der Verwaltungen" untersucht Matthias Werner Vernetzungskonzepte im Feld der öffentlichen

Verwaltungen, welche unter der Bezeichnung „Electronic Government" (kurz „E-Government") seit nunmehr mehr als zehn Jahren die Bemühungen um die Modernisierung öffentlicher Verwaltungen entscheidend prägen. Ausgangspunkt seines Beitrags ist die Beobachtung, dass die Debatten über E-Government, wenngleich die bisherigen praktischen Erfahrungen mit der Informatisierung und Vernetzung als ernüchternd eingeschätzt werden müssen, von einer weitgehenden Abwesenheit substantieller Kritik gekennzeichnet sind. Vor diesem Hintergrund zeigt der Autor spezifische Engführungen im E-Government-Feld auf, die sowohl die Informatisierungs- und Vernetzungspraxis als auch die E-Government-Forschung betreffen. Diese Betrachtung führt zum Vorschlag einer informationszentrierten Analyseperspektive, die auf die informationelle Verfasstheit und Organisation der Verwaltungen fokussiert. Es wird skizziert, wie eine solche Perspektive, die über das Einfordern von mehr Konsequenz oder eines besseren *Change Managements* hinausgeht, den Blick auf Effekte eröffnen kann, welche die Verwaltungen auf eine ganz andere Weise verändern, als es die immer noch vielfach selbstverständlich erfolgende Identifizierung von E-Government mit Zielen wie Partizipation, Bürgerorientierung und Transparenz nahelegt.

Eine Fallstudie für eine angesichts des *Facebook-Privacy*-Skandals[14] mehr denn je aktuelle Debatte liefert der Beitrag von Andreas Sackl, „Risikowahrnehmung und Nutzungsverhalten in Computer Supported Social Networks am Beispiel studiVZ". Im Umgang mit sozialen Online-Netzwerken stellen nicht nur die Möglichkeiten, die Transparenz und die möglichen Fallen nutzerseitiger *Privacy*-Einstellungen auf der jeweiligen Plattform ein Risiko dar, sondern auch die Risikowahrnehmung der NutzerInnen selbst. Wie anhand einer empirischen Untersuchung gezeigt wird, spielt insbesondere der sogenannte „Third-Person-Effekt", dem zufolge ein übermäßig riskantes Verhalten stets dritten Personen zugeschrieben wird und nicht den aktuellen Kommunikationspartnern selbst, eine Rolle bei der oft potentiell schädlichen Preisgabe sensibler Daten. Dies geschieht ungeachtet eines nachweisbaren Wissens um die Eigenschaften und Risiken der verwendeten Technologien. Diese Diagnose legt nahe, dass ein Wissen um die Funktion der Technologie sich noch nicht in ein Wissen um den dem Alltagshandeln und seinen Zielen angemessenen Umgang mit ihnen übertragen hat.

Teil IV, „Intelligente Umwelten", richtet seine Aufmerksamkeit abschließend auf einen speziellen Anwendungsbereich vernetzter Technologien, der diesen eine besondere, die Wahrnehmung und das Handeln der NutzerInnen

---

[14] Vgl. hierzu z.B. Hof (2011); Telepolis (2011).

subtil beeinflussende Qualität gibt: *Ambient Intelligence* und *Ubiquitous Computing*. In gewisser Weise konnte das private Zuhause bis dato als letzte Bastion gegen eine vollständig vernetzte Lebenswelt gelten. Dies zu ändern verlangt besondere Aufmerksamkeit im Sinne des Datenschutzes und der Privatsphäre und ein besonderes Fingerspitzengefühl seitens der Gestalter intelligenter Wohnumgebungen. In diesem Sinne formulieren Gerhard Leitner, Rudolf Melcher und Martin Hitz eine Reihe von „Spielregeln im intelligenten Wohnumfeld". Im Anschluss an eine Beschreibung des technischen Stands der Dinge werden Möglichkeiten erkundet, Forderungen nach Kontrollierbarkeit, Konfigurierbarkeit und Korrigierbarkeit des Verhaltens der betreffenden Systeme technisch umzusetzen. Diese Anforderungen werden in Mehrbenutzerszenarien, in denen sich unterschiedliche Präferenzen vermischen, und durch die Möglichkeit des Eintretens im Design unvorhergesehener Situationen (zum Beispiel Notfälle) noch einmal komplexer.

Aus einer wissenschaftstheoretischen und -historischen Perspektive nähert sich der Beitrag von Hajo Greif, „Wie denkt eine intelligente Umwelt? Modelle und Analogien in der Systemgestaltung", demselben Technologiefeld. Unter der Fragestellung, welche Modelle der Beziehung zwischen Menschen und ihrer Umwelt in die Gestaltung intelligenter Umwelten eingehen, wird der Paradigmenwechsel zwischen der Künstliche-Intelligenz-Forschung im klassischen Sinne und neueren, insbesondere auf W. Ross Ashbys Variante der Kybernetik zurückgreifenden Ansätzen diskutiert. Die Kernidee ist, dass der Austausch mit der Umwelt nicht im Sinne von symbolisch-formalen, zentral prozessierten Operationen zu verstehen ist (auch wenn er sich so modellieren lässt), sondern im Sinne eines dynamischen, verteilten und wechselseitig adaptiven Verhaltens. Im Anschluss daran wird untersucht, gegenüber welchen Aspekten menschlichen Verhaltens sich intelligente Umwelten adaptiv und antizipierend verhalten können – und sollen.

Mit diesen Beiträgen können wir sicher nur einige Aspekte des Zusammenspiels sozialer und technischer Vernetzung abdecken. Doch selbst diese begrenzte Auswahl kann, so die Hoffnung der Herausgeber – und sicher auch der AutorInnen –, dazu beitragen, populäre (und bisweilen populistische) Verkürzungen im Sinne eines „Alles ist vernetzt!" bzw. „Alles soll vernetzt sein!" in den Debatten zur Sache zu vermeiden. Zum einen werden insbesondere in Teil III und IV unterschiedliche Begriffe, Praktiken und Effekte der Vernetzung exemplarisch untersucht. Hierbei zeigt sich, dass weder Prozesse technischer Vernetzung zwangsläufig mit der Entstehung oder Förderung sozialer Vernetzungsprozesse einhergehen noch umgekehrt. Auch wenn sich daraus ebenso wenig auf einen genuinen Gegensatz zwischen beiden Seiten schließen lässt, so zeigt sich doch, dass die Beziehungen zwischen sozialen und technischen Aspekten der Vernetzung keineswegs eindeutig oder widerspruchsfrei sind. Zum anderen wird insbesondere in Teil I und II der Frage auf den Grund gegangen, welche Rolle der Netzwerkbegriff als theoretisches Werkzeug für die Analyse der Beschaffenheit der Gegenwartsgesellschaft hat. Auch wenn es naheliegen mag, diesen Begriff in Analogie zur (postulierten oder tatsächlichen) Struktur seines Gegenstandsbereichs zu interpretieren, haben sich Hinweise darauf gefunden, dass eine differenziertere Betrachtungsweise aufschlussreicher sein wird. Wissenschaftliche Netzwerk-Paradigmen können zur Untersuchung der sozialen und technischen Netzwerk-Paradigmen beitragen – und in einigen Beiträgen zu diesem Band wurde aufgezeigt, wie sie das können. Doch dieser Gegenstandsbereich ist vielschichtig genug, um auch andere Zugänge zuzulassen.

Literatur

BBC News (2011). Row between Wikileaks and Guardian over Security Breach. *BBC News online*. 1. September. URL: http://www.bbc.co.uk/news/uk-1474 3410.

Bloor, D. (1996). Idealism and the Sociology of Knowledge. *Social Studies of Science* 26, 839–856.

Bonabeau, E., M. Dorigo und G. Theraulaz (1999). *Swarm Intelligence: From Natural to Artificial Systems*. Oxford/New York: Oxford University Press.

Brandes, U. und T. Erlebach, Hrsg. (2005). *Network Analysis: Methodological Foundations*. Bd. 3418. Lecture Notes in Computer Science. Berlin: Springer.

Butcher, M. (2011). How Blackberry, not Twitter, Fuelled the Fire under London's Riots. *TechCrunch Europe*. 8. August. URL: http://eu.techcrunch.com/201 1/08/08/how-blackberry-not-twitter-fuelled-the-fire-under-london s-riots/.

Castells, M. (2001). *Das Informationszeitalter*. Bd. 1. Opladen: Leske + Budrich.

Cohen, B. (2011). BlackBerry Messenger ‚Curfew' Considered to Hinder Rioting. *Channel4*. 9. August. URL: http://www.channel4.com/news/blackberry-mes senger-curfew-expected-to-hinder-rioting.

Cohen, R. und S. Havlin (2010). *Complex Networks: Structure, Robustness and Function*. Cambridge: Cambridge University Press.

Economist (2010). WikiLeaks: Read cables and red faces. *The Economist* 397.8711, 18.

Ferguson, R. (2011). Egypt: The Plague of Darkness. *CounterMeasures Blog*. 28. Jänner. URL: `http://countermeasures.trendmicro.eu/egypt-the-plague-of-darkness/`.

Freeman, L. C. (2004). *The Development of Social Network Analysis: A Study in the Sociology of Science*. Vancouver: Empirical Press.

Grunwald, A., G. Banse, C. Coenen und L. Hennen (2006). *Netzöffentlichkeit und digitale Demokratie. Tendenzen politischer Kommunikation im Internet*. Studie des Büros für Technikfolgenabschätzung beim Deutschen Bundestag. Berlin: Edition Sigma.

Halliday, J. (2011). London Riots: How BlackBerry Played a Key Role. *The Guardian*. 8. August. URL: `http://www.guardian.co.uk/media/2011/aug/08/london-riots-facebook-twitter-blackberry`.

Herrera, L. (2011). Egypt's Revolution 2.0: The Facebook Factor. *Jadaliyya*. 12. Februar. URL: `http://www.jadaliyya.com/pages/index/612/egypts-revolution-2.0_the-facebook-factor`.

Hof, R. D. (2011). You Are the Ad. *Technology Review* 114.3, 64–69. URL: `http://www.technologyreview.com/web/37334/`.

Kosmopolit (2010). Between Gossip and Intelligence: Some Thoughts on #Cablegate and WikiLeaks. *Kosmopolito Blog*. 29. November. URL: `http://www.kosmopolito.org/2010/11/29/between-gossip-and-intelligence-some-thoughts-on-cablegate-and-wikileaks/`.

Krücken, G. und F. Meier (2003). ‚Wir sind alle überzeugte Netzwerktäter'. Netzwerke als Formalstruktur und Mythos der Innovationsgesellschaft. *Soziale Welt* 54, 71–92.

Latour, B. (2007). *Eine neue Soziologie für eine neue Gesellschaft. Einführung in die Akteur-Netzwerk-Theorie*. Frankfurt: Suhrkamp.

Mims, C. (2011). Egypt Turns Off the Internet. Now What Happens? *Technology Review*. 31. Jänner. URL: `http://www.technologyreview.com/blog/mimssbits/26330/`.

Moreno, J. L. (1934). *Who Shall Survive? A New Approach to the Problem of Human Interrelations*. Washington, D.C.: Nervous und Mental Disease Publishers.

Niman, M. I. (2010). WikiLeaks and the End of Democracy. *Artvoice* 9.50, 10–11.

Pany, T. (2011). WikiLeaks-Leck. *Telepolis*. 1. September. URL: `http://www.heise.de/tp/artikel/35/35413/1.html`.

Pinch, T. J. und W. E. Bijker (1984). The Social Construction of Facts and Artefacts: Or How the Sociology of Science and the Sociology of Technology Might Benefit Each Other. *Social Studies of Science* 14.3, 399–441.

Prehofer, C. und C. Bettstetter (2005). Self-Organization in Communication Networks: Principles and Design Paradigms. *IEEE Communications Magazine* 43.7, 78–85.

Robertazzi, T. und P. Sarachik (1986). Self-Organizing Communication Networks. *IEEE Communications Magazine* 24.1, 28–33.

Rosewall, I. und M. Warren (2010). WikiLeaks: The Truth or Not. In: *Proceedings of the 11th Australian Information Warfare Conference, Perth.* Deakin: Security Research Centre, 26–29.

Rötzer, F. (2011). US-Rechtsexperten kritisieren Haftbedingungen von Bradley Manning als verfassungswidrig. *Telepolis.* 11. April. URL: http://www.heise.d e/tp/blogs/8/149636.

Scott, J. (2000). *Social Network Analysis: A Handbook.* 2. Aufl. London: Sage.

Shenker, J. (2011). Egyptial Protesters are not just Facebook Revolutionaries. *The Guardian.* 28. Jänner. URL: http://www.guardian.co.uk/world/2011/jan/2 8/egyptian-protesters-facebook-revolutionaries?INTCMP=SRCH.

Staab, S. et al. (2003). Neurons, Viscose Fluids, Freshwater Polyp Hydra – and Self-Organizing Information Systems. *IEEE Intelligent Systems* 18.4, 72–86.

Sutter, J. D. (2011). The Faces of Egypt's ‚Revolution 2.0'. *CNN.* 21. Februar. URL: http://edition.cnn.com/2011/TECH/innovation/02/21/egypt.inter net.revolution/index.html.

Telepolis (2011). Transatlantische Verbraucherschutz-Allianz will Facebook & Co. zügeln. *Telepolis.* 10. Mai. URL: http://www.heise.de/newsticker/meldung/ Transatlantische-Verbraucherschutz-Allianz-will-Facebook-Co-zuege ln-997255.html.

Wellman, B. und S. D. Berkowitz, Hrsg. (1988). *Social Structures: A Network Approach.* Cambridge: Cambridge University Press.

Weyer, J., Hrsg. (2011). *Soziale Netzwerke. Konzepte und Methoden der sozialwissenschaftlichen Netzwerkforschung.* 2. Aufl. München: Oldenbourg.

Alle im Literaturverzeichnis und in den Fußnoten referenzierten Links wurden im September 2011 geprüft.

Teil I

Paradigmen der Vernetzung

Vom System zum Netzwerk: Perspektiven eines Paradigmenwechsels in den Sozialwissenschaften

Arno Bammé, Wilhelm Berger & Ernst Kotzmann

1 Handlung, Struktur, Vernetzung

Gegen Ende der neunziger Jahre des vergangenen Jahrhunderts beginnen Netzwerk-Theorien (Latour, Castells) in den Sozialwissenschaften die bislang dominierenden System-Theorien (Luhmann, Ropohl) abzulösen. Das hat weitreichende Folgen. Insbesondere bedeutet diese Verschiebung einen Einspruch gegen wichtige sozialwissenschaftliche Theorietraditionen, Traditionen etwa, die seit Max Weber soziales Handeln an den subjektiven Sinn und an konkrete Individuen binden bzw. in der Nachfolge Émile Durkheims Soziales nur durch Soziales zu erklären suchen (Weber 1922; Durkheim 1984). So rechnet zum Beispiel die Systemtheorie Niklas Luhmanns, in der Tradition Durkheims stehend, Objekte und Sachverhalte der Natur sowie technische Artefakte zur externen Umwelt des Sozialsystems. Luhmanns Systemtheorie ist eine Differenztheorie (1984, 115 f). Weil „Gesellschaft" das zentrale Objekt soziologischen Erkenntnisstrebens ist und „Gesellschaft" sich Luhmann zufolge aus dem konstituiert, was kommunikativ erreichbar ist, operiert seine Systemtheorie folgerichtig mit der Leitdifferenz von kommunikativ erreichbar vs. nicht erreichbar. Sachverhalte wie Technik, die jenseits der Kommunikation liegen, entziehen sich dann zwangsläufig soziologischem Zugriff. Sie sind kein genuiner Erkenntnisgegenstand der Soziologie: außersozial. Sie gehören zur Umwelt der Gesellschaft. Für Luhmann besteht das wesentliche Merkmal der modernen Gesellschaft in der funktionalen Ausdifferenzierung sozialer Subsysteme. Gemeint ist damit, dass Teilsysteme wie Wirtschaft, Wissenschaft, Massenmedien etc. je spezifische Funktionen für die gesellschaftliche Reproduktion erbringen. Jedes Teilsystem operiert nach einer von den anderen Teilsystemen unabhängigen Logik, die bestimmten, in binären Codes formulierten Leitdifferenzen folgt: zahlen vs. nicht zahlen, wahr vs. falsch, neu vs. nicht neu etc. Jedes gesellschaftliche Subsystem verarbeitet Informationen entsprechend seiner binär codierten Leitdifferenz. Dabei greift es auf symbolisch generalisierte Kommunikationsmedien zurück, wie etwa Geld, Wahrheit, Neuigkeit, und bedient sich, um seine Effizienz zu steigern, der Technik. Die einzelnen Funktionssysteme tun das in je spezifischer Weise: die Wirtschaft zur Steigerung von Umsätzen, die Wissenschaft zur effizienteren Wahrheitsfindung bzw. Wissensproduktion, die Massenmedien zur schnelleren Verbreitung von Informationen. Auch für Jürgen Habermas, der, im Gegensatz zu Luhmann, den Systembegriff in kritischer Distanz verwendet, ist die Unterscheidung von System und, wie er es nennt, Lebenswelt, von instrumentellem und kommunikativem Handeln zentral (Habermas 1981).

Es ist nun ein wesentliches Charakteristikum der Netzwerk-Theorien, dass sie diese Ausdifferenzierung in autonom agierende Subsysteme nicht teilen, dass sie zum Beispiel Natur und Technik nicht als Phänomene betrachten, die dem Sozialen äußerlich gegenüberstehen. Stattdessen gehen sie von einer zunehmenden Entdifferenzierung dieser „Subsysteme" aus. Das hat unter anderem zur Folge, dass soziales Handeln nicht mehr nur als exklusive Eigenschaft von Menschen betrachtet werden kann. Damit kommt ein zweiter Aspekt, der in der Systemtheorie defizitär behandelt wird, ins Spiel, der des Handelns (Miebach 1991). Makrosoziologisch orientierte Systemtheorien befassen sich vorrangig mit Funktions- und Integrationsproblemen. Das gesellschaftliche Individuum taucht lediglich als Rollenspieler auf, dessen Verhalten danach beurteilt wird, ob es den Systemimperativen genügt. Sein individuelles strategisches Handeln hat in diesen Theorieansätzen keinen systematischen Ort. Das Problem der Entstehung, aber auch das der fortdauernden Reproduktion jener Strukturen, die die Gesellschaft zusammenhalten, wird ohne weiteren Bezug auf die Strategien und Intentionen der betreffenden Akteure bzw. Aktanden behandelt. Anders wird in den individualistischen Handlungstheorien etwa des rationalen Wahlhandelns, den so genannten *Rational-Choice*-Ansätzen, verfahren: In ihnen werden die Alternativentscheidungen individueller autonomer Akteure ins Zentrum des Erkenntnisinteresses gerückt (Kunz 2004). Sie berücksichtigen nicht nur die kontextuelle Einbettung des Wahlhandelns, sondern auch die strukturellen Effekte, die sich durch die Kopplung der Handlungen strategisch orientierter Akteure ergeben. Da autonome Akteure in der Lage sind, eigenständige Entscheidungen zu treffen, sind Abweichungen vom gesellschaftlichen Ist-Zustand möglich, so dass sich eine soziale Dynamik entfalten kann, die letztlich einen sozialen Wandel herbeiführt.

Zwar lassen sich mit Luhmanns Konstrukt des Beobachtens Handlungen und anderes Beobachten beobachten, aber es versagt in Situationen, in denen selber gehandelt oder entschieden werden muss. Beobachten ist zwar ein tatsächlicher Vorgang, also zweifellos auch eine Handlung. Jedoch ist dieses Beobachtungshandeln eine sehr eingeschränkte Form des Handelns. In vielen Situationen dürfte sie nicht ausreichen – ein Defizit, das insbesondere Habermas kritisiert hat. Luhmann ist dieser Kritik zwar durch Selbstrechtfertigung und Zurückweisung begegnet (vgl. Habermas und Luhmann 1974), allerdings in einer Form, die unter handlungstheoretischem Aspekt kaum zu befriedigen vermag: Ihm gehe es darum, „eine gute, dicht verwobene und auch kritikfähige Theorie auszuarbeiten", da könne er nicht noch „jeden Freitag in Bonn sein", um Handlungsempfehlungen zu geben (Luhmann 1987, 113).

System- und Handlungstheorie rücken jeweils einen Teilaspekt des Sozialen in den Mittelpunkt ihres Erkenntnisinteresses, die Struktur- oder die Prozessdimension. Die Netzwerktheorie beansprucht nun, einen Schritt weiter zu gehen und, indem sie die Mikro- und Makro-Ebene der gesellschaftlichen Dynamik miteinander zu vermitteln sucht, soziale Innovationen und sozialen Wandel, das heißt, „die Entstehung emergenter Strukturen als Resultat der Interaktionen strategiefähiger Akteure zu beschreiben" (Weyer 1997, 57). In der Kritik am systemtheoretischen Konzept der funktionalen Differenzierung wird insbesondere die Wichtigkeit des dort vernachlässigten Intentionalen der sozialen Handlungen betont. Hervorgehoben wird die Notwendigkeit, Handeln auf die Absichten spezifischer Akteure zurückzuführen, um es verständlich machen zu können. Dadurch sei es möglich, soziale Differenzierung in einem weiteren Sinn als Resultat verzweigter Netzwerke aus Akteuren, Gruppen, sozialen Bewegungen, Institutionen, Staaten und Kulturen zu verstehen (Joas 1992, 326–336). Pikanterweise findet sich sogar bei Luhmann eine Textpassage, in der es selbstkritisch heißt: „Je mehr man auf Details zugeht, desto auffälliger werden die Abweichungen von dem, was die Theorie der funktionalen Differenzierung erwarten lässt" (Luhmann 1997, 806 f).

Eine Sozialtheorie, die gesellschaftlichen Wandel auf der Makro-Ebene erklären will, benötigt offensichtlich eine systematische Verknüpfung mit der Mikro-Ebene sozialen Handelns. So zumindest lautet ein zentrales Statement der Netzwerktheorie. Netzwerke gelten ihr dabei als „Scharniere", über die sich die Vermittlung von Handlung und Struktur real vollzieht und durch die sich die spezifische Dynamik der (post-) modernen Gesellschaft entfaltet. Indem sie die Verknüpfung und Vernetzung von individuellen Handlungen

thematisiert, geht sie über die individualistische Theorie des rationalen Wahlhandelns hinaus und dockt so an die Struktur- und Funktionskomponente
der abstrakten Systemtheorie an. Selbstbewusst wird formuliert, „dass eine
Sozialtheorie moderner Gesellschaften, die das Wechselspiel von System und
Akteur, von Funktion und Emergenz, von Struktur und Handlung begreifen
will, nicht ohne eine Theorie sozialer Netzwerke auskommt, weil diese einen
Ansatzpunkt zur Analyse der Reproduktion, aber auch der Veränderung
sozialer Strukturen bietet. Die *Dynamik moderner, zentrumsloser Gesellschaften* lässt sich nur adäquat begreifen, wenn man den Mechanismus der
Strukturbildung versteht" (Weyer 1997, 61).

Worin besteht nun genau ein (soziales) Netzwerk? In der Literatur finden
sich zahlreiche Beschreibungsversuche. Folgt man der weitgehend opera-
tionalen Definition von Johannes Weyer, so ist ein soziales Netzwerk: (1)
eine relativ dauerhafte, informelle, (2) personengebundene, vertrauensvolle,
(3) reziproke, exklusive Interaktionsbeziehung (4) heterogener, autonomer
(5) strategiefähiger, aber (6) interdependenter Akteure, (7) die freiwillig
kooperieren, um einen Surplus-Erfolg zu erzielen, und (8) daher ihre Hand-
lungsprogramme koppeln (ebd.). Dieses Konzept nun hat durch Bruno Latour
eine spektakuläre Ausweitung bzw. Radikalisierung erfahren – Ausweitung
insofern, als der Akteur-Status im Rahmen der Netzwerk-Theorie auf nicht-
menschliche Dinge ausgeweitet wurde, und Radikalisierung insofern, als der
privilegierte (epistemische) Status des Sozialen, den ihm die Kultur- und
Sozialwissenschaften zubilligen, verworfen wird (Latour 2007). Indem die
Akteur-Netzwerk-Theorie natürliche, soziale und technische Gegebenheiten
auf eine gemeinsame ontologische Stufe stellt und diesen Hybriden Handlungsfähigkeit („agency") zuspricht, ihnen also in epistemischer Hinsicht den
gleichen Status wie menschlichen Akteuren zukommen lässt, weitet sie die
bisherige Netzwerkforschung sowohl zur Technik- als auch zur Gesellschaftstheorie aus. Die Akteur-Netzwerk-Theorie entwirft gesellschaftliche Praxis
folgerichtig nicht als Kommunikations-, sondern als Produktionszusammen-
hang. Technische Artefakte sind in maßgeblicher Weise an der Konstruktion
haltbarer Beziehungsgeflechte, Netzwerke, beteiligt. Soziale Verhältnisse
werden durch Technologie „gehärtet". Durch sie erhalten „Assoziationen"
Konsistenz und Festigkeit. Technologie ist Gesellschaft, auf Dauer gestellt
(Latour 1991).

Die Ablösung der dominierenden Rolle der Systemtheorien durch Netzwerk-
Theorien kann daher tatsächlich als Paradigmenwechsel interpretiert werden,
denn sie verwirft sämtliche „großen Trennungen" („grand dichotomies"),
die für die abendländische Philosophie- und Wissenschaftsgeschichte so

prägend wurden: die zwischen Natur und Gesellschaft, zwischen Mikro und Makro, zwischen Technischem und Sozialem, zwischen Internalismus und Externalismus, zwischen menschlichen und nicht-menschlichen Akteuren („Aktanden"). Die Frage ist daher angebracht, welche Ursachen diesem Paradigmenwechsel zugrunde liegen.

Sozialwissenschaftliche Theorien stellen in der Regel Reaktionen dar auf vorgängige Theorien. Im Sinne von Thomas S. Kuhn (1973) setzt die Kritik an Problemen an, die innerhalb eines herrschenden Paradigmas nicht lösbar sind. Die Weiterentwicklungen oder auch Brüche verbleiben allerdings oft im Bereich des innerakademischen Diskurses ohne weitere Folgen für die soziale Realität dort draußen. Sie setzen sich im außerakademischen Bereich oft erst viel später durch, in der Regel dann, wenn offensichtlich zutage tritt, dass sie Phänomene der sozialen Realität angemessener darstellen und deuten können als ihre Vorläufer, oder wenn durch sie neue Phänomene überhaupt erst in den Blick kommen.

Ob das Verhältnis von wissenschaftlicher Darstellung und sozialer Realität nun zum Beispiel nach dem Modell Michel Foucaults unter dem Gesichtspunkt der Einbettung von Diskursen in ein heterogenes Ensemble von Institutionen und Vorschriften, von Aussagen und Moralsystemen betrachtet wird (2000) oder ob, um ein anderes Bild zu gebrauchen, jenes komplizierte Flussbett des Wissens mit seinen Haupt- und Nebenarmen, seinen Strömungen und Gegenströmungen zur Debatte steht, von dem Michel Serres (1994) gesprochen hat, in jedem Fall muss, um den Stellenwert und die Funktion einer Theorie analysieren zu können, auf zwei Ebenen angesetzt werden, auf der Ebene des innerakademischen Diskurses und auf der realhistorischen, die ihrerseits in einem komplexen Wechselverhältnis zum jeweiligen Theoriediskurs und seiner institutionellen Verankerung steht.

2 Bruchstellen des innerakademischen Diskurses

Die Systemtheorie, die bis zum Fall der Berliner Mauer die Sozialwissenschaften dominierte, war durch verschiedene Themenbereiche, in denen sie sich von anderen Theorien unterschied, gekennzeichnet: durch das Verhältnis (a) vom „Teil" zum „Ganzen" (Subsystem und System), (b) von Steuerung und Selbstlauf (Allopoiese und Autopoiese), (c) von Beobachter (passiv) und Handlungsablauf (aktiv).

Entscheidend war zunächst der Begriff der Rückkopplung (Bertalanffy, Ropohl), der ursprünglich eine technische Bedeutung hatte: Positive Rückkopplung führt zur Selbstverstärkung, negative zur Abschwächung eines Prozesses. Es geht dabei im Wesentlichen um Steuerungsprobleme zur Stabilisierung von Systemen. Zu Recht konnte Heinrich Rombach (1981) deshalb formulieren, die Systemtheorie sei im Prinzip eine Maschinentheorie. Luhmann, der diese Modellvorstellungen in die Sozialwissenschaften übertrug, stand als Soziologe vor dem Problem, dass für sein Erkenntnisobjekt, die Gesellschaft, der technische Steuerungsbegriff nicht anwendbar war (Probst 1987). Die Gesellschaft folgt nicht den Regelprinzipien einer (mechanischen) Maschine. Durch den Begriff der Autopoiese (Selbstorganisation), den er aus der biologischen Epistemologie Umberto Maturanas adaptierte, versuchte er, der Eigendynamik des Gesellschaftssystems und seiner Subsysteme gerecht zu werden. Der biologische Begriff der Autopoiese trat an die Stelle des physikalischen der Rückkopplung.

Bezeichnet „Selbstorganisation" bei Maturana die Entstehung von Ordnung in operational geschlossenen Systemen, deren Zustandsänderung zwar von außen angestoßen werden kann, aber sonst strikt systemintern funktioniert, so ist schon bei klassischen Autoren wie Immanuel Kant, Georg Wilhelm Friedrich Hegel, Adam Smith oder Karl Marx, die den Begriff der Selbstorganisation implizit verwendet haben, der Gedanke der Immanenz zentral: Im Gegensatz zur Maschine, die auf äußere Zwecke ausgerichtet ist, wirkt in einem Organismus jeder Teil für den anderen zugleich als Ursache und Wirkung. In diesem Sinne könnte „Autopoiese" als der immanente Funktionszusammenhang der bürgerlichen Gesellschaft im Sinne von Marx bezeichnet werden, der sich tagtäglich und weltweit hinter dem Rücken und durch das Handeln der daran beteiligten Personen hindurch über Geld vermittelt und unabhängig von ihrem je individuellen Sinnen und Trachten ereignet. Maturana selbst hat von seinem Naheverhältnis zu Hegel gesprochen (1990).

Die Marx'sche These von der Dominanz der Ökonomie über alle gesellschaftlichen Subsysteme hinweg schien seit den dreißiger, spätestens seit den sechziger Jahren nicht mehr haltbar. Die Deutung der inhaltlich nicht gebundenen, an Funktionszusammenhängen interessierten Systemtheorie erschien plausibler, weil sie einerseits das Geld als symbolisch generalisiertes Medium schlechthin betrachtet (Luhmann 1996), das, anders als andere Medien, dem Vermittelten inhärent bleibt (es vermittelt keine Werte, sondern ist selber dieser Wert), und andererseits die „funktionale Ausdifferenzierung" sozialer Subsysteme schlüssig zu erklären vermochte. Die Systemtheorie Luhmann'scher Prägung setzte sich nicht zuletzt deshalb durch, weil sie sich mit den Alltagserfahrungen auch von Nicht-Soziologen deckte.

Bei der Entwicklung seines Deutungsprojekts der Moderne argumentiert Luhmann im Prinzip entlang dreier Linien, die zugleich das wissenschaftliche Fundament seiner Theorie sicher stellen. Erstens positioniert er sein Vorhaben in der Traditionslinie Durkheims („Soziales nur durch Soziales erklären"). Das prekäre Verhältnis von Individuum und Gesellschaft, das die Soziologie von Anbeginn beschäftigt, wurde in ihrer Entstehungsphase zugunsten des Topos „Gesellschaft" entschieden. Das ursprünglich gegen die Psychologie gerichtete methodische Postulat von Durkheim sollte die Soziologie als eigenständige Wissenschaft etablieren und blieb als ihr Fundament bis heute erhalten. Mit der Soziologisierung des Sozialen leitete Durkheim eine Entwicklung ein, die in den systemtheoretischen Abstraktionen Luhmanns hundert Jahre später ihre höchste Weihe erfährt.

Luhmann argumentiert zweitens in der Traditionslinie Talcott Parsons'. Parsons ging es um die Erklärung sozialer Phänomene vor dem Hintergrund der wertvermittelnden Funktionen normativer Strukturen, die sie für die Aufrechterhaltung von Systemen haben (1964; 1976). Eine in diesem Sinne verstandene Funktion ist eine zweckdienliche Leistung, um Bedürfniskonstanten zu befriedigen bzw. den Bestand konkreter Subsysteme zu sichern. Diese Vorstellung geht davon aus, dass Funktionen eine gleichsam einseitig von den Strukturen ausgehende Wirkung auf die Systembildung haben. Eine solche kausale Sichtweise, die auf invariante Ursache-Wirkungs-Relationen abzielt, kann aber wesentliche Probleme, wie zum Beispiel die Multifunktionalität einer Struktur oder die Erfüllung einer Funktion durch mehrere Strukturen, nicht erklären. Weil das Handeln der Individuen dabei weitgehend immer schon fixierte Rollen aktualisiert, geriet Parsons in die Kritik, sein Modell sei zu starr und konzipiere Gesellschaft nahezu wie einen Mechanismus. Luhmann dagegen entwickelt seine funktionalstrukturelle Konzeption durch Drehung des Strukturfunktionalismus von Parsons um 180°. Er stellt den Ansatz von Parsons gleichsam vom Kopf auf die Füße, indem er den Bezugspunkt seiner Theorie von den Strukturen auf die Funktionen verlagert und diese nicht als „zu bewirkende Wirkung", sondern als „regulatives Sinnschema" fasst, das vom System selbst im Verlauf seiner Problemlösungsverarbeitung von Umwelteinwirkungen gebildet wird. Durch diese Sichtweise, die den Funktionsbegriff dem Strukturbegriff vorordnet, wird der komplexen Verflechtung von relativer Invarianz und Wandlungsfähigkeit von Systemen besser entsprochen. „Funktion" wird nicht länger als eine abhängige Variable normativer Strukturen verstanden, also als ein systemstabilisierendes Moment, vielmehr lassen sich nun auch Strukturen unter dem Gesichtspunkt umweltbedingter funktionaler Erfordernisse flexibilisieren. „Systemereignisse können in jedem Moment aufhören" (Luhmann 1987, 60). Systeme erscheinen so als Wirklichkeiten, die mit den Prozessen ihrer Selbst(re)produktion in eins fallen.

Drittens zieht sich Luhmann auf eine reine Beobachterperspektive zurück. Die Wissenschaft, die er verkörpert, stellt eine anspruchsvolle und zeitgemäße Form des soziologischen Repräsentationismus dar (vgl. Hacking 1983). Der Soziologe interveniert nicht in gesellschaftliche Problemfelder, sondern konstruiert Theorien, die beanspruchen, Realität korrekt abzubilden, in einer Sprache, die sich in zentralen Belangen von jener, die im Alltagsgeschehen gepflegt wird, unterscheidet. Damit nimmt er einen privilegierten Status ein, der impliziert, dass sein Erkenntnisprozess, der zu schließlichen Wahrheiten führt, dem normalen Menschen verwehrt bleibt. Nicht dem Akteur erschließen sich diese Wahrheiten, sondern nur dem Beobachter. Zusammenfassend lässt sich sagen, dass Luhmanns Welt durch eine dreifache Abgrenzung bestimmt ist: (1) zur Natur, (2) zum Individuum und (3) zum gesunden Menschenverstand. Das „Soziale" seiner Soziologie, sozusagen ihr soziologischer Raum, erhält seinen Eigenwert dadurch, dass es die natürlichen ebenso wie die individuellen Eigenräume transzendiert und die Sinnbezüge ihrer symbolischen Vermitteltheit sich einfach-einsichtiger Vernunft entziehen. Ihre Entzifferung bleibt dem Soziologen, dem unbeteiligten Beobachter, vorbehalten.

3 Technik als Grenze und Wendepunkt

Dogmengeschichtlich gesehen, haben systemtheoretische Überlegungen ihre Wurzeln in ganz unterschiedlichen Denktraditionen. Der technischen Mechanik ging es zunächst um Steuerungsprobleme, um ein aktives Eingreifen zur Regelung maschineller Aktivitäten. Für die klassische Mechanik beschrieb das Wesen der Maschine zugleich das Wesen der Welt. Für Christian Wolff zum Beispiel war im achtzehnten Jahrhundert wissenschaftliche Wahrheit nur deshalb möglich, weil ihm die Welt eine Maschine war (Wolff 1728, vgl. Ropohl 1999, 21 f). Einen Schritt weiter ging Ludwig von Bertalanffy. In der Auseinandersetzung mit Grundfragen der Biologie erkannte er, dass Phänomene des Lebendigen nicht allein auf den physischen Charakter einzelner Teile zurückgeführt werden können, widersprach aber auch jenen, die dafür ein spekulatives „Vitalprinzip" einführen wollten. So bemühte er sich um eine Synthese zwischen „mechanismischen" und „vitalistischen" Vorstellungen und fand sie im Systemkonzept. „Die Eigenschaften und Verhaltensweisen höherer Ebenen sind nicht durch die Summation der Eigenschaften und Verhaltensweisen ihrer Bestandteile erklärbar, solange man diese isoliert betrachtet. Wenn wir jedoch das Ensemble der Bestandteile und Relationen kennen, die zwischen ihnen bestehen, dann sind die höheren Ebenen von den Bestandteilen ableitbar" (Bertalanffy 1972b, 25, vgl. auch Bertalanffy 1972a). Das Ganze ist demnach „die Summe seiner Teile" *und* die „Summe der Beziehungen" zwischen den Teilen. Damit wird der aristotelische Begriff der Ganzheit präzisiert. Darüber hinaus erkannte Bertalanffy aber auch, dass dieser rational-holistische Ansatz nicht nur auf die Gegenstände einzelner wissenschaftlicher Disziplinen, sondern auch auf das Zusammenwirken der Wissenschaften anzuwenden ist, wenn man der Atomisierung wissenschaftlicher Erkenntnis entgegenwirken und mit einer „Mathesis universalis" eine neue Einheit der Wissenschaften herstellen will. Dieses Programm begründete er mit der Annahme, dass „logische Homologien" existieren, „die sich aus den allgemeinen Systemcharakteren ergeben, und aus diesem Grund gelten formal gleichartige Beziehungen auf verschiedenen Erscheinungsbereichen und bedingen die Parallelentwicklung in verschiedenen Wissenschaften" (Bertalanffy 1972b, 43).

Im Gegensatz zu mechanischen Systemen, die ihren Zweck von außen vorgegeben erhalten (Allopoiese), verfolgen organische Systeme eigene Zwecke. Sie sind offen gegenüber ihrer Umwelt, aus der sie lebenswichtige Ressourcen beziehen und der gegenüber sie ein gewisses Maß an Autonomie und Selbstlenkung aufweisen (Autopoiese). Dieser Ansatz wurde im Wesentlichen von dem chilenischen Biologen Maturana vertreten und gelangte über Luhmann in die Soziologie (Luhmann 1982).

Eine weitere Wurzel gegenwärtigen Systemdenkens findet sich in der Kybernetik, wie sie vor allem von W. Ross Ashby und Norbert Wiener formuliert wurde (Ashby 1974; Wiener 1963). Zunächst ging es darum, Ähnlichkeiten zwischen neurophysiologischen und kommunikationstechnischen Prozessen herauszuarbeiten und auf unterschiedliche Wirklichkeitsbereiche zu überprüfen. Daraus entwickelten sich Mischformen aus mechanischen und evolutiven Systemelementen, wie sie heute der Computerwissenschaft, der Erforschung künstlicher Intelligenz etc. zugrunde liegen.

Bevor Maturana den System-Begriff verwendete, sprach er von *Maschinen* (Maturana und Varela 1972; Maturana 1982). Zwei Aspekte dieser Begrifflichkeit sind von Bedeutung. Erstens handelt es sich nicht um genuin biologische Begriffe. Sie sind vielmehr entstanden aus dem Diskurs mit

Computerwissenschaftlern am *Massachusetts Institute of Technology* (MIT) und am *Biological Computer Laboratory* (BCL). Der Maschinenbegriff, den Maturana verwendet, ist kein klassisch-mechanischer. Er ist vielmehr der Kybernetik entlehnt, zielt also nicht auf das Wesen, sondern auf das Verhalten des Forschungsgegenstandes. Zweitens wird Wahrnehmung, Beobachtung im Weiteren, aktiv, das heißt als Konstruktionsprozess gedeutet. Hierbei handelt es sich aber, wohlgemerkt, nur um die Erzeugung innerer Bilder, nicht um die Intervention in gesellschaftliche Praxisfelder. Es geht um die neurophysiologische Tätigkeit des Erkennens, ein rein epistemischer Vorgang, keineswegs um die produktive Aneignung, Veränderung und Neugestaltung der Welt dort draußen. Gleichwohl sind durch diese doppelte Herkunft der Systemtheorie Maturanas Anschlussmöglichkeiten an *handlungs*theoretische Ansätze gegeben, wie sie später von der Netzwerktheorie realisiert wurden. Soziologisch bedeutet das ein Abrücken von Durkheim und ein Hinwenden zu Gabriel Tarde, der plötzlich höchst aktuell wird.

In Tardes Schriften finden wir ein Beispiel dafür, wie sich innerakademische Diskurse, abgelöst von der sozialhistorischen Realität und insofern unzeitgemäß, entwickeln, der Vergessenheit anheimfallen und, im Falle Tardes, hundert Jahre später plötzlich aus der Versenkung auftauchen, Aktualität gewinnen und eingehend rezipiert werden (hierzu und zum folgenden vgl. Tarde 2003; Tarde 2009b; Tarde 2009a). Worin besteht diese plötzliche Aktualität? Tarde, einer der Gründungsväter der Soziologie in Frankreich und der große Gegenspieler Durkheims, erklärt zum Ersten und ganz im Gegensatz zu Durkheim und zur tradierten Mainstream-Soziologie, das Große durch das Kleine, das Ganze durch das Einzelne. Soziologie ist, so gesehen, nichts anderes als angewandte Psychologie, eine Aussage, die sich mit der aktuellen, um nicht zu sagen: postmodernen Sichtweise deckt, derzufolge das Individuum als entscheidender Motor des Vergesellschaftungsprozesses erscheint und die Gesellschaft als Resultat des Handelns von Menschen. Wenn Tarde zufolge Handlungen, Artefakte und Ideen, nach denen Individuen und Gruppen zu klassifizieren seien, die Regulative und Variablen des Sozialen ausmachen, dann, zum Zweiten, ist die Affinität zu Bruno Latours aktueller Akteur-Netzwerk-Theorie kaum zu übersehen. Wenn er, drittens, gesellschaftliche Abläufe durch den Modus der Imitation erklärt („Gesellschaft ist *Nachahmung!*"), dann nimmt er zweifellos Richard Dawkins' Theorie der Meme (1996) vorweg. Und wenn er schließlich die drei Gesetze des Sozialen, das der Wiederholung, des Gegensatzes und der Anpassung, in der Physik und in der Biologie wiederfindet, dann reißt er, überaus aktuell, die tradierten Grenzen ein zwischen der Natur und der Gesellschaft und den ihnen entsprechenden Fachdisziplinen.

Das Abrücken vom Postulat Durkheims, Soziales nur durch Soziales zu erklären, bedeutet zugleich ein Abrücken von der konzeptionellen „Technikvergessenheit" der Sozialwissenschaften (Rammert 1998). Technik, wie gesagt, war bis dahin kein genuines Thema der Soziologie. Das ändert sich nun. Zugleich gewinnt der Handlungsbegriff an zentraler Bedeutung. Die Soziologie, die sich jetzt der Technik zuwendet, hat soziale Prozesse zum Gegenstand, die zwei Merkmale aufweisen. Erstens verknüpfen sich in ihnen Artefakte und menschliche Akteure zu komplexen Systemen. Zweitens werden diese Systeme nicht zentral und hierarchisch gesteuert, sondern sie funktionieren dezentral und koordiniert. Insbesondere der erste Aspekt gibt den Begriffen „Akteur" und „Netzwerk" eine neue, eine erweiterte theoretische Bedeutung. Die ursprüngliche (soziologische) Netzwerktheorie suchte zwischen Makro- und Mikro-Ebene des sozialen Geschehens, zwischen Struktur- und Handlungs-Dimension zu vermitteln (Weyer 2000). Latour dehnt das Phänomen der Handlungsträgerschaft (ganz im Sinne Tardes) auf *non-humans* aus und ebnet damit die Differenz von „Gesellschaft" und „Natur" ein, ähnlich wie es, aus naturwissenschaftlicher Perspektive und gleichfalls Tarde verwandt, Dawkins mit seiner Theorie der Meme unternimmt. Latour hat diesen wechselseitigen Durchdringungsprozess, dieses „blurring of the boundaries", in einem Beispiel sehr schön und vor allem sehr einprägsam illustriert: „Das Ozonloch", schreibt er, „ist zu sozial, um wirklich Natur zu sein, die Strategie der Firmen und Staatschefs zu sehr angewiesen auf chemische Reaktionen, um allein auf Macht und Interessen reduziert werden zu können" (Latour 1995, 14).

4 Realhistorische Rahmenbedingungen: Ursachen der innerakademischen Verunsicherung

Welche realhistorischen Ereignisse gingen mit dem innerakademischen Diskurs einher, die erklären können, warum die Systemtheorie der Netzwerktheorie weichen musste? Welche politischen, ökonomischen und institutionellen Rahmenbedingungen, die dem Diskurs zugrunde liegen, haben sich geändert? Drei Faktoren dürften dabei von entscheidender Bedeutung sein:

(1) Soziales lässt sich nicht länger allein durch Soziales erklären, Natürliches nicht länger mehr durch Natürliches,

(2) Steuerungsaspekte, also Formen des aktiven (politischen) Eingreifens, gewinnen an Bedeutung gegenüber dem nur kontemplativen Beobachten und Beschreiben,

(3) die Grenzen zwischen den einzelnen Subsystemen der Gesellschaft und der Gesellschaft als Ganzer schwinden, also etwa zwischen der Wissenschaft und der Gesellschaft; Erstere wird unmittelbar vergesellschaftet, Letztere verwissenschaftlicht sich, wird „reflexiv".

Gesellschaftliche Subsysteme wie das der Politik, der Wissenschaft, der Bildung hatten sich nach dem Zweiten Weltkrieg in erkennbarer Form herausgebildet und in weitgehend autonomer Weise, eigenen Imperativen folgend, profiliert. Die bloße Existenz einer sozialhistorischen Alternative, die des „real existierenden Sozialismus", so unpopulär er auch sein mochte, hatte die westlichen Industriegesellschaften gezwungen, dem an sich brutalen ökonomischen Imperialismus Zügel anzulegen, ihn ein wenig zu zähmen („soziale Marktwirtschaft") – ein Ansinnen, das die Eigenlogik der gesellschaftlichen Subsysteme, insbesondere das der Politik, zwangsläufig stärkte. Der „Wettstreit der Systeme" führte zu einer Aufwertung und stärkeren Verselbständigung des Bildungs- und Wissenschaftssystems. Georg Picht (1965) lieferte mit dem Diktum von der Bildungskrise das Schlagwort, der „Sputnik-Schock" den äußeren Anlass.

Spätestens seit dem Fall der Berliner Mauer beginnt dieses Bild brüchig zu werden. Von einer „Hybridisierung" der Subsysteme, von einer „Verwischung der Grenzen" ist zunehmend die Rede. Die „funktionale Ausdifferenzierung" in einzelne Teilsysteme wird, wenn schon nicht aufgehoben, so doch ein Stück weit zurückgenommen. Nicht nur von einer „funktionalen Entdifferenzierung" gesellschaftlicher Subsysteme und einer Vermischung ihrer Funktionen wird gesprochen, sondern vor allem auch davon, dass traditionelle Imperative der Ökonomie, vor allem das der schrankenlosen Profitmaximierung, die in der systemtheoretischen Soziologie lange vernachlässigt wurden, nun wieder massiv in andere Systeme eindringen, sie kolonisierend überformen, ohne dass diese eine Chance hätten, die ihnen fremden Codes in systemeigene zu transformieren (Boltanski und Chiapello 2003; Bröckling et al. 2000). Im Nachhinein sieht es so aus, als ob die „funktionale Ausdifferenzierung" sozialer Subsysteme, soweit sie auf der Ruhigstellung, wenn nicht gar Zähmung des ökonomischen Dominanzstrebens beruhte, nur einen relativ kurzen historischen Zeitabschnitt, nämlich jenen des „Kalten Krieges", betraf.

Die Rückkehr zu „normalen" Verhältnissen, die, für jedermann offensichtlich, mit dem Fall der Berliner Mauer einsetzte, bedeutet aber keineswegs

eine bloße Wiederherstellung des *status quo ante*. Aufgrund der vielfältigen
Verflechtungen wird zu Recht vom „Aufstieg der Netzwerkgesellschaft" gesprochen (Castells 2001), aber die Netzwerke folgen nicht mehr unmittelbar
ökonomischen Imperativen, sondern tiefer liegenden politischen Interessen,
die sich lediglich (scheinbarer) ökonomischer Sachzwänge bedienen, um sich
zu legitimieren. Jean Baudrillard spricht in diesem Zusammenhang von
einer Ökonomie, die zur Simulation verkommen sei (1982). Michael Hardt
und Antonio Negri zeichnen das Bild einer „neuen Weltordnung", die sie
„Empire" nennen und die durch Korruption und mafiose Netzwerke zusam-
mengehalten wird (Hardt und Negri 2002). Jean-Marie Guéhenno zufolge
tritt an die Stelle des republikanischen ein imperiales Zeitalter, ein drittes
oder viertes Rom. Die Idee eines Universalreiches im Sinne des kaiserlich
römischen beschreibe die Wirklichkeit unserer vernetzten Welt besser als
die ins Alter gekommene Idee einer Weltrepublik. In ihr werde „die Frage
nach der Legitimität allmählich ebenso unpassend wie das Nachdenken über
die ‚Rechtmäßigkeit' oder ‚Unrechtmäßigkeit' eines Computerprogramms.
Das sanfte Brummen der gesellschaftlichen Maschine genügt sich selbst"
(Guéhenno 1994, 84, 87). Die Formkraft des politischen – wohlgemerkt, des
politischen, nicht des demokratischen – Prinzips bemächtigt sich zunehmend
des ökonomischen, überformt es, ohne es zu ersetzen (Eigen 2003; Ziegler
2003).

„Politik" in diesem Zusammenhang zielt im Sinne Foucaults (2000) auf eine
spezifische, eine historisch neue Form des Machtdiskurses, der Kontrolle und
der Ausübung von Macht durch gesellschaftliche Eliten in sich überlappenden
Seilschaften aus Industrie, Militär, Parteien und Finanzwelt, die zum Teil
feudalen Charakter haben. Es findet eine Entgrenzung statt zwischen realem
Marktgeschehen und steuernden politischen Interventionen. Statt von der
dichotomisch geprägten Vorstellung eines Nullsummenspiels auszugehen,
demzufolge mehr Markt (Ökonomie) weniger Staat (Politik) bedeutet und
vice versa, gilt es, eine qualitativ veränderte Topologie des Sozialen ins Auge
zu fassen, in der die Bedeutung dessen, was Ökonomie bzw. Politik heißt,
neu festgelegt wird.

Folgt man dem späten Foucault, so bezeichnet die postmoderne Form
der „gouvernementalité" weniger das tendenzielle Ende, sondern eher die
Transformation des Politischen, mittels derer die gesellschaftlichen Kräfte
neu strukturiert werden. Sie lässt sich als durch und durch politisches Projekt
dechiffrieren, das nicht so sehr durch eine Abnahme staatlicher Souveränität
charakterisiert ist, sondern vielmehr durch eine Verschiebung von formel-
len zu informellen Strukturen der „gouvernementalité". In dieser politisch,

nicht ökonomisch zu definierenden Herrschaftsstruktur – nenne man sie nun „Empire" oder „viertes Rom" – ist der Staat einer der Akteure, nach wie vor, aber mit veränderter Rollenzuweisung. Sie ist charakterisiert durch die Verlagerung von nationalstaatlich definierten Handlungsmustern auf supra-staatliche Ebenen („Weltinnenpolitik") ebenso wie durch die Etablierung neuer Formen von „Subpolitik" (Beck 1993) oder „life politics" (Giddens 1994), Formen, die zugleich oberhalb wie unterhalb dessen operieren, was traditionellerweise das Politische ausmachte.

„Macht" heißt vor diesem Hintergrund immer weniger Herrschaftsaus-übung in autoritärer Form oder strukturelle Gewalt, die starren Systemen innewohnt, sondern vielmehr produktive Disziplinierung als ständiger Pro-zess zwischen einer Vielzahl von Akteuren (Sofsky und Paris 1991), ein Prozess, in dem Entscheidungskriterien zugeordnet und weiterentwickelt werden, ohne dass dadurch von sich aus schon Transparenz gewährleistet wäre. Vielmehr treten Kapitol und Lobby an die Stelle des Diskurses und der Agora. Schon Foucault (1979) propagiert daher eine Analytik der Macht als Auseinanderlegung von Verhältnissen, in denen sich Kräfte aneinander und gegeneinander entwickeln und die jeweilige Gestalt eines einzelnen Akteurs davon abhängig ist, wie andere Akteure auf ihn einwirken. Macht wird damit zu einer Prozesskategorie schlechthin. Der Netzwerkbegriff knüpft unmittelbar an diese Analyse an.

„Aufstieg der Netzwerkgesellschaft" meint nicht nur die Aufhebung der Grenzen zwischen den einzelnen sozialen Subsystemen, sondern, viel grund-legender, auch die zwischen dem, was bislang als „Natur" und „Gesellschaft" bezeichnet und voneinander geschieden wurde (Latour 1995). Schlagworte wie „life politics" (Berger 1995) und „Biopolitik" (Lemke 2007) verweisen darauf, dass sich die Zukunft von „Hybriden", dieser Mischformen aus Ge-sellschaft, Technik und Natur, allein auf Basis ökonomischer Kalküle nicht entwerfen, begründen und gestalten lässt. Der (Markt-) Ökonomie gelingt es immer weniger, die Dynamik einer qualitativ strukturierten Technologie in ihre quantifizierenden Kalküle einzubinden. Das hatten bereits Friedrich Georg Jünger und Hans Freyer erkannt. Die Technik lasse sich nicht län-ger auf ein ökonomisches Bezugssystem zurückführen. Vielmehr müsse die Ökonomie als eine Funktion der Technik betrachtet werden (Jünger 1953, 229 ff). In der ihr eigenen Dynamik entwickle sich die Technik zu einem „System von eigener Herkunft, eigener Entwicklungstendenz und planetari-schem Ausmaß", das durchaus „eigene Verbindungen und Abhängigkeiten zwischen den Menschen zu stiften" vermag (Freyer 1925, 176 f). Die erkenntniskonstitutive Kraft des Tausches, des zentralen Syntheseprinzips der bürgerlichen Gesellschaft, löst sich auf. „Es beginnt das Abenteuer einer Postmoderne, in der Kategorien wie Äquivalenz, Adäquanz und Identität so verwahrlosen wie der Tausch, nach dessen Bild sie formiert waren" (Hörisch, in Sohn-Rethel 1985). Es beginnt die Suche nach neuen Syntheseprinzipien jenseits von „Markt" und „Plan". Der Begriff des „Netzwerkes" ist Ausdruck des vorläufigen Versuches, ihnen einen Namen zu geben.

Danksagung

Rolf Fechner (Klagenfurt) hat eine frühe Fassung des Essays kommentiert. Seine Kritik hat uns bewogen, eine Überarbeitung vorzunehmen. Hierfür sei ihm Dank.

Literatur

Ashby, W. R. (1974). *Einführung in die Kybernetik*. Frankfurt: Suhrkamp.

Baudrillard, J. (1982). *Der symbolische Tausch und der Tod*. München: Matthes & Seitz.

Beck, U. (1993). *Die Erfindung des Politischen*. Frankfurt: Suhrkamp.

Berger, P. A. (1995). „Life Politics". Zur Politisierung der Lebensführung in nachtraditionalen Gesellschaften. *Leviathan* 23.3, 445–458.

Bertalanffy, L. v. (1972a). The History and Status of General Systems Theory. In: *Trends in General Systems Theory*. Hrsg. von G. J. Klir. New York: Wiley & Sons, 21–41.

— (1972b). Zu einer allgemeinen Systemlehre. In: *Organisation als System*. Hrsg. von K. Bleicher. Wiesbaden: Gabler, 31–45.

Boltanski, L. und E. Chiapello (2003). *Der neue Geist des Kapitalismus*. Konstanz: UVK.

Bröckling, U., S. Krasmann und T. Lemke, Hrsg. (2000). *Gouvernementalität der Gegenwart. Studien zur Ökologisierung des Sozialen*. Frankfurt: Suhrkamp.

Castells, M. (2001). *Das Informationszeitalter*. Bd. 1. Opladen: Leske + Budrich.

Dawkins, R. (1996). *Das egoistische Gen*. Reinbek: Rowohlt.

Durkheim, E. (1984). *Die Regeln der soziologischen Methode*. Frankfurt: Suhrkamp.

Eigen, P. (2003). *Das Netz der Korruption*. Frankfurt/New York: Campus.

Foucault, M. (1979). *Geschichte der Gouvernementalität*. Bd. 1 und 2. Frankfurt: Suhrkamp.

Foucault, M. (2000). Gouvernementalität. In: *Gouvernementalität der Gegenwart. Studien zur Ökologisierung des Sozialen*. Hrsg. von U. Bröckling, S. Krasmann und T. Lemke. Frankfurt: Suhrkamp, 41–67.

Freyer, H. (1925). *Der Staat*. Leipzig: Wiegandt.

Giddens, A. (1994). *Beyond Left and Right. The Future of Radical Policy*. Cambridge: Polity Press.

Guéhenno, J.-M. (1994). *Das Ende der Demokratie*. München/Zürich: Artemis & Winkler.

Habermas, J. (1981). *Theorie des kommunikativen Handelns*. Bd. 2. Frankfurt: Suhrkamp.

Habermas, J. und N. Luhmann (1974). *Theorie der Gesellschaft oder Sozialtechnologie – Was leistet die Systemforschung?* Frankfurt: Suhrkamp.

Hacking, I. (1983). *Representing and Intervening: introductory topics in the philosophy of natural science*. Cambridge/London: Cambridge University Press.

Hardt, M. und A. Negri (2002). *Empire. Die neue Weltordnung*. Frankfurt/New York: Campus.

Joas, H. (1992). *Die Kreativität des Handelns*. Frankfurt: Suhrkamp.

Jünger, F. G. (1953). *Die Perfektion der Technik*. Frankfurt: Klostermann.

Kuhn, T. S. (1973). *Die Struktur wissenschaftlicher Revolutionen*. Frankfurt: Suhrkamp.

Kunz, V. (2004). *Rational Choice*. Frankfurt/New York: Campus.

Latour, B. (1991). Materials of power. Technology is Society made durable. In: *A Sociology of Monsters*. Hrsg. von J. Law. London: Routledge, 103–131.

— (1995). *Wir sind nie modern gewesen*. Frankfurt: Fischer.

— (2007). *Eine neue Soziologie für eine neue Gesellschaft. Einführung in die Akteur-Netzwerk-Theorie*. Frankfurt: Suhrkamp.

Lemke, T. (2007). *Gouvernementalität und Biopolitik*. Wiesbaden: VS Verlag für Sozialwissenschaften.

Luhmann, N. (1984). *Soziale Systeme. Grundriß einer allgemeinen Theorie*. Frankfurt: Suhrkamp.

Luhmann, N. (1982). Autopoiese, Handlung und kommunikative Verständigung. *Zeitschrift für Soziologie* 11, 336–379.

— (1987). *Archimedes und wir. Interviews*. Hrsg. von D. Baecker und G. Stanitzek. Berlin: Merve.

— (1996). *Die Wirtschaft der Gesellschaft*. Frankfurt: Suhrkamp.

— (1997). *Die Gesellschaft der Gesellschaft*. Bd. 2. Frankfurt: Suhrkamp.

Maturana, H. R. (1982). *Die Organisation und Verkörperung von Wirklichkeit*. Braunschweig/Wiesbaden: Vieweg.

— (1990). Ein Gespräch mit Volker Riegas und Christian Vetter. In: *Zur Biologie der Kognition*. Hrsg. von V. Riegas und C. Vetter. Frankfurt: Suhrkamp, 11–90.

Maturana, H. R. und F. G. Varela (1972). *De maquinas y seres vivos. Una teoría sobre la organización biológica*. Santiago de Chile: Editorial Universitaria.

Miebach, B. (1991). *Soziologische Handlungstheorie*. Opladen: Westdeutscher Verlag.

Parsons, T. (1964). *Beiträge zur soziologischen Theorie*. Neuwied/Berlin: Luchterhand.

— (1976). *Zur Theorie sozialer Systeme*. Opladen: Westdeutscher Verlag.

Picht, G. (1965). *Die deutsche Bildungskatastrophe*. München: Deutscher Taschenbuch-Verlag.

Probst, G. J. (1987). *Selbstorganisation. Ordnungsprozesse in sozialen Systemen aus ganzheitlicher Sicht*. Berlin/Hamburg: Parey.

Rammert, W. (1998). Technikvergessenheit der Soziologie? In: *Technik und Sozialtheorie*. Hrsg. von W. Rammert. Frankfurt/New York: Campus, 9–28.

Rombach, H. (1981). *Substanz, System, Struktur. Die Ontologie des Funktionalismus und der philosophische Hintergrund der modernen Wissenschaft*. Bd. 1 und 2. Freiburg: Alber.

Ropohl, G. (1999). *Allgemeine Technologie. Eine Systemtheorie der Technik*. München und Wien: Hanser.

Serres, M., Hrsg. (1994). *Elemente einer Geschichte der Wissenschaften*. Frankfurt: Suhrkamp.

Sofsky, W. und R. Paris (1991). *Figurationen sozialer Macht*. Opladen: Leske + Budrich.

Sohn-Rethel, A. (1985). *Soziologische Theorie der Erkenntnis*. Mit einem Vorwort von Jochen Hörisch: „Die Krise des Bewusstseins und das Bewusstsein der Krise. Zu Sohn-Rethels Luzerner Exposé". Frankfurt: Suhrkamp.

Tarde, G. (2003). *Die Gesetze der Nachahmung*. Frankfurt: Suhrkamp.

— (2009a). *Die sozialen Gesetze. Skizze einer Soziologie*. Marburg: Metropolis.

— (2009b). *Monadologie und Soziologie*. Frankfurt: Suhrkamp.

Weber, M. (1922). *Wirtschaft und Gesellschaft. Grundriss der verstehenden Soziologie*. Tübingen: Mohr.

Weyer, J. (1997). Weder Ordnung noch Chaos. Die Theorie sozialer Netzwerke zwischen Institutionalismus und Selbstorganisationstheorie. In: *Technik, die Gesellschaft schafft. Soziale Netzwerke als Ort der Technikgenese*. Hrsg. von J. Weyer, U. Kirchner, L. Riedel und J. F. K. Schmidt. Berlin: Sigma, 53–99.

— Hrsg. (2000). *Soziale Netzwerke. Konzepte und Methoden der sozialwissenschaftlichen Netzwerkforschung*. München: Oldenbourg.

Wiener, N. (1963). *Kybernetik. Regelung und Nachrichtenübertragung im Lebewesen und in der Maschine*. Düsseldorf/Wien: Econ.

Wolff, C. (1728). *Philosophia rationalis sive logica*. Frankfurt: Renger.

Ziegler, J. (2003). *Die neuen Herrscher der Welt und ihre globalen Widersacher*. München: Bertelsmann.

Soziale Vernetzung: Einheit und Widerspruch

Willibald Erlacher & Barbara Lesjak

1 Vorbemerkungen

Die folgenden Überlegungen sind von der aktuellen Vernetzungsdiskussion inspiriert, vor allem von der Popularität dieses vermeintlich neuen Paradigmas.[1] Unter Berücksichtigung der aktuellen Debatte in den Sozialwissenschaften soll geklärt werden, woher der Begriff des „Netzwerks" stammt und welche – zumeist wissenschaftstheoretischen – Schwierigkeiten hier bestehen. Besonders im Hinblick auf die soziologischen Theorie- und Modellentwicklungen ist zwar eine große Vielfalt von Zugängen festzustellen, es erscheint uns gerade deshalb aber sinnvoll, auch auf die Defizite in diesen Theorieentwicklungen hinzuweisen. Ein Blick in die Geschichte des Netzwerkbegriffs kann dabei helfen und eine Orientierung für den modernen Netzwerkdiskurs schaffen. Hervorgehoben wird dabei ein oft vernachlässigter sozialwissenschaftlicher Aspekt, der zwar in vielen Modellen bereits einbezogen wird, aber auf eine oft noch sehr reduzierte Art und Weise. Unsere Betrachtungen erfolgen primär aus der Perspektive der Gruppen- und Organisationsdynamik, vor deren Hintergrund wir an dieser Stelle versuchen wollen, weiterführende Aspekte anzubieten.

Schließlich sollen neue Aspekte zum Thema Netzwerk angesprochen werden, insbesondere die Wirkung von unterschiedlichen Strukturierungsformen. Hier wird eine möglicherweise hilfreiche Differenzierung für das Verständnis unterschiedlicher Strukturierungsprinzipien vorgeschlagen: Abstrakt gesehen können Einheit und Widerspruch als grundlegende Strukturierungsprinzipien von sozialen Systemen vorausgesetzt werden; von ihren strukturellen

---

[1] In unserem Beitrag gehen wir auf den Begriff des „sozialen Netzwerks" im Unterschied zu technischen Netzwerken ein. Plattformen, wie *Facebook*, *Twitter* etc., die aktuell unter dem Begriff „Soziales Netzwerk" diskutiert werden, stellen aus unserer Perspektive primär technische Netzwerke dar, die als Surrogate realer Sozialbeziehungen dienen können. Auch betrachten wir nicht die wechselseitigen Einflussdimensionen und sich daraus ergebende Dynamiken im Wechselspiel von sozialen und technischen Netzwerken.

und prozessualen Ausgestaltungen hängt die Funktionalität und die Organisationsform des jeweiligen Sozialformates ab. Das lenkt den Fokus auf die soziale Gestalt von Netzwerken, die in ihrer Genese und Eigenart beobachtet und mit einer Fülle von Hintergrundtheorien gelesen werden kann; Gruppendynamik, Organisationsentwicklung, Sozialpsychologie, Soziologie etc. liefern für uns hilfreiche Folien dafür. Denn wenn Netzwerke eine gesellschaftliche Gestaltungskraft haben sollen – was oft postuliert wird –, dann können Wesen, Gestalt und Wirkungsweise von Netzwerken unter Verwendung einer sozialwissenschaftlich-interdisziplinären Erkenntnisbrille möglicherweise leichter gelesen und verstanden werden.

2 Netzwerk als Metapher der Postmoderne

Mit den Begriffen des Netzwerks oder der Vernetzung verbinden sich heute offenbar viele Erwartungen; oft werden sie als bedeutsame Metapher für gesellschaftliche Organisations- und Veränderungsprozesse ins Feld geführt. Vernetzung gilt gemeinhin als erfolgreiche Alternative zu als defizitär charakterisierten, traditionellen Strukturen. Dabei sollen Netzwerke auch das wirkungsvollere Steuerungsinstrument sein als das, was es bisher gab, um fragmentierte und disparate gesellschaftliche Elemente zusammenzuführen. In diesem Zusammenhang wird Vernetzung gern als jenes neue Paradigma ausgerufen, das die Bildung von Gemeinschaftlichkeit in der postmodernen Welt vorantreiben soll. Als Gegenprogramm zur Individualisierung, zur funktionalen Ausdifferenzierung und zur Fragmentierung der Gesellschaft sollen Netzwerke bzw. Vernetzungen neue Organisationsformen darstellen, die über die gegebenen organisationalen Grenzen hinaus zu neuen Formen der Kooperationen und des gemeinsamen Handelns führen sollen.

„Was sind Netzwerke?" – Diese Frage bleibt angesichts des teilweise populärwissenschaftlichen Diskussionsniveaus zunächst weitgehend offen. Ein erster Blick auf die gegenwärtige Diskussion, speziell in der Beratungs- und Managementliteratur zum Thema Vernetzung verdeutlicht jedenfalls, dass dieser Begriff sehr vielfältig und in seinen verschiedenen Ausprägungen kaum mehr überblickbar ist. Hinzu kommt, dass soziale Netzwerke vielfach mit dem Begriffsvokabular von technischen Netzwerken beschrieben oder vermischt werden, wodurch eine Abgrenzung zwischen sozial und technisch verschwimmt. Die begriffliche Diffusität des Vernetzungsbegriffs rührt unter anderem auch daher, dass verschiedene Modellvorstellungen von sozialen Netzwerken, die wiederum in unterschiedlichen Disziplinen begründet sind, aufeinandertreffen. „Marktbeobachtungen und Literaturstudien zeigen, dass das, was heute als Netzwerk bezeichnet wird, keinesfalls eindeutig ist" (Orthey 2005a, 23). Je nach Perspektive – sozial, technisch, betriebswirtschaftlich – variiert der Begriff zwischen IT-Netzwerken, technischen Netzwerken, virtuellen Netzwerken, sozialen Netzwerken, Netzwerken als Organisationsform etc. Die meist reale Verflochtenheit von technischen und sozialen Aspekten erschwert es überdies, ein klares Bild von Netzwerken zu erlangen.

Obwohl es mittlerweile unmöglich ist, Vernetzung gewissermaßen auf einen Begriff zu bringen, ist es dennoch hilfreich, typische Merkmale und Zuschreibungen von Gebilden, die in den von uns betrachteten Anwendungsfeldern soziale Netzwerke genannt werden, herauszufiltern. Hierdurch soll klarer werden, welche Hoffnungen sich vielfach mit dem Begriff verbinden. Eine Interpretation der Netzwerk-Metapher könnte erhellend sein angesichts der heutigen Popularität des Netzwerkbegriffs, der offenbar vorwiegend systemtheoretisch geprägt ist und nicht zufällig in der Managementliteratur eine bemerkenswerte Karriere macht. Daraus ergibt sich, ohne Anspruch auf Vollständigkeit, folgendes Bild:

A. Netzwerke als Alternative zu hierarchischen Strukturen: Im Unterschied zu funktional ausdifferenzierten Systemen seien Netzwerke in der Lage, strukturbedingte Defizite wie emotionale Kälte, funktionale Fremdbestimmtheit von Personen, strukturelle Determiniertheit, Leistungsorientierung etc. zu kompensieren. In Netzwerken sei die persönliche Entfaltung möglich, persönliche Ressourcen würden freigesetzt, und ein Möglichkeitsraum für freies Handeln werde bereitgestellt. „Soziale Netzwerke sind in ihrem Wesen anders als jene Organisationsphänomene, für die sich der allgemein gültige Sprachgebrauch von formeller und informeller Organisation herausgebildet hat, wie Organigramme, Projekte, informelle Strukturen u. dgl." (Boos et al. 2000, 15). Diese Sichtweise verdankt sich dem strukturfunktionalistischen Ansatz; unter Netzwerken wird meist eine spezifische Form von sozialen Systemen verstanden, die sich in ihren Steuerungsmechanismen von der hierarchischen Organisation unterscheiden. Worin sich diese neuen Gebilde konkret unterscheiden und was das ‚Wesen Netzwerk' ist, bleibt jedoch in dieser Sichtweise sehr häufig unbeantwortet.

B. Netzwerke und Unverbindlichkeit: Eine schillernde Metapher für die Strukturflexibilität ist die rhetorische Figur der *losen Kopplung* (vgl. Weick 1985; Baecker 1999; Simon 2007). Demnach können Netzwerke als flexible, lose gekoppelte Strukturen oder als „lose Kopplungen von Elementen und Ereignissen mit hohen Autonomiegraden im Sinne der Freisetzung von Selbstorganisationsmöglichkeiten" (Orthey 2005b, 11) gesehen werden, wobei lose Kopplung eine Funktion zwischen Rationalität und Unbestimmtheit beschreibt (Baecker 1994). Diese Metapher ist zwar in sich schlüssig, sie kann aber nicht operationalisiert werden, weil die inhaltliche Substanz der Kopplung wie Motive, Interessen, Emotionen, Bedürfnisse etc. nicht vorkommen. Dadurch wird eine inhaltliche Bestimmung der losen Kopplung schwierig, auch deswegen, weil diese Form der Kopplung weder als bestimmendes Strukturmerkmal noch als eine Bestimmung der jeweiligen Beziehungsqualität gesehen werden kann, sondern, aus einer sozialwissenschaftlichen Perspektive, bestenfalls den Grad von Verbindlichkeiten – genauer formuliert: den Grad von Gruppenkohärenz – im jeweiligen sozialen Format anzeigt. Radikalisiert wird dieser Ansatz von Dirk Baecker, der meint, dass Netzwerke am besten nicht durch das, was ist, sondern durch das, was sein könnte, beschrieben werden können. Es gelte daher, dass Netzwerke „nicht durch aktuelle, sondern durch aktualisierbare Beziehungen konstituiert" werden (ebd., 170) – sie könnten als Potenzialitäten definiert werden. Das ‚Wesen' des Netzwerks besteht in dieser Sicht aus dem permanent offen gehaltenen Möglichkeitsraum, wo unterschiedliche mögliche Realitäten für die Zukunft bereitgehalten werden. In ähnlicher Weise argumentieren Ralf Grossmann und Hubert Lobnig hinsichtlich der Leistungsfähigkeit von Netzwerken, wenn sie sagen, dass Netzwerke „Optionen schaffen, voneinander profitieren, gemeinsam Leistungen realisieren" (Grossmann, Lobnig et al. 2007, 108). Bei Baecker wird die Metapher der losen Kopplung allerdings zur völlig fehlenden Kopplung zugespitzt, indem die Realität jeglicher Art von Kopplung dadurch aufgelöst wird, dass sie in die Zukunft verlagert wird.

C. NETZWERKE UND GELEBTE UNTERSCHIEDLICHKEIT, DIVERSITÄT, INDIVIDUELLE BEDÜRFNISBEFRIEDIGUNG: Die Netzwerkdynamik ist hier ein „Geschehen zwischen Inklusion und Exklusion" (Orthey 2005b, 9); sie wird bestimmt von ihrer Prozesshaftigkeit, vom Austausch unterschiedlicher Ressourcen, von einer nicht zwingenden Identifizierung mit austauschbaren Zielvorstellungen und von der Freiwilligkeit ihrer TeilnehmerInnen (Boos et al. 2000; Orthey 2005a; Orthey 2005b). Netzwerke sind hier nicht von außen steuerbar, sondern generieren aus sich heraus ein Prinzip des „Nehmens und Gebens", aus dem wiederum neue „Handlungsoptionen" (Boos et al. 2000, 19) entstünden. Ihre Autonomie bzw. das Autonomiestreben von Netzwerken wird als wichtige Abgrenzung zur Organisation angeführt, wenngleich offenbleibt, in welcher Art Identitätsbildung stattfinden soll, und zwar so, dass ein Mindestmaß an gemeinsamer Orientierung stattfinden kann.

D. NETZWERKE UND FLEXIBILITÄT: Vernetzung lebt in dieser Perspektive von Veränderungsprozessen und von einem Oszillieren zwischen verbindlicher und unverbindlicher Kommunikation. Dieser Vorstellung liegt ein Bild von Vernetzung als Struktur mit sich überschneidenden Linien zugrunde; die Verbindungen zwischen Kommunikations- und Interaktionsstrukturen stellen sich als „Knoten" dar, die sich überall bilden und wieder auflösen können (Castells 2001, 528). Da Strukturen in dieser Denkweise nicht festgelegt werden können, verbleiben sie in ihrer Unverbindlichkeit in einer subkutanen Sphäre der gegenseitigen Verständigung. Die persönliche Orientierung und subjektive, interessengeleitete Zielrichtungen rücken infolgedessen in den Vordergrund. „Nicht ‚harte' Strukturen, sondern weiche Faktoren wie Beziehungen sind für Netzwerke prägend" (Orthey 2005a, 23). Dieser handlungsorientierte Fokus versucht besonders den Vorteil von Netzwerken gegenüber der Organisation zu betonen: Die Person bestimmt das Netzwerkgeschehen, nicht ihre Funktionalität. Dieser Perspektivenwechsel grenzt sich vom sogenannten Strukturfunktionalismus (Jansen 2003) ab und versucht, eine neue Ausgangsbasis für das Denken von Veränderung zu finden, nämlich dass es letztendlich Individuen seien (und nicht Strukturen), die Handlungsmöglichkeiten erzeugen.

E. NETZWERKE UND GEMEINSAMES LERNEN: Häufig werden Netzwerke von vornherein als ‚lernende Netzwerke' begriffen, wobei sie einerseits selbst lernende Systeme sein können und andererseits explizit das gemeinsame Lernen zum Ziel haben. Lernen ist damit nicht nur Erfahrungsaustausch, sondern ein „netzwerkkonstituierendes Wachstums- und Entwicklungselement" (Orthey 2005b, 14). Eine ähnliche Metaphorik findet sich im systemtheoretischen Zugang, wonach „eine auf dem Tauschprinzip beruhende Beziehung" (Boos et al. 2000, 17) ein typisches Netzwerkmerkmal darstellt. Die permanent offengehaltenen Tauschoptionen gelten zugleich als permanente Lernanlässe, die wiederum einen sozialen Zusammenhalt erzeugen. Nach Baecker ist Lernen der Kitt (Baecker 1999), der das Eigenleben des Netzwerks bezogen auf Ressourcen und Motive verbindet. Ein weiterer Aspekt ist im Kontext von Bildungssystemen bedeutsam: Netzwerke dienen als intermediäre Organisation zur Kompensation hierarchischer Defizite. Im

Zusammenhang mit Ressourcenentscheidungen konzentrieren sich zentrale Verwaltungsinstitutionen unter dem Stichwort Autonomisierung zunehmend auf die Kontextsteuerung und delegieren Verantwortung an untere Ebenen (Czerwanski et al. 2002). Lernen kann in diesem Bild auf verschiedenen Ebenen stattfinden – auf einer persönlichen, sozialen und strukturellen Ebene.

Diese unterschiedlichen Vorstellungen ließen sich fortsetzen, die Netzwerkmetapher würde wohl noch vielfältiger werden. In all diesen unterschiedlichen Modellvarianten wird sichtbar, dass offenbar mehr theoretische Modellbildung stattfindet, als sich empirische Belege für diese finden lassen. Die empirische Grundlage ist vielfach noch sehr dürftig und dort, wo sie vorhanden ist, noch nicht ausreichend beforscht. Zugleich ist festzustellen, dass häufig ,gute Ratschläge', wie man erfolgreich „netz-werkt" (Exner und Königswieser 2000, 26), anzutreffen sind – und man müsse dabei nur einige Regeln befolgen, dann würde sich das praktisch von selbst ergeben. In diesem Diskurs bleibt weitgehend offen, was das ,soziale Wesen Netzwerk' ist, welche Methoden der Vernetzung es gibt und welche sozialkonstruktiven Wirkungen von einer sozialen Dynamik und den aus ihnen resultierenden Strukturen ausgehen. Mithin entsteht zum einen manchmal der Eindruck, dass das Diskussionsniveau sinkt, sobald der Netzwerkbegriff in die Praxis transferiert werden soll. Hier kommt ein fast schon beschwörerischer Charakter zum Ausdruck: Netzwerke sollen die neue Alternative sein – dieses Postulat harrt aber offenbar der eigenen Durchsetzung, ohne seriös an die vorhandenen Theoriemodelle und Anwendungsformen, insbesondere aus der soziologischen Netzwerkanalyse, anzuschließen. Zum anderen gibt es in diesem Kontext eine Vielfalt von Netzwerkbegriffen, die auf unterschiedlichsten Abstraktionsniveaus – deskriptiv-soziologisch, analytisch oder schlicht normativ – metaphorisch aufeinandertreffen und die Erwartungen hinsichtlich einer Konkretisierung erhöhen.

2.1 Netzwerk, Gruppe, Dynamik

Häufig werden sozial-qualitative Kategorien mit Netzwerken in Zusammenhang gebracht, wobei auffällig ist, dass meist ein bestimmter Typus von Gruppe adressiert bzw. auch explizit zugrunde gelegt wird: informelle Gruppen, meist konnotiert mit einer pädagogischen Orientierung als Abgrenzung zur negativen Lesart wie subversive Gruppierungen, Geheimbünde, Seilschaften etc. Dies würde nahelegen, dass sich die soziale Dynamik des Netzwerkgeschehens auch als Gruppenprozess oder als Prozess innerhalb einer Organisation, als „Intergruppendynamik" (Pesendorfer 1993, 223), beschreiben lassen kann. Jedenfalls korrespondiert die Strukturiertheit dieses Kollektivs ‚Netzwerk' häufig mit den typischen Strukturmerkmalen des sozialen Systems Gruppe. Daraus lässt sich für uns die Vermutung ableiten, dass allen oben beschriebenen Netzwerkbildern Konstitutionsmerkmale von informellen Gruppen und/oder informellen Organisationen im Sinne von „sich-überlappenden Gruppen" (ebd., 230) zugrunde liegen. Zu diesen Merkmalen gehört, dass, sobald die quantitative Gruppengrenze überschritten ist, sich Untergruppen bilden, womit erste organisatorische Strukturierungen mit Notwendigkeit zu erfolgen haben (Krainz 2006; König und Schattenhofer 2007; Schwarz 2007). Eine solche Differenzierung zwischen Gruppen- und Organisationsdynamik kann im modernen Netzwerkbegriff nicht beobachtet werden; es gibt hingegen fast ausschließlich Zuschreibungen, die Phantasien über Gruppen zum Ausdruck bringen; auf größere soziale Gebilde werden somit häufig Kleingruppenerfahrungen projiziert.

Dies ist in Bezug auf die Strukturiertheit von Netzwerken besonders augenfällig, denn die begriffliche Abgrenzung des Netzwerks zum Begriff der Organisation bleibt in den meisten Fällen unklar. Irgendwo zwischen Gruppe und Organisation floriert eine begriffliche Gestalt, die keine Organisation braucht, aber auch keine Gruppe ist, obwohl sie Vertrauen voraussetzt. Die rhetorische Figur der losen Kopplung erweist sich hier gewissermaßen als Euphemismus, denn es ist offensichtlich, dass Netzwerke im Sinne von sozialen Systemen in irgendeiner Weise an eine bestehende Struktur angekoppelt sein müssen. Es gibt keine frei flottierenden Netzwerke, wie es auch keine frei flottierenden Gruppen gibt, sondern sie verdanken sich jedenfalls bestimmten äußeren oder inneren Zwecksetzungen. Einzig Grossmann und Lobnig weisen bei der Frage nach der Organisation von Kooperation unter Bezugnahme auf die Giddens'sche Dualität von Struktur und Handlung auf die paradoxe und widersprüchliche organisationale Erscheinungsform eines Netzwerks als „System zwischen den Systemen, das von den Beteiligten zum Zweck der Realisierung ihrer Interessen und wechselseitigen Erwartungen betrieben wird" (Grossmann, Lobnig et al. 2007, 112), hin und kommen zu dem Schluss: „Kooperationssysteme [Netzwerke und Leistungsverbünde, Anm. d. Verf.] sind aus unserer Sicht organisierte Sozialsysteme, aber es macht wenig Sinn, sie als eigenständige Organisationen zu beschreiben" (ebd., 114).

Die Metapher der losen Kopplung jedenfalls ist auch deswegen bemerkenswert, weil sie auf den Grad der Verbindlichkeit in und zwischen den Beziehungen unter den NetzwerkerInnen hinweist. Offenbar bezieht sich die lose Kopplung auf die Unverbindlichkeit innerhalb von Handlungsoptionen, mit anderen Worten: Es liegt der Verdacht nahe, dass die soziale Binnendifferenzierung mitunter nicht weit gediehen ist, soziale Rollen bzw. soziale Strukturierung wenig ausgebildet sind und es wenig erprobte Interaktionsmuster gibt. In Anlehnung an die Befunde der empirischen Kleingruppenforschung würde dies einem eher frühen Entwicklungsstadium von Gruppen entsprechen. Auch die Vorstellung einer ‚organisierten Unorganisiertheit' entspricht diesem Stadium, in dem Gruppen meist suchend, oft kämpfend um eine gemeinsame Orientierung ringen, was auch gekennzeichnet ist durch häufigen Themenwechsel, unterschiedliche Beteiligung (Dominanzbildungen), ungeklärte soziale Verhältnisse (Status, Rolle, Subgruppen) und eine fehlende Metaebene, das heißt die fehlende kommunikative Möglichkeit, das Geschehen im Hier und Jetzt gemeinsam zu reflektieren[2] – all dies sind Zuschreibungen, die in der von uns untersuchten Literatur nicht an Gruppen, sondern an Netzwerke gerichtet werden.

Was in diesen Vorstellungen von Netzwerken häufig auch zu kurz kommt, ist ihr dynamischer Charakter. Damit wird auch eine Dialektik[3] zwischen Identität und Differenz (besser gesagt: Identität und Widerspruch) unterschlagen. Insbesondere das systemische Begriffsvokabular suggeriert hier nicht nur eine gewisse Trivialität, sondern verschleiert vor allem die Substanz der Veränderung, die in einer dialektischen Lesart als Prozess von Widerspruchsmanagement verstanden werden kann und muss. Anders gesagt: Dass es permanente Veränderungsprozesse gibt und dass diese lernträchtig sein können und behutsam gesteuert werden müssen, ist nicht wirklich neu. Aber das *Was* der Veränderung kommt dabei nicht wirklich zum Ausdruck. Dass nämlich beispielsweise netzwerkartige Sozialformate mitunter dazu tendieren, sich zu institutionalisieren, und damit strukturell in eine Form von Organisation übergehen, ist nur die eine Seite. Das Prozessieren von Widersprüchen führt zu zwar selbstbestimmten Strukturen, aber es sind dies auch Strukturen mit einer gewissen Tendenz zur Dauerhaftigkeit. Das bedeutet für Netzwerke, dass sie nach und nach auch bestimmte Phasen im Gewordensein von Organisationen repräsentieren können. Und irgendwann ist nicht mehr unterscheidbar, ob es Netzwerke oder Organisationen sind. Jedenfalls benötigt selbst das flexibelste Netzwerk ein Mindestmaß an Steuerung und

---

[2] Vgl. Antons et al. (2004); Bradford et al. (1964); Krainz (1994).

[3] Wir verwenden hier den Begriff Dialektik aus philosophisch-ontologischer Sicht. Bereits Heraklit interpretiert die Welt und deren Veränderungen als Ergebnis eines Streites (*polemos*) der Gegensätze als ‚Vater aller Dinge'. Für Hegel ist die Dialektik unter anderem konstitutives Moment von Welt (-bewegung) insgesamt, in den Dingen und deren permanenter Veränderung tritt ein den Dingen innewohnender (Selbst-) Widerspruch mit Notwendigkeit zutage und gilt als treibende Kraft und zugleich als Auslöser für Entwicklungsprozesse (vgl. Hegel 1965).

Organisation, sonst könnten keine Kommunikation und keine Leistungserbringung stattfinden. Andererseits besteht die Gefahr einer Abschottung
nach innen, um sich eine eigene Identität aufzubauen und diese aufrechtzuerhalten. In beiden extremen Ausformungen (das Zur-Organisation-Werden
versus das Überhaupt-keine-Organisation-Haben) hören Netzwerke auf, solche zu sein. Den Widerspruch von identitätsbildender Binnenorientierung bei
gleichzeitiger Öffnung nach außen zu balancieren, ist letztlich die zentrale
Herausforderung. Die zu leistende Systembildung besteht im Grunde in
einem Widerspruchsakt von (Selbst-) Strukturgebung und Wiederauflösung
derselben. Nach Grossmann, Lobnig et al. (2007) sind „diese Differenzen zwischen Schließung und Öffnung, zwischen Eigenständigkeit und Rückbindung,
zwischen Strukturbildung und Verflüssigung kontinuierlich zu prozessieren"
(ebd., 114). Die Steuerungsanforderungen in Netzwerken liegen bei professio-
nellem Verständnis deshalb insbesondere im Widerspruchsmanagement von
Integration und Öffnung, individueller und gemeinsamer Nutzenerwartung,
Partizipation und Engführung von Entscheidungen sowie strategischer Fokussierung bei gleichzeitiger Offenheit bzw. Öffnung (Grossmann und Scala
2004).

3 Das Netzwerk: Begriffsgeschichte

Im Sinne der Herausarbeitung des Innovationspotentials von Netzwerken
erscheint es zweckmäßig, den Netzwerkdiskurs an seine Traditionen, die
sich sehr unterschiedlich entwickelt haben, anzuknüpfen, um einerseits die
theoretische Orientierung zu schärfen und um andererseits einzelne Ansätze
in eine fruchtbare Synthese zu bringen. In dieser Hinsicht gibt es einige
vielversprechende Zugänge, aber dennoch ist eine gewisse Beharrungsten-
denz im Aufrechterhalten des wissenschaftstheoretisch konstruierten Dualismus zwischen Struktur und Handlung zu konstatieren. Dieser Dualismus
ist insbesondere im deutschsprachigen Raum noch sehr ausgeprägt, was
auch darauf zurückzuführen ist, dass hier der Netzwerkdiskurs kaum den
Rahmen der Soziologie verlassen hat und daher wenig Einflüsse aus der
Sozialpsychologie geltend gemacht worden sind. Hinter diesem Dualismus
(strukturalistisch orientierter versus handlungsorientierter Ansatz) liegen
unterschiedliche historische Entwicklungslinien, die für dessen Legitimierung
bzw. Reproduktion oft herangezogen werden. Verfolgt man die Geschichte
des Netzwerkbegriffs, so ist dieser Dualismus allerdings auch keineswegs
durchgängig, im Gegenteil: Es kann sogar behauptet werden, dass verschiede-

ne Konzepte sehr wohl in der Lage waren und sind, Struktur und Handlung in einem sich wechselseitig bedingenden Zusammenhang zu sehen und diesen Zusammenhang als koevolutionären, dialektischen Prozess zu beschreiben. Diese Konzepte hatten bis dato allerdings wenig Durchsetzungsstärke in der *scientific community*, zumindest für den deutschsprachigen Raum.

Dazu ist festzuhalten, dass sich in den letzten Jahrzehnten des vorigen Jahrhunderts eine Seite dieses Dualismus (der Strukturfunktionalismus) verfestigt hat und als ,Strukturfundamentalismus' bis heute in Erscheinung tritt; dessen prominenteste Ausformung, die Theorie sozialer Systeme, behauptet, eine universalistische ,Supertheorie' zu sein, die einen grundlegenden Paradigmenwechsel für sich in Anspruch nehmen dürfe (Luhmann 1984).[4] Dabei wird die Handlungsorientierung unter dem Paradigma des Systembegriffs subsumiert, damit aber als wissenschaftstheoretische Grundposition aufgelöst und zugleich den handlungsorientierten Ansätzen eine durchgängige Theorielosigkeit unterstellt. Es ist daher wenig verwunderlich, dass umgekehrt von der handlungstheoretischen Seite der Vorwurf laut wird, der Strukturfunktionalismus sei theorielastig und nicht operationalisierbar (Bernhard 2008; Jansen 2003; Holzer 2006).

Indessen ist zu beobachten, dass der Netzwerkbegriff zunehmend von den Sozialwissenschaften aufgegriffen und weiterentwickelt wird, und zugleich versucht wird, neue Zugänge zu etablieren. Die gängige Begriffsverwendung bildet diese Entwicklungen jedoch (noch) nicht ab: International ist heute der Begriff der „social network analysis" (Scott 2009) gebräuchlich, die in den USA eine langjährige Tradition und unterschiedliche Ausprägungen vor allem hinsichtlich des Anwendungsaspektes hervorgebracht hat. In der deutschsprachigen Begriffsverwendung hat sich inzwischen der Begriff der „Netzwerkforschung" (Stegbauer 2008a, 11) durchgesetzt, hier ist das Attribut ,sozial' gänzlich weggefallen, und dies darf bereits als ein Hinweis auf die Schwierigkeiten des soziologischen Netzwerkbegriffs an sich gewertet werden. Die Netzwerkforschung erschöpft sich vorwiegend in einer Theoriedebatte, es fehlt gewissermaßen am empirischen ,Unterfutter', unter anderem deswegen, weil es (noch) nicht gelingt, den Dualismus zwischen Struktur und Handlung zu integrieren und es demzufolge kaum möglich ist, einen relationalen Netzwerkbegriff einzuführen.

---

[4] Siehe dazu eine aufschlussreiche Auseinandersetzung mit „Netzwerken und Systemen" bei Holzer (2008).

3.1 Die strukturfunktionalistische Entwicklungslinie

In Anbetracht der Entwicklungsgeschichte des Netzwerkbegriffs sind dennoch auch Differenzierungen vorhanden, die den heutigen Handlung-Struktur-Dualismus zu relativieren vermögen. Die amerikanische Ausformung der *social network analysis* basiert auf dem Konzept der individualistischen Handlungstheorie und arbeitet an der Entwicklung von Methoden der Graphentheorie; hier geht es um mathematische Repräsentation von beteiligten Akteuren, etwa in der Survey-Forschung. Sie steht in der Tradition der strukturfunktionalistischen Anthropologie, die von Alfred Radcliffe-Brown in den 1940er Jahren begründet wurde, wobei der Fokus weniger auf die kognitiven und sozialpsychologischen Prozesse in Kleingruppen gelegt wurde, sondern mehr auf die Funktionsweisen von größeren Einheiten wie Kommunen oder Organisationen. Radcliffe-Brown, dessen funktionalistische Betrachtungsweise später von Talcott Parsons übernommen wurde, gilt als erster Sozialwissenschaftler, der den Begriff Netzwerk eingeführt hat – er verwendete den Begriff der „social structure" für die Bezeichnung von „network of actually existing relations" (Radcliffe-Brown, nach Jansen 2003, 43).

Aufbauend darauf entwickelte die britische Sozialanthropologie Methoden der Feldforschung für Kommunen und relativierte dadurch die normative Betrachtung des Strukturfunktionalismus. Auch die amerikanische Weiterentwicklung verlässt diese Position und wendet sich mehr der Kleingruppenforschung zu; hier wurde die ethnographische Methodik auf die Analyse von Gemeinden und Industriebetrieben angewandt, wobei als Forschungsfelder konkrete, abgegrenzte Einheiten (meist Gruppen) definiert wurden. In den 1940er Jahren stellten Fritz J. Roethlisberger und William J. Dickson im Rahmen ihrer industriesoziologischen Studien in den Hawthorne-Werken die Bedeutung von informellen Gruppenorganisationen fest, was dazu führte, dass der Beobachtungsfokus stärker auf die soziale Dynamik als auf Strukturen gelegt wurde (ebd.). Später wurde in weiteren Studien dieser Art verstärkt die soziometrische Methodik (Moreno 1954) zur Anwendung gebracht, um informelle Netzwerke zu erheben bzw. sie zum Gegenstand von Organisationsentwicklung zu machen. Die Hawthorne-Studien markieren mit dieser Hinwendung zur sozialen Dynamik auch den Beginn der *Human-Relations*-Bewegung in der Gemeinde- und Industriesoziologie ab den 1940er Jahren, mit besonderer Ausbreitung in den USA.

Ein weiterer Entwicklungsstrang, der sich der strukturfunktionalistischen Anthropologie verdankt, mündet im Konzept der Blockmodellanalyse, die von den sogenannten ‚Harvard-Strukturalisten' entwickelt wurde. Ab den

1960er Jahren wurden graphentheoretische Modelle für die Analyse größerer Populationen entwickelt, woraus schließlich die heutige *social network analysis* hervorging – als Vertreter ist John P. Scott (2009) zu nennen, der für die Soziometrie (soziometrische Analyse, Graphentheorie, Soziogramme) einen soliden theoretischen Rahmen entwickelt hat. Dieser graphentheoretische Ansatz wird als der Durchbruch in der Netzwerkanalyse gesehen, weil er eine Methodik bereitstellt, die sehr große Populationen erfassen konnte und sich dadurch entsprechend interessante Anwendungsbereiche, wie beispielsweise Marktforschung oder Wahlforschung, eröffneten (vgl. Stegbauer 2008b). „That is to say, network analysis was seen to be concerned specifically with informal, interpersonal relations of a ‚communal' type, and the method was seen as specifically concerned with the investigation of ego-centric networks. As a result, the crucial breakthrough to the study of the global properties of social networks in all fields of social life was not made in Britain" (Scott 2009, 33). Wer auch immer die Urheberschaft beansprucht, bemerkenswert ist jedenfalls eine nachhaltige Ausbreitung und Akzeptanz der graphentheoretischen Methodik; auch im deutschsprachigen Raum setzte sich ab den 1960er Jahren die repräsentative Umfrageforschung als empirische Forschungsmethode durch (Jansen 2003; Stegbauer 2008b).

3.2 Die sozialpsychologische Entwicklungslinie

Es gibt aber noch weitere Entwicklungslinien, die heute als sehr bedeutsam für die Netzwerkforschung gelten können, sich aber historisch mit ihrer Paradigmatik offenbar wenig Bedeutung verschaffen konnten. Als Vorläufer des netzwerkanalytischen Denkens gilt in diesem Zusammenhang der Soziologe Georg Simmel (1958), der bereits am Anfang des 20. Jahrhunderts die Wechselwirkung als wesentlichen Gegenstand der Soziologie gesehen hat. Die Soziologie sollte sich den „Formen der Vergesellschaftung" (ebd., 32) durch eben diese Wechselwirkungen zuwenden. „Damit setzte er – wie die strukturelle Analyse es postuliert – die Analyse relationaler Merkmale, von Beziehungen zwischen Individuen, ins Zentrum der Soziologie" (Jansen 2003, 23). Mit diesem Zugang werden die Qualität der Beziehungsstruktur und ihr Einfluss auf Über- und Unterordnungsverhältnisse, auf Normbildung und ihre Wechselwirkungen mit Strukturen in den Vordergrund gerückt. „Simmels Überlegungen zur ‚quantitativen Bestimmtheit der Gruppe' und zur ‚Kreuzung sozialer Kreise' sind Beispiele für den Versuch, die Einbettung von Individuen in soziale Beziehungen zu einem eigenständigen Gegenstand soziologischer Untersuchung zu machen" (Holzer 2006, 30). Dieser

Versuch ist ihm zwar gelungen, jedoch wurden seine Grundannahmen im englischsprachigen Raum lange Zeit nicht rezipiert (ebd.).

Ein ähnliches Schicksal lässt sich innerhalb der sozialpsychologischen Entwicklungslinie der Netzwerkforschung zurückverfolgen – auch hier haben es bedeutsame Theorien, die sich unter den Überbegriffen relationale oder sozialkonstruktivistische Sozialtheorien zusammenfassen lassen, nicht geschafft, sich gegenüber dem strukturalistischen Ansatz zu behaupten. Der sozialpsychologische Zugang bezieht sich auf das populäre aristotelische Paradigma, wonach das Ganze mehr als die Summe seiner Teile sei. Das Ganze ist also nicht die Summation der einzelnen Individuen, sondern beschreibt ein überpersönliches Phänomen, dessen Eigendynamik durch die Wechselwirkung zwischen individueller Interaktion und Strukturbildung generiert wird (Übersummativität von Sozialität). Demnach werden Strukturen als wesentliche soziale Eigenschaften begriffen und formal beschrieben. Die ersten modernen Ausprägungen dieses aristotelischen Paradigmas finden sich im psychologischen Gestaltbegriff (österreichische Schule der Gestalttheorie: Wolfgang Köhler, Christian von Ehrenfels, Max Wertheimer) in den 1930er Jahren, der wiederum großen Einfluss auf die Feldtheorie und die Soziometrie genommen und ab den 1950er Jahren die Gruppendynamik im deutschsprachigen Raum mitgeprägt hat (Heintel 1977; König 2001; König 2004; Pages 1974; Schwarz et al. 1994; Schwarz 2007).

Ein prominenter Vertreter ist hier der Sozialpsychologe und ‚Vater' der Gruppendynamik und Aktionsforschung, Kurt Lewin (1963). Er wendete den psychologischen Gestaltbegriff auf soziale Felder an und begründete damit die Feldtheorie in den Sozialwissenschaften. Sie geht davon aus, dass sich menschliches Handeln in einem ‚Kräftefeld' ereignet und sich als Ganzheit, als Gestalt begreifen lässt. Dem Psychiater Jacob Moreno ist es bereits in den 1940er Jahren gelungen, die Beziehungen innerhalb von Kräftefeldern als Netzwerk von Beziehungen zwischen Individuen graphisch darzustellen; er nannte diese Methode Soziometrie (Moreno 1954). Diese Messung von sozialen Beziehungen ist eine Methode, wie sie heute beispielsweise in der Gruppendynamik eine wesentliche Rolle spielt; damals wurden Soziogramme für Gruppen eingesetzt, heute werden sie sowohl für Gruppen als auch für Großgruppen verwendet.[5] Mittels der soziometrischen Methode kann das Netzwerk von Beziehungen innerhalb von Gruppen, aber auch innerhalb von Organisationen sichtbar gemacht und der Analyse zugeführt werden.

---

[5] Die „Klagenfurter Gruppendynamik" hat eine bislang einzigartige mathematische Formel für ein computerunterstütztes Gruppen- und Organisationssoziogramm entwickelt (Arnold 2004).

Ein weiterer Vorläufer des Netzwerkgedankens sollte erwähnt werden: Fritz Heiders „Balancetheorie" (1985) nimmt, in Anlehnung an Spinoza, an, dass Individuen danach streben, einen Zustand größerer innerer und äußerer Balance zu erreichen. Diese Theorie fokussiert die soziale Dynamik in der Art, dass es möglich ist, Hypothesen zur Evolution von Netzwerken zu formulieren (Heidler 2008). In Abgrenzung zur deskriptiven, komparativ-statistischen Beschreibungsebene von Netzwerken soll die reale Gestaltungs-fähigkeit von Individuen untersucht und beschrieben werden. Heidler weitet die Perspektive von der Dynamik auf deren Evolution aus und wendet dafür das „stochastic actor-driven model for network change" an – wodurch die „Modellierung der Evolution von Netzwerken mit Hilfe struktureller und attributionaler Variablen" möglich wird (ebd., 360).

Es gäbe noch eine Reihe weiterer VertreterInnen der sozialkonstruktivisti-schen bzw. relationalen Sozialtheorien, die den sogenannten Handlungsansatz verfolgen, die an dieser Stelle aber nicht alle angeführt werden können. Be-merkenswert ist dennoch, dass die Bedeutung des sozialpsychologischen Entwicklungsstrangs lange Zeit gewissermaßen subkutan blieb. Es gab zwar viele einzelne Innovationen, aber die Zusammenführung zu einem umfassen-den theoretischen System blieb aus bzw. wurde dieser Entwicklung auch abgesprochen. „Die Periode bis zum Ende der sechziger Jahre des 20. Jahr-hunderts bezeichnet Freeman (2004) deshalb als die ‚dark ages' der Netzwerk-analyse, in der sich die vielfältigen Aktivitäten nicht zu einem integrierten Forschungsprogramm ergänzten" (Holzer 2006, 13). Einzelne Sozialtheorien werden in diesem Licht nicht als „umfassende Grand-Theories" gesehen, sondern als „Theorien mittlerer Reichweite, die in bestimmten Kontexten für bestimmte Prozesse eine sinnvolle Erklärungsleistung haben. Anders als strukturalistische Theorien, die sich explizit von Alltagstheorien abgrenzen, sind diese Prozesse zum Teil auch den handelnden Individuen bekannt oder es sind zumindest Prozesse, die im alltäglichen Handeln potentiell reflektiert werden können" (Heidler 2008, 364).

Es waren also nicht die Theorien mittlerer Reichweite, die den Netzwerk-gedanken in der Wissenschaftslandschaft prominent gemacht haben, obwohl gerade sie in der Lage wären, Praxis substantiell zu reflektieren und damit theoretisch abzusichern. Die Prominenz der Netzwerkvorstellung ist erst mit dem aufkommenden Strukturdeterminismus entstanden. Mitgewirkt haben hier vor allem die Praktikabilität und der Anwendungserfolg der for-malen Methoden der Graphentheorie (bezogen auf Makroprozesse) sowie die zunehmende Bedeutung des Strukturfunktionalismus, der sich vorwiegend im deutschsprachigen Raum im Rahmen der Institutionenökonomik und des soziologischen Institutionalismus ausbreitete (Jansen 2003; Stegbauer 2008a). Das bedeutet, dass es zum einen eine Art Konsolidierung der Netzwerkforschung gab, allerdings zu Gunsten des strukturfunktionalistischen Ansatzes – insofern könnte man hier von einem ‚Strukturfundamentalismus' reden; zum anderen sind relationale Sozialtheorien (Simmel, Lewin, Moreno) zwar vereinzelt aufgegriffen und weiterentwickelt worden (wie zum Beispiel in der ‚Klagenfurter Gruppendynamik'), sie haben es aber bislang nicht zum Rang einer ‚Grand Theory' gebracht.

3.3 Zum ‚Dualismus-Problem'

Die hier beschriebene historische Entwicklung zeigt, wie der sogenannte Strukturansatz zu seiner dominanten Stellung gekommen ist, allerdings um den Preis eines Verlustes an Handlungsorientierung – es scheint fast, als hätte die Geschichte das Dualismusproblem nach einem Entweder-oder-Prinzip gelöst. Andersherum könnte man behaupten, dass dieser Dualismus ein hausgemachtes wissenschaftstheoretisches Problem ist, weil sich einzelne Aspekte von Ganzheiten, nämlich einzelne Teilwirklichkeiten als so genannte ‚Ansätze', auf Ganzheiten beziehen, obwohl sie eben nur Ansätze sind und strukturell gesehen keine Ganzheit repräsentieren können. Der Strukturansatz ist dabei einer von mehreren, hat es allerdings geschafft, seine Teilwirklichkeit als Ganzheit zu konzeptionieren und zu positionieren. Diese „Verabsolutierung einer Teilwirklichkeit" entspricht einem neuzeitlichen Prinzip (Heintel 2004b, 67), das zwar einen hohen Grad von Verallgemeinerung zulässt, aber dadurch zu theoretischen Verkürzungen der Wirklichkeit führt und das Theorie-Praxis-Problem verschärft. „Die so genannten Ansätze sind immer Verabsolutierungen von Teilwahrheiten, und wenn man nicht aufpasst, welche Teilwahrheiten hier verabsolutiert werden, kann man praktisch gesehen Schaden stiften" (Krainz 1998, 322). So gesehen suggeriert der Strukturansatz eine ganzheitliche Vorstellung durch eine universelle Verallgemeinerung seiner Paradigmatik, kann aber infolgedessen keine weiteren, teils sogar widersprüchlichen, in jedem Fall aber alltagsweltlichen Teilwirklichkeiten berücksichtigen.

Die Tendenz zur Verabsolutierung eines Ansatzes zu einer ‚Großen Theorie' kommt, wie bereits erwähnt, in der Theorie sozialer Systeme Luhmannscher Prägung in einer bemerkenswerten Beharrlichkeit zum Ausdruck. Sie veranschaulicht aber zugleich auch die Schwächen von formalen Theorien insgesamt, nämlich dass sie gewissermaßen bei sich bleiben und eben nicht oder kaum empirisch operationalisiert werden können. Systemisch gesprochen würde dies heißen: Die Systemtheorie selber ist ein autopoietisches, geschlossenes System, dessen Elemente sich nur auf eigene Elemente beziehen können. Diese Abgeschlossenheit erzeugt eine Elfenbeinturmstruktur und ist daher wenig an den Rest der Welt anschlussfähig, wiewohl Anschlussfähigkeit innerhalb der systemtheoretischen Konzeption, insbesondere in dem Teilbereich, der für sich Praxisrelevanz im Sinne einer Interventionstheorie (Willke 2005) beansprucht, als Postulat gilt. In diesem Licht kann der von uns so genannte ‚Strukturfundamentalismus' als ein akademisch erzeugtes Problem gesehen werden, dessen Lösung ebenfalls akademisch angestrebt wird. Somit ist die theoretische Debatte gewissermaßen ein Scheingefecht, an dessen Austragung offenbar immer noch sehr viele Schaulustige interessiert sind.

Durch die Verabsolutierung des strukturfunktionalistischen Ansatzes entsteht ein empirisches Problem, weil die Evolution, die Dynamik und die Relationalität als wesentliche Netzwerkmerkmale nicht den Stellenwert erreichen, um als zentrale Forschungsgegenstände angesehen zu werden. Der makrosoziologische Ansatz ist daher für die Theorieentwicklung und Anwendung auf mikrosoziologischer Ebene untauglich (Jansen 2003). Auch graphentheoretische Modelle können nur makrosoziologisch agieren, weil die Summation von einzelnen Variablen keine Rückschlüsse auf die Relationalität innerhalb der jeweiligen Population zulässt. Hier können zwar formale Definitionen von Netzwerken entwickelt werden, nicht jedoch empirische im Sinne von Erfahrungsbezogenheit. Dieses Grundproblem wird zudem durch die theoretisch konstruierte Zweiteilung zwischen Struktur und Handlung verschärft, anstatt durch Hereinnahme anderer Ansätze relativiert zu werden. „Wenn man das dynamische Interdependenzverhältnis von (Inter-)Aktion und Handelnden und den das Handeln ermöglichenden und begrenzenden kognitiven und sozialen Strukturen zu Ende denkt, dann wird meines Erachtens die teilweise erhitzt geführte Debatte um die Priorität von ‚individualistischen' oder ‚strukturalistischen' Erklärungsansätzen obsolet" (ebd., 25).

Als Gegenpol zum Strukturansatz und als Antwort auf die Marginalisierung empirischer Sozialtheorien werden neuerdings oft mikrosoziologische Ansätze ins Feld geführt; intendiert wird damit eine weitgehend noch zu leistende Integration von Mikro- und Makrosoziologie. „Das größte Problem liegt meines Erachtens im noch immer zu wenig reflektierten Verhältnis zwischen konkreten Netzwerken und Interaktionen und subjektiven Bedeutungszuschreibungen, Normen und Institutionen, Kulturen und Symbolwelten" (ebd., 278). Dieses Problem führt Dorothea Jansen auf den ungelösten

Konflikt um die Priorität von Struktur oder Handlung zurück und plädiert daher für deren Integration, unter anderem auch deswegen, weil der Strukturfunktionalismus ein interpretatives Defizit erzeugt. „Das Faible der Netzwerkanalytiker für konkrete Interaktionen hat ihnen den Zugang zu Deutungsprozessen, die jeder Interaktion zugrunde liegen, versperrt [. . .] zwischen subjektiver Deutung(-sfreiheit), konkreten Interaktionsstrukturen und institutionalisierten Normen besteht ein dialektisches Verhältnis" (ebd., 278).

Diesem dialektischen Verhältnis wurde offenbar sowohl in theoretischer als auch in methodischer Hinsicht zu wenig Rechnung getragen. Die Favorisierung einer der beiden Positionen legt dabei eine Entweder-oder-Lösung nahe, hingegen sollte vielmehr ein Sowohl-als-auch-Weg verfolgt werden. So einen Weg schlägt beispielsweise die „strukturelle Handlungstheorie" (Burt 1982) ein, die eine Verbindung von Handlung, individuellen Interessen und Sozialstruktur voraussetzt und deren Wechselwirkungen konstatiert. Auch das Konzept der „Embeddedness von Akteuren" (Granovetter 1985) geht von einer sich wechselseitig bedingenden Entwicklung von sozialer Institution und individueller Handlung aus.

Ein bemerkenswerter Zugang wurde in diesem Zusammenhang von Stefan Bernhard 2008 entwickelt, der die Netzwerkanalyse mit der Feldtheorie und mit dem Sozialkapitalkonzept in Verbindung bringt: Ausgehend von Bourdieus Sozialtheorie wird hier der Begriff des Sozialkapitals gleichermaßen auf eine strukturelle und auf eine Handlungsebene bezogen; Sozialkapital beschreibt dabei eine „akteursbezogene Größe, die auf Basis von Ungleichheitsstrukturen bestimmte Möglichkeiten eröffnet" (ebd., 125). Solche akteursbezogenen Modelle grenzen sich von normativen Handlungstheorien insofern ab, als hier ein Selbstbestimmungspotential der einzelnen Akteure im Rahmen ihrer sozialen Kontexte angenommen wird, mit anderen Worten, die Wirkungskraft der „menschlichen Tatsachen" wird hier betont. Diese Tatsachen zu berücksichtigen bedeutet auch, formale und empirische Konzepte in eine fruchtbare Synthese zu bringen, um den unterschiedlichen Teilwirklichkeiten auch in theoretischer Hinsicht gerecht zu werden.

Der Befund von Jansen, dass die Debatte um die Priorität von individualistischen und strukturalistischen Erklärungsansätzen obsolet sei, ist ernst zu nehmen, und zwar aus mehreren Gründen: Eine universalistische Ausbreitung eines bestimmten Ansatzes ist praktisch nicht operationalisierbar und verleugnet die Existenz von anderen Erklärungsmöglichkeiten. Zwar kann daraus eine ‚Große Theorie' entstehen, sie ist dann aber so weit von der konkreten Realität, in unserem Fall von Netzwerken, entfernt, dass sie keinen oder kaum praktischen Nutzen haben kann. Außerdem wird eine theoretische Debatte dann irreführend, wenn sie durch zu viel Abstraktion ihren Gegenstand verliert – die ganzen Anstrengungen und Bemühungen, sich auf verständliche Begriffe zu einigen, sind dann vergeblich, weil ja der Gegenstand der Forschung insgesamt unklar wird und/oder bleibt. Zu guter Letzt ist auch immer die Frage zu stellen, was man mit einer ‚Großen Theorie' erreichen möchte: einen für sich abgeschlossenen, akademischen Diskurs oder aber die Annäherung an den Gegenstand, ohne ihn dabei aufzulösen? Will man ein Theoriegebäude errichten oder die Praxis reflektieren? Die Beantwortung dieser Frage ist richtungsweisend für die wissenschaftstheoretische Positionierung. Die neuen Bemühungen um eine Integration von unterschiedlichen Ansätzen werden zeigen, ob es gelingt, sich erkennend und verändernd auf das ‚echte Leben' in Netzwerken einzulassen.

4 Netzwerke in Anwendung: Gruppendynamik

Die Gruppendynamik kann in die Tradition der sozialkonstruktivistischen, relationalen Sozialtheorien eingeordnet werden, wobei ihr Netzwerkbegriff zum einen sozialpsychologisch und sozialphilosophisch begründet, zum anderen aber dem soziologischen Netzwerkbegriff verpflichtet ist. Sie versteht sich als angewandte Sozialwissenschaft, die keineswegs theorielos ist, sondern im Gegenteil versucht, das dialektische Verhältnis zwischen Strukturbildung und individueller bzw. sozialer Produktion von Verhalten (Normen, Werte, Kulturen etc.) zu beschreiben. Das aristotelische Paradigma der Übersummativität ist hierbei ein grundlegender Ausgangspunkt, weshalb Strukturen als wesentlich soziale Eigenschaften angesehen werden; sie sind gewissermaßen verfestigte Resultate aus Konflikten, die aus anthropologischen, historischen und kulturellen Widersprüchen entstehen, zugleich sind sie aber auch deren Ursache. Fokussiert wird die soziale Qualität der Ganzheit, die eben nicht als Summation der Einzelteile interpretiert werden kann. Dieses Paradigma, ergänzt um andere Theorieelemente aus Psychologie, Psychoanalyse, Sozialanthropologie, Soziologie und Philosophie, wird nicht nur theoretisch, sondern vor allem auch methodisch begründet – Lewins Feldtheorie, Morenos Soziometrie und die experimentelle Anordnung in Laboratorien ermöglichen dies (Antons et al. 2004; Bradford et al. 1964; Krainz 2006; König 2001). Die prozessoffenen, partizipativen Forschungsprinzipien der aus der Laboratoriumsmethode entstandenen Aktionsforschung sind in ihrer Grundausrichtung heute noch relevant. „In Aktionsforschung und Gruppendynamik werden die zu erforschenden Personen als Experten für ihre eigene soziale Realität angesehen und die besondere Leistung und Aufgabe der Aktionsforschung besteht darin, sie bei der Beforschung dieser sozialen Realitäten zu unterstützen, und zwar von vornherein mit dem Ziel der Veränderung dieser Realität" (König 2004, 15). Die hier beschriebene Aufhebung der Subjekt-Objekt-Trennung ist ein wesentlicher Aspekt für die methodische Positionierung der Gruppendynamik, wie sie heute beispielsweise in der „Interventionswissenschaft" (Heintel 2005) fortgeführt wird.

Eine Form der Anwendung dieser Forschungsprinzipien entfaltet sich im Rahmen der „Klagenfurter Schule der Gruppendynamik", beispielsweise in der Anwendung der Soziometrie. Diese stützt sich auf das „Gruppen-Organisations-Soziogramm (GOS)" als einer Methode der „Selbstuntersuchung von Populationen, die ihre affektiv-sozialen, das heißt motivierenden Strukturen erkennen möchten" (Arnold 2004, 1). Dieses soziometrische Modell ist in der Lage, „kohärente Gruppen, Verbindungen von Gruppen untereinander und interne Gruppenstrukturen, wie sie zum Zeitpunkt der Untersuchung verwirklicht werden, soziometrisch darzustellen" (ebd., 1). Das GOS ist sowohl theoretisch als auch technisch den Grundideen von Moreno verpflichtet, geht aber über die reine Faktorenanalyse hinaus und überwindet damit deren Schwächen, wie die „systembedingte Nichterfassung von ganzen Gruppierungen in besonderen Fällen, die willkürliche Bewertung der Basisdaten, die Begrenzung der Daten auf statistisch sinnvoll erscheinende ‚Kontingente' und die Unvergleichbarkeit der Werte aus verschiedenen Rotationen" (ebd.). Das Gruppen-Organisations-Soziogramm basiert auf einer Wahrscheinlichkeitsrechnung, die auf große Populationen angewendet werden kann, ohne den Aspekt der Relationalität fallen zu lassen. Es können also persönliche Netzwerke innerhalb von (Groß-) Gruppen abgebildet werden, wobei auch der Grad der Kohärenz in den einzelnen Gruppen dargestellt werden kann. Anders gesagt: Es können informelle Gruppen innerhalb der Gesamtpopulation und Subgruppen innerhalb von Gruppen dargestellt werden. Überlappende Gruppen können ihrerseits nur durch Mitgliedschaften in mehrfachen Kohäsionen festgestellt werden, also nicht in „Netzwerken". Sie bewirken aber andererseits die Vernetzung von Gruppen zu einer (Gruppen-) Organisation oder einem (Gruppen-) Netzwerk – der einzigen Form von Netzwerk, das organisatorisch im eigentlichen Sinne diesen Namen verdient.

Mit dem GOS erreicht man also eine qualitative Information über das Interaktionsgeflecht dieser Netzwerke. Eingesetzt wird dieses Instrument beispielsweise im Rahmen von prozessoffenen Lernarrangements, um den Aspekt der Reflexivität zu heben und zu stärken (Krainz 1998; Krainz 2005;

Heintel 2006). Aber auch im Zusammenhang mit Organisationsentwicklung findet die Soziometrie Anwendung, etwa als Interventionsinstrument bei Beratungsprozessen in Organisationen. Wie andere Instrumente auch ist das Soziogramm daher nicht nur eine Lernmethode, sondern ebenso ein Forschungs- und Interventionsinstrument.

In theoretischer, aber auch praktischer Hinsicht kommt in der Forschungsorientierung der Gruppendynamik deshalb kein Dualismusproblem auf, weil das Verhältnis von Struktur und Handlung von vornherein als dialektisches vorausgesetzt wird. Die Grundannahme lautet also: Struktur erzeugt Verhalten – Verhalten erzeugt Struktur. Aus dieser Interdependenz leitet sich der gruppendynamische Kollektivbegriff ab, der im Rahmen der Analyse von sozialen Strukturen ihre relationalen und nicht so sehr individuelle Merkmale in den Vordergrund stellt; sehr wohl wird aber zwischen einer Mikro- und einer Makroebene (Gruppenstruktur/organisierte Masse) differenziert. Diese Erkenntnisbrille dient der zentralen Intention der Gruppendynamik, nämlich das Problem der sozialen Ordnung zu erforschen, wobei das Verhältnis zwischen Individuum und Gruppe, zwischen Gruppen untereinander, zwischen Individuum und Organisation und schließlich zwischen Individuum und Gesellschaft leitende Kategorien sind (Krainz 2006).

Hingegen hat sich die Soziologie mehr auf die Frage des Verhältnisses zwischen Individuum und Gesellschaft festgelegt, wobei der Netzwerkbegriff als neue Organisationsform beschrieben wird, die hier strukturelle Grenzen überwinden soll. Insbesondere der soziologische Institutionalismus geht davon aus, dass Merkmale wie die relative Gleichrangigkeit und Autonomie der AkteurInnen, die eher horizontalen als vertikalen Beziehungen und die vertrauensvolle Kooperation typisch für Netzwerke seien (Jansen 2003). Hier wird eine Schwierigkeit deutlich, die vor allem wieder den strukturtheoretischen Ansatz betrifft, nämlich die Beschreibung des Verhältnisses zwischen Individuum und Gesellschaft und die damit verbundene universalistische Vorstellung von Gesellschaft. Alle sozialen Komplexitätsformen, die gewissermaßen zwischen Individuum und Gesellschaft liegen, bleiben in dieser Konzeption ausgespart. Besonders die Systemtheorie setzt sich hier dem Dualismusproblem aus, weil sie beispielsweise kein Konzept von Gruppe integrieren kann. Eine Konsequenz daraus ist, dass die strukturfunktionalistische Konzeption wenig empirisches ‚Unterfutter' für die Entwicklung des Netzwerkbegriffs mitbringt. Zudem gibt es diese Problematik auch umgekehrt: Die Netzwerkanalyse amerikanischer Prägung verzichtet völlig auf einen Kollektivbegriff – sie distanziert sich damit von strukturfunktionalistischen Einheitsvorstellungen. Die Netzwerkanalyse kommt ohne Gesellschaftsbegriff aus, ja sie lehnt sogar jede Art von Kollektivbegriff ab (Holzer 2006).

In der Gruppendynamik gilt dieser Dualismus zwischen Individuum und Gesellschaft zunächst als ein konstruierter, nicht realer. Das Phänomen der ‚Vermassung' von Individuen wird nämlich jeweils auf den spezifischen sozialen Komplexitätsgrad bezogen. Demgemäß kann sowohl von ‚Vermassung', aber auch von ‚Vergruppung' gesprochen werden, je nachdem, welche Prozessqualitäten die Interaktion zwischen den Beteiligten aufweisen. Die theoretischen Folien der Gruppendynamik bieten eine Vielzahl von Sozialtheorien in diesem Zusammenhang, die unter anderem auch auf die soziale Formation Netzwerk eingehen (Heintel 2004a; Lapassade 1972; Luft 1989; Schwarz et al. 1994; König 2001). Der Netzwerkbegriff wird sowohl in seiner technischen Qualität (Graphentheorie in Anschluss an Moreno) als auch und insbesondere in seiner sozialen Qualität beschrieben. „Während im Begriff der Gruppe eine gewisse Dauerhaftigkeit und Verbindlichkeit der (Arbeits-) Beziehungen mitgedacht wird, betont der Begriff des Netzwerks die Bedeutung von schwachen Beziehungen, die als soziale Ressource zur Verfügung stehen und nach Bedarf aktiviert werden. Zeitlich befristete (Projekt-) Gruppen können als Manifestation der latent vorhandenen schwachen, mehrere Knotenpunkte umfassenden Netzwerkbeziehungen verstanden werden" (König und Schattenhofer 2007, 17).

Auf struktureller Ebene kommen Netzwerke aus organisationsdynamischer Perspektive somit am ehesten der Struktur von Projekten nahe. Projekte als zeitlich befristete Gruppen befinden sich mehr oder weniger außerhalb der Linienorganisation, sind strukturübergreifend, heterogen zusammengesetzt und erfüllen Aufgaben, die sonst nicht erfüllt werden könnten oder würden (Heintel und Krainz 1990). Auf inhaltlicher Ebene verdanken sich die Aufgabenstellungen häufig der Tatsache, dass formelle, meist hierarchisch strukturierte Organisationen große inhaltliche, emotionale, vor allem aber auch entscheidungs- und leistungsbezogene Defizite hervorbringen – diese zu kompensieren haben sich viele Netzwerke zur Aufgabe gemacht. Genau genommen betreiben Netzwerke also oft eine Form von Widerspruchsmanagement, wo um ein gesellschaftliches Problem herum unterschiedliche, interdisziplinäre Lösungsmöglichkeiten versammelt werden. „In diesen Vernetzungsnotwendigkeiten prallen aber gleich mehrere Widersprüche aufeinander: Bisher waren wir gesellschaftlich und organisatorisch ‚disziplinär' oder ‚sektoriell' unterwegs. Probleme wurden Experten und deren Systemen zugewiesen, in Einzelbestandteile zerlegt und dann in wundersamer Weise mit recht unterschiedlichen Lösungsvorschlägen in Politik und Verwaltung eine Gesamtlösung produziert. [. . .] Grundsätzlich aber prallen hier zwei völlig unterschiedliche Lösungswege aufeinander; der spezialistische und der ‚synthetische'" (Heintel 2004a, 13). Die zukünftige Entwicklung des Netzwerkbegriffs und vor allem sein methodisches Potenzial werden zeigen, ob es gelingt, diese synthetische Funktion gegenüber struktureller Fremdbestimmtheit geltend zu machen. Für dieses Unterfangen erscheint es notwendig, sich von universellen Einheitsvorstellungen zu distanzieren, um den Weg in Richtung interdisziplinärer und partizipativer Problemorientierung frei zu machen.

Ein interessanter Zugang zur partizipativen Problemorientierung ergibt sich auch, wenn die Perspektive auf die Qualität und Funktionalität von unterschiedlichen Kooperationsformen gerichtet wird. Grossmann, Lobnig et al. (2007) unterscheiden in diesem Zusammenhang zwischen Netzwerken, Leistungsverbünden und Fusionen. Netzwerke und Leistungsverbünde weisen zwar viele Gemeinsamkeiten auf, unterscheiden sich aber graduell in der Realisierung der möglichen Handlungsoptionen, denn Netzwerke realisieren im Unterschied zu Leistungsverbünden nicht alle Möglichkeiten. Der Ausgangspunkt der Überlegungen ist die Idee, dass sich Organisationen nicht einfach so vernetzen, sondern dass es darum geht, entsprechende interessengeleitete Kooperationsbeziehungen aufzubauen, die für sich genommen wiederum eine eigene Form von sozialen Systemen darstellen. Netzwerke werden hier als „Metasystem" gesehen: „Das Gesamtnetzwerk ist eine eigene Organisation, eine Art Metasystem über den beteiligten Organisationen, und benötigt Eigenleistungen zur Aufrechterhaltung seiner inneren Ordnung und seiner Fähigkeit zur Gestaltung der Zukunft. Es benötigt Strukturen, Prozesse und Ressourcen für Entscheidungen und Kommunikation und es benötigt Systeme, Prozesse und Personen, die dieses Metasystem steuern und managen" (Grossmann und Scala 2004, 31).

5 Netzwerke: Dialektik von Einheit und Widerspruch

Gruppendynamik als angewandte Sozialwissenschaft bedient sich, wie gesagt, einer dialektischen Theorie sozialer Systeme, wobei eine besondere Differenzierung im Hinblick auf die Strukturierung von sozialen Systemen vorausgesetzt wird. Selbst die uns alltagsbezogen gewohnheitsmäßig vertrauten Sozialkonfigurationen Organisation und Gruppe könnten vor dieser Grundannahme als Netzwerke beschrieben werden. Auf einen ersten Blick könnte Hierarchie als ein Netzwerk zur Herstellung von Einheitlichkeit und Gruppe als ein Netzwerk zur Verarbeitung von Unterschieden definiert werden. Zugleich ist diese Unterscheidung insofern eine künstlich-abstrakte, als sie im Grunde die beiden Sozialformationen innewohnende Charakteristik, nämlich ihre jeweils spezifische Art und Weise der Widerspruchsvermittlung von Einheit und Differenz, ausblendet. Was ist damit gemeint?

5.1 Das idealtypische Strukturierungsprinzip der Hierarchie: Vereinheitlichung

Historisch betrachtet ist die Hierarchie als Organisations- und Ordnungsprinzip (altgriech.: *hierós*: heilig; *arché*: Ordnung, Prinzip, Anfang; daraus *Hierarchie*: „heilige Ordnung") großer Sozialkörper ein erstaunlicher Vernetzungserfolg. Sie verdankt sich einer anthropologischen Überlebensnotwendigkeit sowie einer damit einhergehenden kulturellen und zivilisatorischen Entwicklungsgeschichte (Schwarz 2007).

Demnach war es historisch offensichtlich nötig, einen strukturbildenden Mechanismus zu erfinden, der große, unüberschaubare Populationen erfassen, organisieren und steuern kann, das heißt, der in der Lage war, verschiedene Gruppen und Clans zu koordinieren und im Sinne des größeren Ganzen zur Kooperation zu bringen. Dies gelang allerdings nur durch Zwangsmaßnahmen, die durch eine Zentralisierung der Kommunikationsstruktur möglich wurde. Hierfür wurde letztlich das hierarchische Prinzip erfunden und hat sich als solches durchgesetzt (vgl. Städtebau, Bauwerke etc.).

Insofern könnten Hierarchien als Netzwerke zur Herstellung von Einheitlichkeit interpretiert werden, wobei eine Reihe strukturbildender Prinzipien identifiziert werden können. Gerhard Schwarz differenziert vier Grundaxiome, nach denen Hierarchien die Dialektik von (organisationaler) Zentrale und Peripherie organisieren: Das Entscheidungs-, Wahrheits-, Weisheits- und Dependenzaxiom (ebd.).

(a) Wahrheitsaxiom: Die zentrale Stelle als Informationsmonopol verfügt über mehr und wichtigere Informationen als einzelne periphere Einheiten, die Zentrale hat den Überblick, weiß alles und hat daher immer recht. Je höher jemand in der Hierarchie steht, desto mehr weiß er, desto näher ist er bei der Wahrheit. Zugleich wird alles, was von oben kommt, als mit mehr Wahrheitsgehalt ausgestattet vermutet, das heißt, es entwickelt sich eine sich selbst erfüllende Dependenzumkehr. Der Oberste weiß alles und entscheidet daher immer richtig. Aber das Problem, das hierbei entsteht, ist eine Informationsausdünnung nach oben (siehe unten) und eine damit einhergehende Dependenzumkehr, weil nicht alle Information gewissermaßen eins zu eins organisatorisch von unten nach oben gelangen. Eine bedürfnisgerechte (das heißt eine auf die Bedürfnisse, Anliegen,

Vorstellungen und Vorschläge der unmittelbar Betroffenen Rücksicht nehmende) Kommunikation ist in dieser Struktur aufgrund der faktischen (nicht organisationalen!) wechselseitigen Abhängigkeiten nicht möglich.

(b) Entscheidungsaxiom: Entscheidungen werden von einer (der) Zentralperson (Zentralstelle) getroffen, weil nur dort, wo alle Informationen zusammenlaufen, gute Entscheidungen möglich sind.

(c) Weisheitsaxiom: Zentralfunktionäre werden entsprechend den zu bewältigenden Aufgaben ausgebildet, sind also klüger als alle anderen.

(d) Dependenzaxiom: Zentrale Stellen werden zu Machthabern und Herrschern, periphere Stellen zu Untertanen.

Die mit dieser Funktionslogik verbundenen, strukturell bedingten Mängel in der Effektivität von Hierarchie bestehen unter anderem in:

(1) Informationsausdünnung von unten nach oben aufgrund der wechselseitigen Abhängigkeitsverhältnisse („Stille Post' etc.) mit Neigung zur Verschleierung der ‚ganzen Wahrheit'; bedürfnisgerechte Kommunikation ist nicht oder kaum möglich; Widersprüche werden eliminiert.

(2) Dependenzumkehr, das heißt die Wahrheit ‚von oben' ist nicht wirklich wahrer als die ‚von unten'; die Basis weiß vielfach mehr als die Spitze; die Spitze ist abgehoben.

(3) Konfliktlösung durch Konfliktvermeidung bzw. Delegation nach oben.

(4) Hierarchie als Struktur und System heteronomer Herrschaftsverhältnisse fördert ein Klima von Misstrauen und behindert Motivation und Eigeninitiative der Mitarbeiter (die Untertanen sind); ‚Dienst nach Vorschrift' wird ein effizientes Mittel, das System zu unterwandern.

Praktisch gekennzeichnet sind Hierarchien bzw. ihre Ableger in modernen Organisationen strukturell durch eine horizontale Arbeitsteilung (Abteilungswesen) bei gleichzeitiger vertikaler Machtverteilung (Modell ‚Befehl/Gehorsam'), die Kommunikation erfolgt indirekt, das heißt, Prozesse der Entscheidungsfindung, Konfliktbearbeitung, Informationsweitergabe laufen nicht über die jeweils Betroffenen bzw. Beteiligten, sondern über Vorgesetzte und Repräsentanten (Dienstweg): Diese indirekte Kommunikation ermöglicht die Vereinheitlichung von untergeordneten Subsystemen und ist zugleich ein wichtiges Steuerungsinstrument, sie verhindert aber damit auch so genannte partizipative Prozesse innerhalb der Organisation, zumindest partizipieren Mitglieder der Organisation nur in und an einer abstrakten Form und nie direkt. Natürlich spielen Unterschiede und Widersprüche (zum Beispiel Zentrale – dezentrale Einheiten, Produktion – Verkauf, Marketing – Controlling etc., also eine funktionale Arbeitsteilung) in allen Organisationen eine bedeutsame Rolle und sind in hierarchischen Gestalten notwendigerweise präsent; ohne sie wäre auch keine Leistungserbringung möglich, weil erst eine funktionale Arbeitsteilung Aussicht auf Erfolg bringt – allerdings ohne ihn damit auch schon zu garantieren. In der klassischen Form hierarchischer oder hierarchieähnlicher Formate wird mit diesen Differenzen spezifisch umgegangen, nämlich durch das oben genannte System von (machtbezogener) Über- und Unterordnung. Es gibt Chefs, Chef-Chefs etc. und es gibt Mitarbeiter (Subordinierte, Untergebene). Und es gibt neben den offiziellen Strukturen einer Organisation, wie sie in einschlägigen organisatorischen (Selbst-) Darstellungen zur Aufbau- und Ablauforganisation mittels Organigrammen präsentiert werden, auch eine informelle Organisation aus Beziehungsnetzwerken der beteiligten Individuen. Formale und informelle Netzwerke bestehen nebeneinander, sie durchdringen sich gegenseitig und führen zu beobachtbaren Interferenzen. Dabei decken sich informelle Netzwerke nur selten mit der formalen Struktur respektive den in Organigrammen abgebildeten organisatorischen Idealwelten; die Erfahrung zeigt sogar, dass informelle Netzwerke eine Art Subkultur bilden, die teilweise die Formalstruktur vielfach überlagert und wesentliche Prozesse beeinflusst und bestimmt.

Organisationen können allerdings das Informelle hereinlassen (‚Tratsch' zum Gegenstand des gemeinsamen Lernens machen – Incentives, Supervision, Teamklausur, Betriebsausflüge etc.) und für die eigenen Zwecke nutzbringend verwenden – und strategisch geschickt ausgerichtete Organisationen machen dies auch.

5.2 Das idealtypische Strukturierungsprinzip der Gruppe: Widerspruch

Widersprüche, Unvereinbares, Konflikte etc. erfordern in Organisationen einen strukturbildenden Steuerungsmechanismus, der in der Lage ist, trotz kontradiktorischer Dynamiken so etwas wie eine soziale Ordnung aufrechtzuerhalten. Das soziale Gefäß, das hier adressiert wird, ist die Gruppe: Sie ist in unserer Diktion ein Netzwerk innerhalb einer Organisation, in dem Widersprüche bearbeitbar und handhabbar gemacht werden können, weil sie über die Kommunikationsform der direkten Kommunikation (*face-to-face*) verfügt. Während hierarchische Organisationen Widersprüche gemäß ihrer internen Funktionslogik ausschalten wollen (Schwarz 2007) und Institutionen diese verwalten (Heintel 2000), können in und durch (arbeitsfähige) Gruppen Widersprüche organisationswirksam bearbeitet werden. So betrachtet, sind Gruppen organisationsinterne Netzwerke zum Zweck der Verarbeitung von Widersprüchen.

Wir gehen also davon aus, dass soziale Systeme gemäß ihrer organisationalen Verfassung (Gruppen, Organisationen, Institutionen, Netzwerke) den grundsätzlichen Widerspruch von Einheit und Differenz jeweils spezifisch zu managen versuchen. Es geht stets um die Frage: „Wie stellen wir bei allen Unterschiedlichkeiten, die es gibt, eine Einheit her, die zur Leistungserbringung bzw. Aufgabenerfüllung notwendig und zweckvoll erscheint, und wie organisieren wir diese bzw. uns selbst?"

Dabei stehen das hierarchische Prinzip und das dynamische, dialektische Prinzip in einem interdependenten Verhältnis zueinander. Das Innenleben in diesen Strukturprinzipien ist völlig unterschiedlich, es begünstigt oder verhindert bestimmte Interaktionsformen. Indirekte Kommunikationssysteme, zum Beispiel über Repräsentantensysteme (Pesendorfer 1993), sind nicht förderlich für die Bildung von Vertrauen als emotionalem ‚Unterfutter' jeglicher Kommunikation. Voraussetzung dafür ist jedenfalls die direkte (*face to face*) Kommunikation.[6]

Man könnte insofern festhalten, dass Netzwerke (und auch Gruppen) als Erbringer von organisationsbezogenen Leistungsprozessen aus einer gruppendynamischen Perspektive deswegen einen hohen Attraktivitätswert besitzen, weil sie als neues ‚Heilmittel' gegen hierarchische Organisation respektive deren Defizite (Heintel und Krainz 1990) ins Feld geführt werden – genauer gesagt: gegen die Insuffizienz hierarchischer Strukturen zur Erbringung diverser Leistungsprozesse. Dieser als Mangel an Gruppe umschriebene Umstand bewirkt eine Sehnsucht nach Bindung, Zugehörigkeit, Entfaltungsmöglichkeiten, persönlicher Aufmerksamkeit etc. Das Zu-kurz-Kommen von emotionalen Bedürfnissen in Organisationen lässt Gruppenphantasien entstehen, wobei vieles davon auf den Begriff ‚Netzwerk' übertragen wird. Offensichtlich gelingt es gruppalen und netzwerkartigen Formationen (Steu-

---

[6] Inwieweit heutzutage virtuelle, technische Medien zur Herstellung direkter Kommunikation dies bewerkstelligen können, bleibt offen. Zumal virtuelle direkte Kommunikationssysteme über die technische Infrastruktur als etwas Drittem vermittelt sind und deshalb die Frage auftaucht, was direkte Kommunikation tatsächlich bedeutet (eigentlich ist die Vermittlung ja eine doppelte, nämlich einerseits eine immer schon sprachlich vorausgesetzte über das Medium Sprache selbst und andererseits über technische, infrastrukturelle Ermöglichung).

ergruppen, Task Forces, Projektgruppen, Netzwerken oder ähnlichen Formen) innerhalb und zwischen Organisationen nicht nur besser, diese so genannten *soft facts* ihren Mitgliedern akzeptabler zu vermitteln als klassische Organisation, sondern damit einhergehend bzw. vermutlich gerade deshalb auch die Leistungsfähigkeit der beteiligten Organisation(en) insgesamt zu steigern. Letztendlich verweisen die Begriffe der Vernetzung bzw. des Netzwerks als Modebegriffe im Grunde auf Altes in neuem Gewand, nämlich darauf, dass Menschen immer schon in netzwerkartigen Sozialkonstellationen (Familien, Gruppen, Clans, Organisationen, Institutionen), sprich wechselseitigen Abhängigkeitsverhältnissen und Kooperationsnotwendigkeiten zur Bewältigung ihrer *conditio humana* lebten bzw. leben mussten.

Literatur

Antons, K. et al., Hrsg. (2004). *Gruppenprozesse verstehen. Gruppendynamische Forschung und Praxis*. Wiesbaden: VS Verlag für Sozialwissenschaften.

Arnold, U. (2004). *Gruppen-Organisations-Soziogramm (GOS)*. Klagenfurt.

Baecker, D. (1999). *Organisation als System*. Frankfurt: Suhrkamp.

Baecker, D. (1994). *Postheroisches Management*. Berlin: Merve.

Bernhard, S. (2008). Netzwerkanalyse und Feldtheorie. Grundriss einer Integration im Rahmen von Bourdieus Sozialtheorie. In: *Netzwerkanalyse und Netzwerktheorie. Ein neues Paradigma in den Sozialwissenschaften*. Hrsg. von C. Stegbauer. Wiesbaden: VS Verlag für Sozialwissenschaften, 121–130.

Boos, F., A. Exner und B. Heitger (2000). Soziale Netzwerke sind anders... *Journal für Schulentwicklung* 3.3, 15–19.

Bradford, L., J. Gibb und K. Benne, Hrsg. (1964). *Gruppen-Training. T-Gruppentheorie und Laboratoriumsmethode*. Stuttgart: Klett.

Burt, R. (1982). *Towards a structural theory of action*. New York: Academic Press.

Castells, M. (2001). *Das Informationszeitalter*. Bd. 1. Opladen: Leske + Budrich.

Czerwanski, A., U. Hameyer und H.-G. Rolff (2002). Schulentwicklung im Netzwerk. In: *Jahrbuch für Schulentwicklung*. Hrsg. von H. Rolff et al. München: Juventa, 99–130.

Exner, A. und R. Königswieser (2000). Wenn Berater in Netzen werken. *Zeitschrift Organisationsentwicklung* 20.3, 22–29.

Freeman, L. C. (2004). *The Development of Social Network Analysis: A Study in the Sociology of Science*. Vancouver: Empirical Press.

Granovetter, M. (1985). Economic action and social structure. The problem of embeddedness. *American Journal of Sociology* 91, 481–510.

Grossmann, R., H. Lobnig und K. Scala (2007). *Kooperationen im Public Management. Theorie und Praxis erfolgreicher Organisationsentwicklung in Leistungsverbünden, Netzwerken und Fusionen.* Weinheim/München: Juventa.

Grossmann, R. und K. Scala, Hrsg. (2004). *Das Öffentliche organisieren.* Bd. 8. IFF Texte. Wien/New York: Springer.

Hegel, G. (1965). *Geschichte der Philosophie I.* Bd. 19. Sämtliche Werke. Stuttgart: Frommann.

Heider, F. (1985). *The psychology of interpersonal relations.* New York: John Wiley & Sons.

Heidler, R. (2008). Zur Evolution sozialer Netzwerke. Theoretische Implikationen einer akteursbasierten Methode. In: *Netzwerkanalyse und Netzwerktheorie. Ein neues Paradigma in den Sozialwissenschaften.* Hrsg. von C. Stegbauer. Wiesbaden: VS Verlag für Sozialwissenschaften, 359–372.

Heintel, P., Hrsg. (1977). *Das ist Gruppendynamik.* München: Heyne.

— (2000). Wozu Vernetzen? *Journal für Schulentwicklung* 3.3, 8–13.

— (2004a). Netzwerke. Unveröffentlichtes Manuskript. Klagenfurt.

— (2004b). Thesen zum Thema: ‚Modell Neuzeit'. In: *Welt in Balance. Zukunftschance ökosoziale Marktwirtschaft.* Hrsg. von Global Marshall Plan Inititative. Ulm: Global Marshall Plan Inititative, 61–81.

— (2005). *Zur Grundaxiomatik der Interventionsforschung.* Bd. 1. Klagenfurter Beiträge zur Interventionsforschung. Klagenfurt: IFF.

— (2006). Über drei Paradoxien der T-Gruppe. In: *betrifft: TEAM. Dynamische Prozesse in Gruppen.* Hrsg. von P. Heintel. Wiesbaden: VS Verlag für Sozialwissenschaften, 191–250.

Heintel, P. und E. Krainz (1990). *Projektmanagement: eine Antwort auf die Hierarchiekrise?* 2. Aufl. Wiesbaden: Gabler.

Holzer, B. (2006). *Netzwerke.* Bielefeld: Transcript.

— (2008). Netzwerke und Systeme. Zum Verhältnis von Vernetzung und Differenzierung. In: *Netzwerkanalyse und Netzwerktheorie. Ein neues Paradigma in den Sozialwissenschaften.* Hrsg. von C. Stegbauer. Wiesbaden: VS Verlag für Sozialwissenschaften, 155–164.

Jansen, D. (2003). *Einführung in die Netzwerkanalyse.* 2. Aufl. Opladen: Leske + Budrich.

König, O., Hrsg. (2001). *Gruppendynamik. Geschichte, Theorien, Methoden, Anwendungen, Ausbildung.* München/Wien: Profil.

— (2004). Einleitung. In: *Gruppenprozesse verstehen. Gruppendynamische Forschung und Praxis.* Hrsg. von K. Antons et al. Wiesbaden: VS Verlag für Sozialwissenschaften, 11–26.

König, O. und K. Schattenhofer (2007). *Einführung in die Gruppendynamik*. 2. Aufl. Heidelberg: Carl-Auer-Systeme.

Krainz, E. (1994). Steuern von Gruppen. In: *Kommunikations- und Verhaltenstrainings*. Hrsg. von B. Voß. Göttingen: Verlag für angewandte Psychologie, 206–220.

— (1998). Kann man soziale Kompetenz lernen? In: *Die Welt der Mediation. Entwicklung und Anwendungsgebiete eines interdisziplinären Konfliktregelungsverfahrens*. Hrsg. von G. Falk et al. Klagenfurt: Alekto, 309–329.

— (2005). Erfahrungslernen in Laboratoriumssettings: Gruppendynamik und Organisationsentwicklung. In: *Handbuch Mediation und Konfliktmanagement*. Hrsg. von G. Falk, P. Heintel und E. Krainz. Wiesbaden: VS Verlag für Sozialwissenschaften, 311–326.

— (2006). Gruppendynamik als Wissenschaft. In: *betrifft: TEAM. Dynamische Prozesse in Gruppen*. Hrsg. von P. Heintel. Wiesbaden: VS Verlag für Sozialwissenschaften, 7–28.

Lapassade, G. (1972). *Gruppen, Organisationen, Institutionen*. Stuttgart: Klett.

Lewin, K. (1963). *Feldtheorie in den Sozialwissenschaften*. Bern/Stuttgart: Huber.

Luft, J. (1989). *Einführung in die Gruppendynamik*. Frankfurt: Fischer.

Luhmann, N. (1984). *Soziale Systeme. Grundriß einer allgemeinen Theorie*. Frankfurt: Suhrkamp.

Moreno, J. L. (1954). *Die Grundlagen der Soziometrie*. Opladen: Westdeutscher Verlag.

Orthey, A. (2005a). Netzwerken: Reflexionen und Erfahrungen am Beispiel eines TrainerInnen- und BeraterInnen-Netzwerkes. *Gruppendynamik und Organisationsberatung* 36.1, 23–32.

Orthey, F. (2005b). Lernende Netzwerke? Überlegungen zum Netzwerkbegriff und seiner Anschlussfähigkeit für Lernprozesse. *Gruppendynamik und Organisationsentwicklung* 36.1, 7–22.

Pages, M. (1974). *Das affektive Leben der Gruppen. Eine Theorie der menschlichen Beziehung*. Stuttgart: Klett.

Pesendorfer, B. (1993). Organisationsdynamik. In: *Gruppendynamik. Geschichte und Zukunft*. Hrsg. von G. Schwarz, P. Heintel, M. Weyrer und H. Stattler. Wien: WUV-Universitätsverlag, 205–238.

Schwarz, G. (2007). *Die ‚heilige Ordnung‘ der Männer. Hierarchie, Gruppendynamik und die neue Rolle der Frauen*. 5. Aufl. Wiesbaden: VS Verlag für Sozialwissenschaften.

Schwarz, G., P. Heintel, M. Weyrer und H. Stattler, Hrsg. (1994). *Gruppendynamik. Geschichte und Zukunft*. Wien: WUV-Universitätsverlag.

Scott, J. (2009). *Social network analysis. A Handbook.* Erstauflage 1991. London: Sage.

Simmel, G. (1958). *Soziologie. Untersuchungen über die Formen der Vergesellschaftung.* 4. Aufl. Erstauflage 1908. Leipzig: Duncker & Humblot.

Simon, F. (2007). *Einführung in die systemische Organisationstheorie.* Heidelberg: Carl-Auer-System.

Stegbauer, C. (2008a). Netzwerkanalyse und Netzwerktheorie. Einige Anmerkungen zu einem neuen Paradigma. In: *Netzwerkanalyse und Netzwerktheorie. Ein neues Paradigma in den Sozialwissenschaften.* Hrsg. von C. Stegbauer. Wiesbaden: VS Verlag für Sozialwissenschaften, 11–20.

— Hrsg. (2008b). *Netzwerkanalyse und Netzwerktheorie. Ein neues Paradigma in den Sozialwissenschaften.* Wiesbaden: VS Verlag für Sozialwissenschaften.

Weick, K. (1985). *Der Prozess des Organisierens.* Frankfurt: Suhrkamp.

Willke, H. (2005). *Systemtheorie II. Interventionstheorie.* 5. Aufl. Berlin: UTB.

Teil II

Akteure, Netzwerke und ihre Theorien

Das Soziale im Kontext digitaler Netzwerke: Auf den Spuren von Bruno Latour

Christina Schachtner

Ich muss gestehen, dass ich kaum je sagen könnte, wer das Sagen hat – ich oder die Skulptur.

Tony Cragg, Bildhauer

Als ich vor einiger Zeit während einer kommunalen Bauverhandlung einen der anwesenden Herren fragte, ob er der juristische Vertreter des Magistrats sei, antwortete dieser: „Ich bin die Behörde". Diese Antwort irritierte mich zunächst, stand ich doch einer einzelnen Person gegenüber. Doch sie gewann Sinn, als ich sie später aus der Perspektive der von Bruno Latour entwickelten Akteur-Netzwerk-Theorie betrachtete. Für Latour handeln nicht nur einzelne menschliche Wesen; er unterscheidet zwischen menschlichen und nicht-menschlichen Akteuren, die, miteinander verbunden, Handlungspotential entfalten (Degele und Simms 2004, 265). Dieses Handlungspotential ist nicht mehr einzelnen Akteuren zuzurechnen, sondern einem Handlungskollektiv. Solche Handlungskollektive können zum Beispiel Organisationen wie eine städtische Behörde und Regierungen sein, aber auch der Ozean, Muscheln und Fischer und, was in diesem Beitrag von Interesse ist, Mensch-Maschine-Verbindungen. Latour verwirft die strikten Unterscheidungen zwischen Mensch, Natur und Technik (ebd., 259).

Dieser Beitrag widmet sich dem Sozialen im Kontext von Technik, genauer, im Kontext digitaler Netzwerke. Zur Bestimmung des Verhältnisses zwischen der Technik und dem Sozialen dominierten in der sozial- und geisteswissenschaftlichen Diskussion bislang zwei miteinander konkurrierende Ansätze, die sich darin unterscheiden, dass sie entweder der Technik oder dem Sozialen eine dominierende Rolle zuschreiben. Hans Freyer, der als Vertreter der ersten Position gesehen werden kann, entwickelte in seinem Buch *Über das Dominantwerden technischer Kategorien in der Lebenswelt industrieller Gesellschaften* die These, dass Technik nicht bloß ein Mittel

zur Erreichung vorgegebener Zwecke ist, sondern vielmehr auch die sozialen
Lebensformen prägt (Freyer 1996, 237 ff). Zur Illustrierung seiner These
verwies Freyer auf Worte und Redewendungen, mit denen wir uns selbst
beschreiben. Wenn wir beispielsweise sagen „Ich fühle mich stark belastet"
oder „Ich habe das gespeichert", dann ist dies nach Freyer ein Beleg für die
Orientierung unserer Selbstwahrnehmung an technischen Kategorien. Der
technische Bedeutungsgehalt greift nach Freyer über auf nicht-technische
Bedeutungsfelder mit der Konsequenz, dass sich unser Denken, Verhalten,
Wahrnehmen, unsere Beziehungen zu anderen Menschen nach dem Vorbild
technischer Logik formen (vgl. Schachtner und Roth-Ebner 2009, 3).

Zu diesem Ansatz kontrastiert eine Position, derzufolge Technik das Produkt sozialer Strukturen ist. Verursacher technischer und sozialer Entwicklungen ist dieser Position zufolge allein der Mensch. Schon Aristoteles setzte den
Menschen an den Anfang technischer Entwicklung, indem er die Technik als
das vom Menschen handelnd Hervorgebrachte beschrieb (Mittelstraß 1996,
215). Als Prototyp dieses Menschen kann der Homo faber, der herstellende
und Werkzeug machende Mensch gelten, den Hannah Arendt in ihrer *Vita
Activa* (1981) analysiert. Doch bereits Arendt hat darauf hingewiesen, dass
der Homo faber nicht nur Schöpfer von Technik, sondern auch ein bedingtes
Wesen in dem Sinne ist, „dass jegliches, ob er es vorfindet oder selbst macht,
für ihn sofort eine Bedingungen seiner Existenz wird" (Arendt 1981, 133).
Mit dieser These deutet sie ein Wechselverhältnis zwischen Mensch und
Technik an.

Latour überwindet beide Positionen, indem er als Akteure Kollektive
behauptet, die sich aus menschlichen, natürlichen und technischen Entitäten
zusammensetzen können. In diesem Beitrag soll das Zusammenspiel zwischen
dem Sozialen und der Technik in Gestalt digitaler Netzwerke untersucht und
im Lichte des Latour'schen Ansatzes reflektiert werden. Erkenntnisleitend
sind folgende Fragen:

1. Welche sozialen Entwicklungen korrespondieren mit der Ausbreitung
   der Informations- und Kommunikationstechnologien?

2. Durch welche sozialen Praktiken werden Online-Netzwerke hervorgebracht, und welche Praktiken werden durch Online-Netzwerke begünstigt?

3. Wie gestaltet sich das Verhältnis zwischen dem Sozialen und der
   Technik in digitalen Netzwerken?

Ich werde zunächst den von mir verwendeten Netzwerkbegriff explizieren, um dann den Zusammenhang zwischen dem Sozialen und dem Technischen auf der Makro- und Mikroebene am Beispiel von Online-Netzwerken zu diskutieren. Diese Diskussion wird mit Blick auf die in Online-Netzwerken forcierten sozialen Praktiken fortgeführt und konkretisiert. Am Ende stelle ich einige allgemeine Überlegungen darüber an, was es heißt, wenn sich die Grenzen zwischen dem Sozialen und der Technik im Kontext digitaler Netzwerke verflüssigen.

1 Vernetzte Technologien: Eine Architektur der Mehrdeutigkeit

Netzwerke sind keine Erfindungen der Moderne oder Postmoderne. Das Netz ist eine der grundlegendsten Strukturen der natürlichen Umwelt; man denke an Wasseradern, unterirdische Pilzgeflechte, Spinnennetze. Das Netzprinzip steht aber auch am Anfang der Zivilisation (Andritzky und Maurer 2002, 13). Das Herstellen von Netzwerken wie das Mattenflechten und Teppichwirken beschreibt Gottfried Semper, der Erbauer der Semperoper, als eine Urtechnik des Bauens (Semper 1851, 56). Aus den Flechtwerken wurden Wände geschaffen, die der Abgrenzung von Räumen und zugleich dem Schutz der BewohnerInnen dienten (ebd., 58). Die Begriffe Wand, Gewand, winden geben den Bedeutungszusammenhang zwischen Architektur und Netzwerk einschließlich der Bedeutungselemente Schützen und Trennen wieder. Neben den Bedeutungen Schützen und Trennen finden sich in etymologischen Wörterbüchern als Bedeutungsimplikationen des Wortes Netz außerdem das Gestalten, das Spielen und das Fangen. Als Fangnetz beim Ballspiel wird das Netz in einen spielerischen Kontext gestellt (Roller 2002, 28). Eine gestaltende Bedeutung des Wortes Netz drückt das folgende Zitat aus dem Grimm'schen Wörterbuch aus, in dem es heißt: „Sieh, wie das kriechend epheu ein grünes nez anmutig um den felsen herwebt" (Grimm 1889, 638). Zeigten die vorangegangenen Beispiele das Ineinander von technischen und sozialen Implikationen auf, so verweist das Grimm'sche Zitat auf das Ineinander von Natur und sozialen Implikationen in Form ästhetischer Wahrnehmung.

Es fällt auf, wie vielfältig das Spektrum der Bedeutungsimplikationen des Wortes Netz ist; auch negative Implikationen fehlen nicht. Solche kommen zum Ausdruck, wenn es heißt, dass jemand umgarnt oder ins Netz gelockt wird. Die Verheißungen des Netzes sind widersprüchlich und liegen in ihrer

Widersprüchlichkeit oft dicht beieinander. Das Netz schützt zum Beispiel vor Verletzungen wie das Moskitonetz, andererseits kann es dem, der sich in ihm befindet, zum Verhängnis werden (Grimm 1889, 635 ff). Diesen vielfältigen Bedeutungshorizont gilt es im Auge zu behalten, wenn man digitale Netzwerke untersucht. Die Bedeutungsvielfalt findet sich auch in den neuen Technologien. Eine Besonderheit digitaler Netzwerke, die diese von vielen anderen Netzen unterscheidet, ist, dass digitale Netze nicht geschlossen sind wie zum Beispiel ein Fischer- oder Einkaufsnetz. Die Architektur digitaler Netzwerke überwindet geographische Grenzen und entspannt sich als globales Netzwerk über Länder und Kontinente hinweg. Die Reichweite der Konsequenzen aus dem Zusammenspiel zwischen technischen und sozialen Implikationen ist bei digitalen Netzen daher nicht lokal begrenzt, sondern kann sich weltweit entfalten. Das macht die Analyse dieses Zusammenspiels aus wissenschaftlicher und gesellschaftspolitischer Sicht um so dringlicher.

2 Das Ineinander von technischer und sozialer Entwicklung auf Mikro- und Makroebene

Netzwerke haben, das zeigt die Etymologie, technischen, sozialen oder natürlichen Charakter. Weiters fällt auf, dass technische, soziale und natürliche Netzwerke nicht isoliert voneinander existieren, sondern aufeinander bezogen, ja, geradezu voneinander abhängig sind. So entstehen Teppiche bis heute häufig in Familienverbänden; so sie als Wände verwendet werden, organisieren sie das soziale Leben im Inneren eines Hauses. Dienen sie als Haustüre, so bestimmen sie die Grenze zwischen innen und außen, zwischen Privatheit und Öffentlichkeit. Die die Landschaft durchziehenden und sich kreuzenden Wasseradern, die als Transportwege genutzt werden, nehmen Einfluss auf die Entstehung menschlicher Ansiedlungen. Die digitalen Netzwerke ermöglichen neue Formen der Kommunikation und Selbstdarstellung, wovon später noch die Rede sein wird.

Diese Überlegungen führen mich zurück zu Latours Akteur-Netzwerk-Theorie. Latour schreibt den Dingen Handlungspotential zu, denn sie greifen in das gesellschaftliche Miteinander ein (2007, 123; Degele und Simms 2004, 264). Sie sind aus der Sicht von Latour an Handlungsabläufen, zum Beispiel an der Gestaltung von Verkehrssystemen, beteiligt. Latour sagt nicht, dass die dinglichen Akteure das Handeln determinieren; „Dinge können vielleicht ermächtigen, ermöglichen, anbieten, ermutigen", heißt es bei Latour (2007, 124). Sie haben aber, so behaupten Nina Degele und Timothy Simms in Anlehnung an Latour (Degele und Simms 2004, 264) eine höhere Verbindlichkeit als soziale Normen, sie härten menschliche Sozialität. In digitalen Netzwerken ist das Zusammenspiel zwischen der Technik und dem Sozialen besonders intensiv. Schon bei der Entstehung digitaler Netze spielen soziale Interessen und Bedürfnisse eine konstitutive Rolle. So sind zum Beispiel für die Entstehung virtueller Spielgemeinschaften einerseits die Spielwünsche der NutzerInnen und andererseits oft Geschäftsinteressen der Anbieter verantwortlich; Diskussionsforen entstehen und entwickeln sich aufgrund der Kommunikationsbedürfnisse der NetzakteurInnen oder aufgrund des Wunsches nach Gemeinschaft. Digitale Intranetze in Organisationen bilden sich heraus im Interesse eines effizienten Informationsaustausches oder produktiver Kooperation.

An der Ausbildung der technischen Architektur digitaler Netzwerke in Gestalt unterschiedlicher Anwendungen wie Chats, virtuelle Archive, Weblogs sind die NetzakteurInnen ungleich stärker involviert als die NutzerInnen traditioneller Technik. Sowohl der Content als auch die Strukturen digitaler Technik entwickeln sich häufig erst im Gebrauch durch die NetzakteurInnen als Resultat von deren Ideen, Kompetenzen und Bedürfnissen. So schreibt sich einerseits das menschliche Handeln in die Technik ein und andererseits wirkt die so entstandene Technik auf das menschliche Handeln zurück. Ich möchte dies im Folgenden am Beispiel makro- und mikrosozialer Netzwerke noch genauer ausführen.

2.1 Makrosoziale Netzwerke

Die amerikanische Stadtsoziologin Saskia Sassen hat das Zusammenspiel technischer, ökonomischer und sozialer Netzwerke auf makrosozialer Ebene analysiert. Sie sieht in der Ausbreitung digitaler Informations- und Kommunikationstechnologien die zentrale Schubkraft für den Globalisierungsprozess, die ihrerseits in ökonomischen Interessen begründet ist. Das ökonomische Interesse an Kapitalmobilität schafft „Bedarf an Produkten, ohne die es schlicht unmöglich ist, die neue Organisation von Industrieproduktion und Finanzmärkten zu managen, zu steuern und mit entsprechenden Dienstleistungen zu versorgen", stellt Sassen fest (1997, 18). Die digitalen Informations- und Kommunikationsströme sind hierfür unverzichtbare Voraussetzung. Sie ermöglichen nach Sassen die geographische Streuung führender Wirtschaftsunternehmen und zugleich die Konzentration von Kontrolle, Steuerung und Management des Unternehmensnetzwerks an zentralen Orten, die von Sassen als *global cities* bezeichnet werden (Sassen 1997, 20). Dies wiederum hat soziale Konsequenzen wie die Entstehung einer neuen Geographie von Zentrum und Rand mit vielfältigen Implikationen, die an die eingangs erläuterte Mehrdeutigkeit von Netzwerken erinnern. Eine dieser Implikationen besteht darin, dass die digital gestützte Geographie eine neue Rangordnung zwischen zentralen Orten und randständigen Gebieten zur Folge hat, die keinen Zugang zu den digitalen Informationstechnologien haben. Im Schlussbericht der Enquete-Kommission des Deutschen Bundestages aus dem Jahre 2002 wird auf Länderebene eine Unterscheidung zwischen *Leader* und *Latecomer* getroffen. *Leader* sind auf dem IT-Weltmarkt Länder wie die USA, Kanada, Skandinavien, *Latecomer* ist zum Beispiel mit Ausnahme Südafrikas der gesamte afrikanische Kontinent (Deutscher Bundestag 2002, 263). An diesem digitalen Ungleichgewicht hat sich bis heute nichts geändert.

Aber auch innerhalb der *global cities* entstehen als weitere soziale Konsequenzen der neuen Geographie von Zentrum und Rand Hierarchien zwischen den Gebieten, in denen sich das ökonomische Steuerungspotential konzentriert, und der Peripherie, an der sich soziale Gruppen wie MigrantInnen ansiedeln, dievon der globalen Ökonomie als billige Arbeitskräfte auf dem Sektor der Gebäudereinigung, der Müllabfuhr, des Gastgewerbes zwar genutzt werden, die aber von den Machtzentralen sowie vom Zugang zu den digitalen Informationsströmen ausgeschlossen sind. Ein Beispiel für die digital gestützte Entstehung geographischer und sozialer Ungleichheiten ist New York, wo sich in Manhattan das Finanzkapital konzentriert, während sich das unmittelbar angrenzende Harlem gemessen an Macht und ökonomischem Reichtum an der Peripherie befindet. Die Enquete-Kommission des Deutschen Bundestages stellt eine Diskrepanz zwischen „Information-Haves" und „Information-Have-Nots" fest, die im globalen Maßstab größer geworden ist und noch weiter steigen wird (ebd., 260). Die digitale Spaltung kann nach Ansicht der Enquete-Kommission die soziale Spaltung von morgen bedeuten – eine Prognose, die sich bereits erfüllt hat. Die herrschende Erzählung der wirtschaftlichen Globalisierung ist nach Sassens Ansicht eine Erzählung der Ausgrenzung (1997, 24).

Technische, ökonomische und soziale Netzwerke greifen im Prozess der Globalisierung ineinander. Die ökonomischen Interessen treiben die technische Entwicklung voran, und diese wiederum erweitert und prägt die Möglichkeiten des Agierens von Wirtschaftsunternehmen, mit weitreichenden Folgen für das soziale Gefüge von Städten und Regionen.

Sassen (2000, 144) weist darauf hin, dass der elektronische Raum nicht nur durch Macht, Wettbewerb und Konzentration geprägt ist, sondern auch durch Offenheit und Dezentralisierung. Das Netz könnte aus ihrer Sicht auch zum Ort demokratischer Praktiken werden (ebd., 163), wozu es zunehmend genutzt wird. Die *Süddeutsche Zeitung* berichtete im Jahre 2009 von einer 33-jährigen Bloggerin aus Havanna, die regelmäßig ein Internettagebuch, einen sogenannten Weblog, führt, der den Alltag in Kuba beschreibt, an dem man nach 50 Jahren Revolution angekommen ist. Sie berichtet über die patriotischen Verpflichtungen ihres Sohnes, über Lebensmittelknappheit und verfallende Wohnungen. Sie versteht sich nicht als Dissidentin; dennoch ist der subjektive Blick der Bloggerin für das Regime gefährlich. Sie wird überwacht, ihr Blog ist in Kuba gesperrt. Aber die digitale Technik ermöglicht es ihr, ihre Widerständigkeit aufrechtzuerhalten. Die am Küchentisch auf dem Laptop verfassten Texte mailt sie von Internetterminals großer Hotels in Kuba aus an einen Freund, der den Blog vom Ausland aus verwaltet (Seng 2009).

Rainer Winter hat zum Thema „Alternatives Internet" eine Studie durchgeführt, die ergeben hat, dass das Internet zunehmend als „performativer Raum" genutzt wird, in dem AktivistInnen mittels Text, Fotos, Filmen „die Wirklichkeitspräsentationen der dominanten Medien in Frage stellen, kritisieren und alternative Perspektiven offerieren, die der demokratischen Globalisierung verpflichtet sind" (Winter 2008, 26). Ebenso wie Sassen sieht Winter im Internet einen potentiell „demokratischen Raum", in dem marginalisierte und minoritäre Individuen und Gruppen sowie soziale Bewegungen alternative Positionen und Perspektiven artikulieren können (ebd., 28).

Diese Ergebnisse und Beispiele verweisen einmal mehr auf die Vieldeutigkeit, ja, auf widersprüchliche Implikationen von Netzwerken, die einerseits zu einer Verschärfung sozialer Ungleichheiten führen können und andererseits neue Demokratisierungschancen offerieren. Welche Bedeutung im Vordergrund steht, ergibt sich aus einem Handlungsprogramm, an dem Akteure verschiedener Couleur beteiligt sind: Unternehmensführungen, Regierungen, NGOs, Banken, einzelne Netzakteure, aber auch die Technik mit ihrem spezifischen Programmangebot.

2.2 Mikrosoziale Netzwerke

Digitale Netzwerke tragen nicht nur zur Neu- und Umgestaltung von makrostrukturellen Verhältnissen bei; sie entfalten ihre Wirksamkeit auch im Hinblick auf das in digitale Netzwerke involvierte Individuum sowie in den

sozialen Beziehungen, die das Individuum im Cyberspace eingeht. Wenn
hier von Wirksamkeit gesprochen wird, so ist damit kein deterministischer,
sondern ein möglicher Einfluss gemeint, der sich in der Interaktion zwischen
der Technik und den menschlichen Akteuren konkretisiert. Das Ineinander
von digitaler Technik und dem Sozialen kann analog dem Ineinander gedacht
werden, wie es der Philosoph Bernhard Waldenfels für das Verhältnis zwischen den Dingen und dem Sozialen allgemein beschreibt. Er illustriert seine
These am Beispiel der Architektur von Treppen; eine Freitreppe geht man
ihm zufolge anders hinauf als eine Wendeltreppe (Waldenfels 1985, 198).
Auch Netzwerke bleiben nach Waldenfels dem, der sich in ihnen bewegt, nicht
äußerlich. Verkehrswege beispielsweise, die sich netzwerkartig im Raum ausbreiten, beschreiben keine bloßen Strecken, sondern Bahnen, die bestimmte
Bewegungsrichtungen und Bewegungsabläufe vorschreiben, nahelegen oder
ausschließen (ebd., 189). Vergleichbar den materiellen Straßen nehmen auch
die digitalen Straßen Einfluss auf das Verhalten und Kommunizieren der
menschlichen NetzakteurInnen. So kommunizieren wir in einem Chat anders
als in einem Diskussionsforum. Haben wir in einem Chat die Möglichkeit zur
zeitgleichen Kommunikation, so gestaltet sich die Kommunikation in einem
Forum zeitversetzt. Unter diesen Bedingungen, die die Technik vorgibt,
ändern sich Inhalte, Sprache sowie die kommunikativen Beziehungen. In
Chats beispielsweise hat sich ein eigener, für Außenstehende unverständli-
cher Jargon herausgebildet, dessen Entstehung in Zusammenhang mit dem
schnellen Kommunikationsverlauf in Chats zu sehen ist.

Im Folgenden werde ich die Verschränkung des Sozialen mit den technischen Strukturen im Cyberspace anhand der dort entfalteten sozialen
Praktiken noch genauer untersuchen.

3 Digital gestützte soziale Praktiken

Digitale Netzwerke sind nicht nur Produkt, sondern auch Bedingung sozialer
Praktiken. Ihre Entstehung und Weiterentwicklung verlangt einerseits nach
spezifischen Praktiken, die sich andererseits unter dem Einfluss technischer
Normen in spezifischer Weise formen. Ich diskutiere vier soziale Praktiken,
die für digitale Netzwerke konstitutiv sind bzw. in digitalen Netzwerken
bislang ungekannte Entfaltungsmöglichkeiten erhalten: das Schreiben, das
Kommunizieren, das Reisen, das Sich-selbst-Inszenieren.

3.1 Schreiben

Digitale Netzwerke sind Schreibmedien und Schreibräume. Auch wenn es inzwischen audiovisuelle Möglichkeiten der Selbstdarstellung und des Sich-Mitteilens gibt, dominiert im virtuellen Raum noch immer das Schreiben von Texten. Das Schreiben ist aber nicht nur ein Mittel, es forciert vielmehr eine bestimmte Beziehung zu sich selbst, ja, noch mehr, es belebt und stärkt eine bestimmte Kultur. Michel Foucault charakterisiert das Schreiben als eine „Technologie des Selbst", die bereits im hellenistischen Zeitalter eine Blütezeit erlebt hat (Foucault 1993, 37). Es war im Hellenismus und in der römischen Kaiserzeit in privilegierten Kreisen üblich, dass man Aufzeichnungen über sich selbst machte, Tagebuch führte und schreibend darüber nachdachte, was man hatte tun wollen und was man getan hat. Dies teilte man in Briefen nicht nur anderen mit, man bat, wenn nötig, diese auch um Hilfe. Für Foucault folgt dieses Schreiben dem Prinzip, „auf sich selbst zu achten", das den Griechen laut Foucault als Grundsatz von Lebenskunst galt, der auf sich selbst und auf andere bezogen ist und der eine bestimmte Kultur beförderte, nämlich die Kultur der Sorge (ebd., 28). Diese Kultur wurde im Laufe der Geschichte durch das Prinzip der Selbsterkenntnis, das ebenfalls in der antiken Philosophie wurzelt, verdrängt. Während die Kultur der Sorge die emotionale Beziehung zu sich selbst betont, hebt eine Kultur, die der Selbsterkenntnis den höheren Stellenwert gibt, auf die rationale Beziehung zu sich selbst ab. Aus der Perspektive der christlichen Moraltradition galt die Selbstsorge als etwas Unmoralisches; christliches Ziel war die Selbstlosigkeit. Auch die abendländische Philosophie räumte der Selbsterkenntnis den Vorrang gegenüber der Selbstsorge ein, indem sie Selbsterkenntnis als Bedingung für Erkenntnis überhaupt betrachtete.

Das Schreiben im Cyberspace weist Merkmale auf, die dafür sprechen, dass die Kultur der Sorge neu belebt und mit der Maxime der Selbsterkenntnis verknüpft wird (Schachtner 2009, 512). Beispiele für die Wiederkehr der Kultur der Sorge sind die zahlreichen digitalen Netze im Gesundheitsbereich, in denen Fragen von Gesundheit und Krankheit in ihrer Bedeutung für Gesellschaft und Individuum erörtert werden. Die Sorge um sich selbst, verknüpft mit dem Wunsch nach Selbsterkenntnis, stellt Ingrid Reichmayr in ihrer Untersuchung von 40 Weblogs als zentrales Motiv der jugendlichen Blogger fest (Reichmayr 2005, 7). Auch einer eigenen Untersuchung digitaler Mädchen- und Frauennetze zufolge verbindet sich in diesen Netzen die Sorge um sich selbst mit Versuchen der Selbstreflexion. Neben der Erörterung und wechselseitigen Unterstützung bei der Lösung von Alltagsproblemen in Beruf und Familie gibt es in diesen Netzen immer wieder Versuche, sich selbst zum Thema von Erkenntnis zu machen. Ein Beispiel für die Verschränkung der Sorge um sich selbst mit dem Wunsch nach Selbstreflexion im Akt des Schreibens haben wir im Rahmen der Studie „E-Network" in einem Diskussionsforum eines digitalen Frauennetzes entdeckt.[1] Ausgangspunkt der Diskussion war eine Gesprächsrunde im Fernsehen über Politik, an der nur eine Frau teilgenommen hatte, woran eine der Diskutantinnen Anstoß nahm. Sie trug ihre Verärgerung in das Diskussionsforum und besprach sich mit anderen Netzakteurinnen. Die Diskutantinnen erörterten und kritisierten die Unterrepräsentanz von Frauen in der Politik, was als Ausdruck der Sorge um den gesellschaftlichen Status von Frauen gewertet werden kann. Aus dem kritischen Blick auf die Gesellschaft wurde im weiteren Verlauf der Diskussion ein kritischer Blick auf sich selbst. Die Diskutantinnen nahmen ihr eigenes Verhalten als Mütter und Erzieherinnen unter die Lupe, mit der Intention herauszufinden, ob sie in diesen Rollen an der Verfestigung von Geschlechtsrollenstereotypen und daraus resultierenden Ungleichheiten mitwirken und mitverantwortlich sind. Damit stand die Selbstreflexion und Selbsterkenntnis im Vordergrund. Insgesamt veranschaulicht die Diskussion in diesem virtuellen Forum fließende Übergänge zwischen der Sorge um sich selbst als Angehörige einer bestimmten sozialen Gruppe und dem Bedürfnis, eigenes Verhalten zum Erkenntnisgegenstand zu machen.

Das Schreiben im Cyberspace verweist zunächst auf menschliche AkteurInnen, aber die Technik agiert mit – und dies nicht nur als Mittel der Vernetzung zwischen den Akteuren im Cyberspace. Sie ermöglicht zum Beispiel die Verbindung zwischen Menschen mit denselben Gesundheitsproblemen aus verschiedenen Teilen der Welt, weil sie eine grenzüberschreitende Technik ist. Sie begünstigt die Mitteilung intimer Details und das Ersuchen um Hilfe, weil sie eine zeitunabhängige Technik ist und potentielle BeraterInnen und UnterstützerInnen Tag und Nacht, auch in akuten Notsituationen, erreichbar sind und weil die Technik es erlaubt, unsichtbar, ja, unerkannt zu bleiben, was für die Bereitschaft, Intimes mitzuteilen, entscheidend sein

---

[1] Die Untersuchung „E-Network" ist Teilprojekt des bilateralen Projekts „Frauenbewegung online", das in Kooperation mit der TU Hamburg-Harburg (Prof. Dr. Winker) durchgeführt und vom deutschen Bundesministerium für Bildung und Forschung gefördert wurde. Die Gesamtergebnisse sind in den Büchern *Virtuelle Räume – neue Öffentlichkeiten* (2005), hrsg. von Christina Schachtner und Gabriele Winker, und *Erfolgreich im Cyberspace* (2005), hrsg. von Christina Schachtner, publiziert. Zum Forschungsteam des Teilprojekts „E-Network" gehörten Univ.-Prof. DDr. Christina Schachtner, Dr. Bettina Duval, Dipl. Päd. Andrea Welger.

kann. Die Technik befördert, wie das Diskussionsbeispiel aus dem Frauennetz dokumentiert, den Austausch von Erfahrungen und Meinungen, woraus sich sowohl gemeinsame Positionen als auch erweiterte Möglichkeiten der Selbsterkenntnis ergeben. Sie nimmt Einfluss auf den Zeitpunkt, auf die Themen und die Art des Schreibens, was ihr nach Latour Akteursstatus verleiht (2007, 123).

3.2 Kommunizieren

Das Schreiben ist Bestandteil des Kommunizierens, welches über das Schreiben hinausgeht, schließt es doch auch andere Formen der Mitteilung wie Bild und Sound ein. Das Kommunizieren ist ebenfalls konstitutiv für die Netzwerke, die im Cyberspace entstehen, und wird ebenfalls von den technischen Vorgaben durchdrungen. Es geht mir im Folgenden nicht darum, das Spektrum dieser Durchdringungen aufzuzeigen; ich beschränke mich auf einige Beispiele, welche die Möglichkeit der Durchdringung vor Augen führen.

Digitale Kommunikationstechnik verlockt zum Kommunizieren in sich überlagernden Kommunikationssettings (Schachtner 2010, 123). Es ist nicht ungewöhnlich, dass wir uns in mehreren Kommunikationsräumen nahezu gleichzeitig aufhalten. Wir betätigen uns an einer Diskussion in einem politischen Forum, checken nebenher den Eingang neuer E-Mails, beantworten zwischendurch *instant messages*. Vielleicht klicken wir uns ab und zu auch noch in ein Online-Universum wie *Second Life* ein, lassen uns dort von einer anderen Spielfigur zu einem Ausflug an den Strand einladen, um dann wieder ernsthaft Anfragen eines Geschäftspartners zu beantworten. Unser Kommunikationsverhalten ist gekennzeichnet von Kopräsenz und Teilaufmerksamkeit, was die amerikanische Soziologin Sherry Turkle als problematisch wertet (Turkle 2008, 13). Doch schon für die nachkommende Generation kann dies ein selbstverständliches Verhalten darstellen, für das sie spezifische Kompetenzen entwickelt. Die ethische Bewertung dieses Wechsels zwischen virtuellen Kommunikationssettings kann an dieser Stelle vernachlässigt werden, hier geht es um die Frage, wer dieses Verhalten verantwortet. Können wir sagen, dass wir uns dafür entschieden haben? Handeln wir alleine? Ist es nicht so, dass die Struktur digitaler Technik, die uns verschiedene Kommunikationsräume gleichzeitig offeriert, uns in diese Kommunikationsmuster hineinzieht?

Ein anderer Fall der Durchdringung zwischen der Technik und dem Sozialen zeigt sich im Tempo der Kommunikation. Wie erwähnt, können digitale

Kommunikationsangebote jederzeit eintreffen und jederzeit beantwortet werden. Warum also warten? E-Mails, die nicht zügig beantwortet werden, lösen Verunsicherung, Verärgerung, Vorwürfe aus. Linda Stone, die Leiterin der Forschergruppe „Virtual World" bei Microsoft, spricht mit Blick auf die beschleunigte Kommunikation im Cyberspace von einem „Kult der Effizienz" (Stone 2007, 1); Dirk von Gehlen behauptet in der *Süddeutschen Zeitung* gar einen „Terror des Jetzt" (2007). Natürlich sind es menschliche Akteure, die E-Mails schreiben, nachhaken, Vorwürfe machen, wenn die Antwort auf sich warten lässt, loben, wenn rasch geantwortet wird, und damit kommunikative Normen aufstellen. Aber sind diese Normen nicht auch durchdrungen von den technischen Möglichkeiten, unter deren Vorzeichen sich Kommunikation zu einem fast ununterbrochenen Kommunikationsfluss entwickeln kann? Wenn dies mit Ja beantwortet wird, dann ist Technik Beteiligte am Kommunikationsablauf, dann gibt es einen Hybrid-Akteur, bestehend aus Mensch und technischer Struktur (Degele und Simms 2004, 260).

3.3 Reisen

Zu den in virtuellen Kommunikationsräumen geübten sozialen Praktiken zählt auch das Reisen, das hier ungeahnte Entfaltungschancen erhält. Natürlich geht es nicht um das körperliche Sich-Bewegen im geographischen Raum, sondern um das mentale Sich-Bewegen. Der Theatermacher Jörg Albrecht lässt in einem Theaterstück einen der Schauspieler sagen: „Wer keine Tastatur hat, ist bewegungslos." Dies spricht für eine gewisse Popularität, die das virtuelle Sich-Bewegen in der öffentlichen Wahrnehmung bereits gewonnen hat. Das Nutzen verschiedener Kommunikations- und Informationsbereiche im Cyberspace geht notwendig mit Bewegung einher. Die Reisenden im Netz sind nicht auf eine Bewegungsform festgelegt. In Anlehnung an die von Zygmunt Bauman entwickelten Mobilitätstypen der Postmoderne lassen sich verschiedene Bewegungstypen in digitalen Netzen unterscheiden (Bauman 1997, 136 ff):

- der Pilger, der genau weiß, was er will, und seinen Weg durch den Cyberspace zielorientiert gestaltet und sich nirgends lange aufhält, bevor er nicht am Ziel ist;

- der Spaziergänger, der regelmäßig zwischen verschiedenen Communities flaniert, meist getarnt mit einem *nickname*, und sich an nichts bindet;

- der Tourist, der in einer oder mehreren Communities sein festes Zuhause hat, von dem er aufbricht und in das er zurückkehrt;

– der Vagabund, der sich treiben lässt, kein festes Ziel hat. Wo er ankommt, ist auch für ihn eine Überraschung. Er bleibt nur so lange, bis er auf neue Links stößt, die neue Hoffnungen wecken (Schachtner 2008, 103 ff).

Die Reisen durchs Netz konfrontieren mit dem Anderen und dem Fremden. Für den Austausch und die Freundschaft mit anderen, woran NetzakteurInnen in der Regel interessiert sind, braucht es spezifische Kompetenzen wie transversales und heterologisches Denken, deren Ausbildung durch das Interesse am Anderen gefördert wird. Heterologisches Denken bezeichnet die Fähigkeit, vom Anderen her wahrzunehmen und zu denken (Wulf 2006, 42). Transversales Denken hat seinen Ausgangspunkt hingegen in der Formulierung des eigenen Standpunkts im Bewusstsein, dass dieser Standpunkt nicht endgültig ist (Yuval-Davis 2001, 206). Dieses Bewusstsein ermöglicht, so Nira Yuval-Davis, Respekt der anderen Meinung gegenüber, ohne die eigene aufgeben zu müssen.

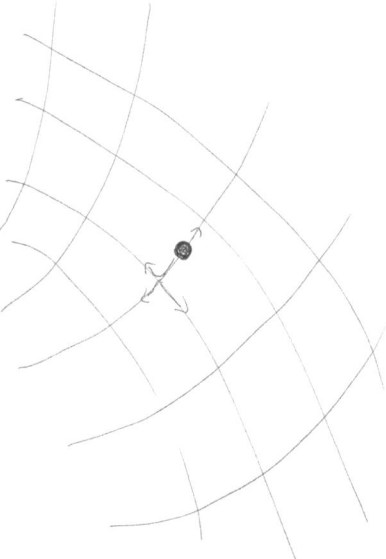

Abbildung 1: Reisen durchs Netz

Mobilität und Reisen sind keine nur in digitalen Netzwerken geübten Sozialpraktiken, worauf bereits die Bauman'sche Typologie verweist, die geschaffen wurde, um Existenzformen der Postmoderne jenseits digitaler Technik zu beschreiben. Wenn sich diese Typologie in die Technik eingeschrieben hat, so beweist das einmal mehr die Durchdringung von gesellschaftlicher und technischer Entwicklung. Die netzwerkartige Struktur der modernen Informations- und Kommunikationstechnologien verkörpert geradezu die Idee der Bewegung. Sie weist unendlich viele Kreuzungsstellen auf, an die die durchs Netz surfenden menschlichen Akteure zwangsläufig gelangen und wo entschieden werden muss, wie die Reise weitergeht.

Dies illustriert die Zeichnung einer Netzakteurin (siehe oben), die im Rahmen der Studie „E-Network" entstanden ist. Zu sehen ist ein offenes Netz, ein schwarzer Punkt, der die Netzakteurin repräsentiert, die sich gerade von einer Kreuzungsstelle wegbewegt, an der sie sich zwischen verschiedenen Bewegungsrichtungen entschieden hat.

3.4 Selbstinszenierungen

Zu den beliebtesten sozialen Praktiken im Netz gehören Formen der Selbstinszenierung, wie sie in den sozialen Netzwerken *YouTube*, *MySpace*, *Facebook*, *Netlog*, *studiVZ* oder *schülerVZ* zu finden sind. Der Zugriff auf diese virtuellen Räume hat in kurzer Zeit eine rapide Entwicklung erfahren. So verzeichnet zum Beispiel *Netlog* (gegründet 2003) derzeit ca. 70 Mio. Mitglieder,[2] *MySpace* (gegründet 2003) 93 Mio. Mitglieder[3] oder *Facebook* (gegründet 2004) 500 Mio. Mitglieder[4] weltweit.

Medien wie Fernsehen, Film, Musik lieferten schon immer Stoff für die Gestaltung des eigenen Ichs; sie (re-) präsentierten Lebensstile, Lebensgefühle, Werte, Schönheitsstandards, Visionen. Es waren Identitätsangebote, die rezipiert werden konnten. Mit den digitalen Medien haben sich die Möglichkeiten der medial gestützten Identitätsfindung grundsätzlich verändert. Die genannten Online-Netze erlauben als interaktive Medien den NetzakteurInnen, sich selbst medial zu inszenieren, selbst zur Medienfigur zu werden, etwa in Form von Persönlichkeitsprofilen, die von den NetzakteurInnen selbst erstellt werden. Die Selbstdarstellung gerät mit Hilfe der multimedialen Funktionen sozialer Netzwerke zu einer Selbstinszenierung, womit ein weiteres spezifisches Moment der Selbstdarstellung in virtuellen Räumen benannt ist. Die NetzakteurInnen geben nicht nur Auskunft über ihr Alter, ihr Geschlecht, ihren Wohnort, Beziehungsstatus oder Hobbys;

---

[2] http://de.netlog.com/go/login/Why=PROFILES&target=L2drL2V4cGxrcmUrcHIr Zmls2XM, Zugriff am 25.09.2010.

[3] http://techcrunch.com/2010/09/17/myspaces-last-stand-project-futura-coming-october-15/, Zugriff am 17.09.2010.

[4] http://www.facebook.com/press/info.php?statistics, Zugriff am 25.09.2010.

sie präsentieren sich selbst im Kontext von Fotos, die ihren Alltag sichtbar machen, von Sinnsprüchen, die etwas über ihre Orientierungen aussagen sollen, und von Links zu ihrem Lieblingsfilm oder ihrer Lieblingsband.

Selbstdarstellung ist ein genuines Bedürfnis des menschlichen Subjekts. Die digitalen Medien haben hierfür eine neue Bühne eröffnet, die Einfluss genommen hat auf den Charakter der Selbstdarstellung. Sie eröffnen dem Subjekt gleichsam ein Handlungsprogramm, das den Versuchen der Selbstinszenierung einerseits neue Möglichkeiten bietet und sie andererseits begrenzt. Das Neue besteht in der potentiellen Multimedialität der Selbstinszenierung, in der Möglichkeit zur Kontextualisierung des eigenen Ichs durch Verlinkung zu anderen Websites sowie in der weltweiten Sichtbarkeit der Selbstinszenierungen. Andererseits gibt es zum Beispiel bei der Erstellung eines Selbstprofils in einem sozialen Netzwerk wie *Facebook* genaue Vorgaben, was ein User über sich mitteilen kann, darf bzw. muss und was nicht. Somit werden die Selbstdarstellungen wiederum normiert. Die Möglichkeit zur medialen Selbstinszenierung ist aber nicht nur als Angebot zu sehen, sie erzeugt auch Druck. Wer Anerkennung finden will, muss sich im Netz zeigen, sonst hat er oder sie vielleicht etwas zu verbergen oder sonst wird man übersehen, weil das Netz zur populärsten Informationsquelle geworden ist, wenn man sich über das Profil oder die Kompetenzen einer Person kundig machen will.

4 Resümierende Überlegungen

Latour stellt, wie Arno Bammé festhält, in seiner Akteur-Netzwerk-Theorie natürliche, soziale und technische Gegebenheiten auf eine gemeinsame ontologische Stufe und schreibt den daraus entstehenden Hybriden Handlungsfähigkeit zu (Bammé 2008, 22). Latour behauptet das nicht als Phänomen der Moderne, sondern vielmehr als ein von jeher existierendes, aber unbeachtet gebliebenes Phänomen, das, so möchte ich anfügen, im Zeitalter digitaler Technik besonders augenscheinlich geworden ist. Das hängt damit zusammen, dass diese Technik immateriellen Charakter hat und durch die Verschränkung von menschlichem Denken und technischer Logik erst geschaffen und immer wieder weiterentwickelt wird. Die Interaktion mit der digitalen Technik beschränkt sich nicht auf manuell-motorische Bezüge, sie umfasst auch geistig-sprachliche Bezüge. Schon der Gebrauch eines PCs fordert von den NutzerInnen, dass sie ihr Denken, insbesondere ihr formal-logisches Denken permanent mit dem Handlungsprogramm der Maschine verschränken. Es handelt sich aus Sicht der Subjekte um einen schöpferischen Prozess, bei dem das, was eben noch gedankliche Welt der NutzerIn war, im nächsten Augenblick, auf den Bildschirm gebracht, mit der Technik verschmilzt. Ein 19-Jähriger beschrieb im Rahmen einer eigenen Studie[5] diese Erfahrung mit folgenden Worten: „[...] man sieht [...] teilweise keine Maschine mehr vor sich, sondern eine Art Gehirn" (Schachtner 1997, 17). Die Bezeichnung „eine Art Gehirn" verweist auf das, was Latour Hybride nennt, eine Mensch-Maschine-Verbindung, die zum Akteur wird, gewinnen diese Verbindungen doch Handlungsrelevanz als Softwareprogramme, die Produktionsabläufe in Betrieben, Lernprozesse im Bildungsbereich oder Spielverläufe in virtuellen Spielwelten steuern, um nur einige Anwendungsgebiete zu nennen.

Das Ineinander von Mensch und Technik zeigt eindrucksvoll die Visualisierung eines 30-jährigen Softwareentwicklers, die dieser 1992 im Rahmen der eben genannten Studie angefertigt hat. Das Bild (siehe unten), auf dem ein Bildschirm zu sehen ist, in dessen Mitte ein Gehirn gezeichnet wurde, war die graphische Antwort dieses Softwareentwicklers auf die Frage: „Was von mir ist beteiligt, wenn ich programmiere?" (Schachtner 1993, 153).

Abbildung 2: Das Ineinander von Mensch und Technik: Ein Softwareentwickler visualisiert seine Erfahrung des Programmierens

---

[5] Die Studie wurde in den Jahren 1991 bis 1992 in Softwarefirmen und IT-Labors durchgeführt. Die Gesamtergebnisse sind in dem Buch *Geistmaschine, Faszination und Provokation am Computer* (Schachtner 1993) erschienen.

Mensch und Technik schreiben sich nach Latour ineinander ein; man dürfte streng genommen nicht mehr von einer Beziehung zwischen Mensch und Technik sprechen, denn das unterstellt eine Trennung, die Latour verwirft. Andererseits begegnen sich Mensch und Maschine als nicht aufeinander reduzierbare Entitäten, haben sie doch ihre je eigene Entwicklungsgeschichte. Im Prozess der Interaktion verflüssigen sich die Grenzen zwischen Mensch und Maschine zu einem gemeinsamen Handlungsprogramm etwa in Gestalt einer multimedialen Selbstinszenierung.

Mit seinen Arbeiten bahnt Latour – so Degele und Simms – einen „zukunftsweisenden Weg zur Integration der bislang weitgehend übersehenen Dingwelt" in die Sozialwissenschaften (2004, 274). Das heißt aber nicht, dass in diese Richtung nicht schon vor Latour gedacht worden wäre (Schachtner und Roth-Ebner 2009). Ich verweise auf Alfred Lorenzer, der in seinem Buch *Das Konzil der Buchhalter* die These entwickelt, dass Gegenstände des Alltags Träger gesellschaftlicher Bedeutungen sind und die NutzerInnen im Gebrauch dieser Gegenstände in ein Interaktionsspiel mit diesen Bedeutungen eintreten, in dem sich die Bedeutungen verändern können (Lorenzer 1981, 159 ff). Lorenzer illustriert seine These mit einem Stuhl, der für ihn einen bedeutungsvollen Entwurf realisiert, in dem eine Handlungsanweisung enthalten ist, zum Beispiel eine bestimmte Körperhaltung einzunehmen (ebd., 30). Das materielle Substrat und der von Menschen stammende Entwurf verschmelzen zu einem Handlungsprogramm ganz im Sinne von Latour. Veränderungen des Handlungsprogramms ergeben sich für Lorenzer aus der Erlebniswelt des menschlichen Subjekts, das in der Lage ist, sich dem Handlungsprogramm zu widersetzen, wie das Kinder tun, wenn sie aus dem Stuhl ein Haus machen (ebd., 156 ff). Es spricht nichts dagegen, den Ansatz von Lorenzer auch auf digitale Netzwerke zu übertragen, zumal die Interaktion zwischen Mensch und Maschine, wie eben dargestellt, ungleich intensiver ist als die Interaktion mit anderen materiellen Dingen.

Ein anderer wichtiger Beitrag, der dem Ansatz von Latour nahekommt, wurde von dem amerikanischen Historiker Bruce Mazlish formuliert, der im Zuge seiner Analyse der Geschichte von Technik die so genannte Kontinuitätsthese aufstellte, der zufolge Mensch und Technik als Kontinuum zu betrachten sind (Mazlish 1998, 11 ff). Mensch und Maschine gehören nach Mazlish insofern zusammen, als der Mensch in der Maschine materialisiert, was ihn bewegt: das Bedürfnis, ohne Fehler zu sein, Kontrollbedürfnisse, Ängste vor der eigenen Verletzbarkeit, Körperfeindlichkeit, Zerstörungsphantasien (ebd., 338). Mazlish grenzt die Kontinuitätsthese von der Diskontinuitätsthese ab, die von einer strikten Trennung zwischen Mensch und Technik ausgeht und die laut Mazlish die dominierende Ansicht über das Verhältnis zwischen Mensch und Technik in der westlichen Gesellschaft repräsentiert. Er warnt menschliche Subjekte davor, auf einem Sonderstatus gegenüber Maschinen zu beharren, weil dies das Risiko birgt, dass man sich letztlich von sich selbst entfremdet (Mazlish 1998, 71), wachsen doch die Maschinen aus uns heraus (ebd., 338). Eine Verbindung zwischen der Position von Mazlish und der Position von Latour kann insofern gesehen werden, als die Materialisierung menschlicher Bedürfnisse und Wünsche in Technik erklären kann, wieso menschliche und technische Akteure als Kollektiv handeln, trifft doch der Mensch in der Technik auf sein *alter ego*.

Trotz der Parallelen zwischen Lorenzer, Mazlish und Latour existieren auch Unterschiede zwischen Lorenzer und Mazlish auf der einen Seite und Latour auf der anderen Seite. Sowohl Lorenzer als auch Mazlish bestehen auf der jeweiligen Eigenständigkeit von Mensch und Ding/Maschine. Latour formuliert im Unterschied dazu radikaler die Aufhebung der Trennung zwischen Mensch, Natur und Technik. Für ihn gibt es keinen einzelnen Akteur; vielmehr sei nie klar, wer und was handelt, wenn wir handeln, weil wir im Verbund handeln (Latour 2007, 81). Ein weiterer Unterschied zu Latour besteht darin, dass Letzterer nicht bloß die Verschmelzung der Akteure verschiedener Coleur analysiert, sondern darüber hinaus die Konsequenzen dieser Verschmelzung zu bestimmen sucht, zum Beispiel, wie eben erwähnt, im Hinblick auf die Verursachung von Handlungen und auf die Benennung der Verursacher mit dem Begriff Hybride. Degele und Simms sehen das Verdienst Latours darin, dass er den Dingen einen Platz in der Welt gegeben und sie in die Gesellschaftstheorie integriert hat (2004, 274).

5 Schluss

Dieser Beitrag präsentierte eine Reihe von Belegen auf der Mikro- und Makroebene, welche die Erklärungskraft des Latour'schen Ansatzes veranschaulichen. Dennoch wirft dieser Ansatz auch Fragen auf, zum Beispiel:

– Wenn man davon ausgeht, dass nicht das Subjekt, sondern ein Netzwerk aus menschlichen und technischen Akteuren handelt, wer übernimmt die Verantwortung für technische und soziale Entwicklungen?

– Verlieren menschliche Akteure aus der Sicht von Latour ihren Status als Subjekte, wenn sie im Verbund mit technischen Akteuren handeln, und wenn ja, was ist der Mensch, wenn er nicht mehr Subjekt ist?

- Ergibt das Reden über Gestaltungsoptionen im technischen Prozess vor dem Hintergrund der Akteur-Netzwerk-Theorie noch einen Sinn?

- Und schließlich: Ist Widerständigkeit denkbar? Wenn ja, wer kann sie entfalten und was bedeutet sie im Netzwerk verschiedener Akteure?

Diese Fragen könnten der Auftakt zu einem weiteren Beitrag sein. An dieser Stelle will ich mich mit der Formulierung einiger Gedanken zu diesen Fragen begnügen. Das Nachdenken über soziale und technische Entwicklungen wird mit Blick auf Latours Akteur-Netzwerk-Theorie nicht einfacher, aber die Lösungen, welche die Theorie nahelegt, dürften effizienter sein als Lösungen, die das Zusammenspiel von Technik, Natur und dem Sozialen außer Acht lassen. Wenn technische und soziale Entwicklungen stets das Werk von Kollektiven sind, so macht es Sinn, das Zusammenwirken der Akteure bei solchen Entwicklungen nicht naturwüchsigen Prozessen zu überlassen, sondern partizipative Verfahren zu etablieren, die die verschiedenen Akteure an Runden Tischen oder in Zukunftskonferenzen versammeln. In gewisser Weise kann auch die Technik an Runden Tischen Platz nehmen, wenn wir sie im Sinne von Mazlish als Verkörperung menschlichen Wollens und Begehrens betrachten. Will man die Welt der Menschen verstehen, so empfiehlt Bammé, dann muss man ihren Artefakten Aufmerksamkeit schenken (2008, 28).

Die Technik als das eigene Werk zu erkennen, das, einmal erstellt, zur Bedingung menschlicher Existenz wird, relativiert die Autonomie des menschlichen Subjekts und eröffnet gleichzeitig Gestaltungsoptionen. Diese sehe ich durch die Akteur-Netzwerk-Theorie nicht negiert. Auch wenn Technik mitgestaltet, so besitzt nur der Mensch aufgrund seiner Fähigkeit zur Reflexion die Möglichkeit, Entscheidungen zu treffen und bewusst in Prozesse einzugreifen, das allerdings nie in völliger Unabhängigkeit, sondern vielfach verwoben mit anderen menschlichen und nicht-menschlichen Akteuren.

Literatur

Andritzky, M. und T. Maurer (2002). Alles, was Netz ist. In: *Das Netz. Sinn und Sinnlichkeit vernetzter Systeme*. Hrsg. von K. Beyrer und M. Andritzky. Heidelberg: Ed. Braus, 11–18.

Arendt, H. (1981). *Vita Activa oder vom tätigen Leben*. Neuausgabe. München: Piper.

Bammé, A. (2008). *Wissenschaft im Wandel: Bruno Latour als Symptom*. Marburg: Metropolis.

Bauman, Z. (1997). *Flaneure, Spieler und Touristen. Essays zu postmodernen Lebensformen.* Hamburg: Hamburger Edition.

Degele, N. und T. Simms (2004). Bruno Latour (*1947) Post-Konstruktivismus pur. In: *Cultural Club. Klassiker der Kulturtheorie.* Hrsg. von M. Hofmann, T. Korta und S. Niekesch. Bd. 1. Frankfurt: Suhrkamp, 259–275.

Deutscher Bundestag, Hrsg. (2002). *Schlussbericht der Enquete-Kommission: Globalisierung der Weltwirtschaft.* Opladen: Leske + Budrich.

Foucault, M. (1993). Technologien des Selbst. In: *Technologien des Selbst.* Hrsg. von M. Foucault, L. Martin, W. Paden, K. Rothwell, H. Gutman und P. Hutton. Frankfurt: Fischer, 24–62.

Freyer, H. (1996). Über das Dominantwerden technischer Kategorien in der Lebenswelt der industriellen Gesellschaft. In: *Technikphilosophie.* Hrsg. von P. Fischer. Leipzig: Reclam, 237–254.

Gehlen, D. von (2007). Terror des Jetzt. *Süddeutsche Zeitung.* 10. August. URL: http://www.sueddeutsche.de/kultur/fluch-der-modernen-kommunikation-der-terror-des-jetzt-1.801113.

Grimm, J. und W. Grimm (1889). *Deutsches Wörterbuch.* Leipzig: S. Hirzel.

Latour, B. (2007). *Eine neue Soziologie für eine neue Gesellschaft. Einführung in die Akteur-Netzwerk-Theorie.* Frankfurt: Suhrkamp.

Lorenzer, A. (1981). *Das Konzil der Buchhalter.* 1. Aufl. Frankfurt: Europäische Verlagsanstalt.

Mazlish, B. (1998). *Faustkeil und Elektronenrechner. Die Annäherung von Mensch und Maschine.* Frankfurt: Insel.

Mittelstraß, J., Hrsg. (1996). *Enzyklopädie Philosophie.* Bd. 4. Stuttgart: J.B. Metzler.

Reichmayr, J. (2005). Weblogs von Jugendlichen als Bühnen des Identitätsmanagements, eine explorative Untersuchung. *Kommunikationsgesellschaft* 6, Beitrag Nr. 8.

Roller, F. (2002). Fangen-Halten-Zeigen-Spielen, Zur Geschichte des Netzes als Alltagsgegenstand. In: *Das Netz. Sinn und Sinnlichkeit vernetzter Systeme.* Hrsg. von K. Beyrer und M. Andritzky. Heidelberg: Ed. Braus, 19–31.

Sassen, S. (1997). *Metropolen des Weltmarkts. Die neue Rolle der Global Cities.* Frankfurt: Campus.

— (2000). *Machtbeben.* Stuttgart/München: Deutsche Verlagsanstalt.

Schachtner, C. (1993). *Geistmaschine, Faszination und Provokation am Computer.* Frankfurt: Suhrkamp.

— (1997). Die Technik und das Soziale, Begründung einer subjektivitätsorientierten Technikforschung. In: *Technik und Subjektivität.* Hrsg. von C. Schachtner. Frankfurt: Suhrkamp, 7–25.

— Hrsg. (2005). *Architektinnen der Zukunft. Lokale Frauennetze im Kontext der Globalisierung.* München: oekom.

— (2008). Virtualität, Identität, Gemeinschaft, Reisende im Netz. In: *Weltweite Welten. Internet-Figurationen aus wissenssoziologischer Perspektive.* Hrsg. von H. Willems. Wiesbaden: VS Verlag für Sozialwissenschaften, 103–118.

— (2009). Wissen und Gender. Der Cyberspace als genderrelevanter Wissensraum. *Medien und Kommunikationswissenschaft* 57.4, 500–519.

— (2010). Kommunikation und Subjektivierung. Verbundenheit als anthropologische Größe und die Absage an das ‚starke' Subjekt. In: *Mensch und Medien. Philosophische und Sozialwissenschaftliche Perspektiven.* Hrsg. von M. Pietraß und R. Funiok. Wiesbaden: VS Verlag für Sozialwissenschaften, 115–138.

Schachtner, C. und C. Roth-Ebner (2009). Konstruktivistisch-partizipative Technikentwicklung. *Kommunikation & Gesellschaft* 10, Beitrag Nr. 1. URL: `http://nbn-resolving.de/urn:nbn:de:0228-200910010`.

Schachtner, C. und G. Winker, Hrsg. (2005). *Virtuelle Räume – neue Öffentlichkeiten. Frauennetze im Internet.* Frankfurt: Campus.

Semper, G. (1851). *Die Vier Elemente der Baukunst.* Braunschweig: Vieweg.

Seng, F. (2009). Vom zweifelhaften Glück, nicht gelesen zu werden. Yoani Sánchez' Gespür für Meinungsfreiheit: Über die Schwierigkeiten, auf Kuba ein Internettagebuch zu führen. *Süddeutsche Zeitung.* 13. Februar. URL: `http://www.sueddeutsche.de/digital/blog-in-kuba-vom-zweifelhaften-glueck-nicht-gelesen-zu-werden-1.467638`.

Stone, L. (2007). *Virtually Yours: The Internet as a Social Medium.* URL: `http://research.microsoft.com/vwg/papers/vision.htm` (besucht am 27.07.2007).

Turkle, S. (2008). Always-On/Always-On-You: The Tethered Self. In: *Handbook of Mobile Communication Studies.* Hrsg. von J. Katz. Cambridge: MIT Press, 121–137.

Waldenfels, B. (1985). *In den Netzen der Lebenswelt.* Frankfurt: Suhrkamp.

Winter, R. (2008). Perspektiven eines alternativen Internet. *APuZ, Aus Politik und Zeitgeschichte* k.J.39. 22. September, 23–28.

Wulf, C. (2006). *Anthropologie kultureller Vielfalt. Interkulturelle Bildung in Zeiten der Globalisierung.* Bielefeld: transcript.

Yuval-Davis, N. (2001). *Geschlecht und Nation.* Emmendingen: Verlag die Brotsuppe.

Sofern nicht anders angegeben, wurden alle im Literaturverzeichnis referenzierten Links im Juni 2011 geprüft.

Medien als soziotechnische Arrangements: Zur Verbindung von Medien- und Technikforschung

Jan-Hendrik Passoth & Matthias Wieser

Es ist mittlerweile zu einem Allgemeinplatz nicht nur medien- und kommunikationswissenschaftlicher Argumentation geworden, dass die letzten 20 Jahre von einem Medienwandel begleitet wurden. Internet und Mobiltelephonie, Digitalfernsehen und GPS-Navigation, Pizza bestellende Kühlschränke und MP3-Player, *User-Generated Content* und *Wikipedia*: Neue Medien gibt es in Mengen und vielfältigen Formen. Dennoch tut sich die Medien- und Kommunikationsforschung schwer damit zu bestimmen, welcher Art dieser Medienwandel ist, was an den neuen Medien sie eigentlich zu etwas Neuem gegenüber alten Medien wie Zeitung, Fernsehen, Radio und Kino macht. Auf der einen Seite scheinen die Stärkung der Rolle der Rezipienten bei der Auswahl, aber auch bei der Produktion und Zusammenstellung von Medieninhalten, eine stärkere Vermischung unterschiedlicher medialer Formen (Bild, Text, Sprache, Ton) sowie eine größere Zersplitterung in unterschiedliche Zielgruppen und Teilpublika für einen Großteil der neuen Medien charakteristisch zu sein: An die Stelle der großen Medienangebote tritt eine Differenzierung vieler unterschiedlicher Varianten. Auf der anderen Seite stehen Vereinheitlichungen, sowohl auf der Ebene der Inhalte als auch der Rezeptionsformen: Radioprogramme, Fernsehsendungen und Blogeinträge werden mittels Digitaltechnologie am selben Gerät konsumiert, Filme nehmen visuelle Elemente von Videospielen auf und das Zappen von Sender zu Sender versorgt den Zuschauer mit verschiedenen Versionen des gleichen Programmformats. Es ist diese paradoxe Simultanität von Differenzierung und Konvergenz, welche der Medienforschung Schwierigkeiten bereitet.

In diesem Artikel vertreten wir die These, dass diese Schwierigkeiten damit zusammenhängen, dass Medien als Medientechniken bislang nicht im nötigen Maß berücksichtigt werden. Mit Hilfe jener Erweiterung des praxistheoretischen Vokabulars um poststrukturalistische Artefakttheorien, die seit den 1980er Jahren in den *Science and Technology Studies* entwickelt wurden, lassen sich diese Defizite beheben. Durch die Einbeziehung nicht-menschlicher Handlungsbeiträge in die Analyse so unterschiedlicher Bereiche wie der Produktion wissenschaftlicher Erkenntnis oder ökonomischer Zusammenhänge hat insbesondere die Akteur-Netzwerk-Theorie (ANT) in der Wissenschafts-, Technik- und Wirtschaftssoziologie neue Perspektiven eröffnet.[1] Es besteht Anlass zur Hoffnung, dass sich diese auch in der Medien- und Kommunikationsforschung nutzen lassen.

Um dieses Argument zu stärken, ist der folgende Text in drei Abschnitte eingeteilt. Zuerst versuchen wir zu zeigen, wie es passieren konnte, dass die Medien- und Kommunikationsforschung gegenüber den Medientechnologien so blind geworden ist. Unsere Vermutung, der wir hier aber nicht im Detail nachgehen, ist, dass in der Vergangenheit mit der Ausbildung von Telefon, Rundfunk und journalistisch organisiertem Publikationswesen bestimmte Produktionsformen, bestimmte Inhalte und Rezeptionsformen mit den verwendeten Techniken zu solch stabilen Einheiten zusammengebunden waren, dass medien- und kommunikationswissenschaftliche Theoriebildung die Unterschiede zwischen ihnen auch ohne Analyse der entsprechenden Techniken recht gut fassen konnte. So in Sicherheit gewiegt, hat sie die Technik als eigene Analysekategorie aus ihren Konzepten de facto verbannt. Einzelne zentrale Schritte dieser ‚Verbannung' stellen wir im ersten Abschnitt heraus. Im zweiten Teil argumentieren wir, dass mit Hilfe neuerer Praxistheorien wie der ANT diese Technikabstinenz medien- und kommunikationswissenschaftlicher Theoriebildung überwunden werden kann, ohne gleich in einen technologischen Determinismus à la Friedrich Kittler zurückzufallen. Dazu zeigen wir, wie in so unterschiedlichen Bereichen wie der Wissenschafts-, Technik- und der Wirtschaftssoziologie die Einbeziehung nicht-menschlicher Aktivität zu neuen Einsichten und erhellenden Analysen geführt hat. Zudem versuchen wir zu zeigen, dass gerade im Bereich der Medien- und Kommunikationsforschung Anknüpfungspunkte für ähnliche Analysen vorhanden sind. Schließlich versuchen wir in einem dritten Abschnitt darzustellen, welche Forschungsmöglichkeiten sich gewinnen lassen, wenn man die von uns vor-

[1] Neben dieser französischen Variante „postklassischer Praxistheorien" (Turner 2007) gibt es noch zumindest zwei weitere Möglichkeiten, die man als amerikanische Varianten bezeichnen könnte. Praxistheorien speisen sich aus unterschiedlichen theoretischen wie methodologischen Traditionen: dem Pragmatismus und der Phänomenologie, dem Symbolischen Interaktionismus und der Ethnomethodologie, den Arbeiten Ludwig Wittgensteins und Martin Heideggers (vgl. Hörning 2001; Ihde 2002; Knoblauch und Heath 1999; Pickering 1995; Rammert 2007; Strübing 2005; Schatzki 1996; Schatzki 2002; zur Übersicht Reckwitz 2002). Über das Verhältnis dieser Varianten zu arbeiten, ist ein lohnendes und wichtiges Unterfangen, das den Rahmen dieses Aufsatzes sprengen würde.

geschlagene Perspektive verfolgt. Sowohl für die Analyse neuer Medien als auch für die allgemeine Medien- und Kommunikationsforschung werden wir einige der Möglichkeiten aufzeigen und mit Verweis auf exemplarische Ergebnisse ausführen, wie man so Medien- und Kommunikationsforschung auf fruchtbare Weise mit Perspektiven der Wissenschafts- und Technikforschung verbinden kann.

1 Formen medientheoretischer Reinigung

Im Folgenden wird an einigen Schlaglichtern das Ausblenden der Medientechniken aus der Medien- und Kommunikationsforschung illustriert, ohne hier einen an Vollständigkeit interessierten Überblick geben zu können (siehe dazu z.B. Loon 2008). Mit Bruno Latour ließe sich von einer medientheoretischen „Reinigung" der Praxis der Medienforschung sprechen. Mit dem Begriff der Reinigung hat Latour (1995) jene vor allem diskursiv realisierten Formen der Stabilisierung von Praxis bezeichnet, die in der Moderne den Gegenpol zur allgegenwärtigen Praxis der Hybridisierung heterogener Netzwerke darstellen und die auf die Herstellung möglichst eindeutiger Dichotomien ausgerichtet sind: Technik vs. Gesellschaft; Moderne vs. Vormoderne; Mensch vs. Natur etc.[2] Im Prozess einer solchen Reinigung bauen Medien- und Kommunikationswissenschaften Medientechniken als einen Gegenstand auf, der ihnen extern ist, ganz ähnlich, wie es auch die sozialwissenschaftlichen Techniktheorien lange gemacht haben. Im Folgenden werden wir einige Schritte dieser Reinigung nachzeichnen.

In der Mediensoziologie beginnt diese Reinigung bereits bei der Beschäftigung mit Medien in der Tradition der Kritischen Theorie. Hatte Walter Benjamin (2003, Erstveröffentlichung 1936) noch versucht, sich auf die „Chockwirkung" des Films und der Fotografie einzulassen, sind für Theodor W. Adornos und Max Horkheimers (1969) Kulturindustriethese die Unterschiede zwischen Illustrierten, Film, Radio und Fernsehen bereits völlig uninteressant. Zwar gehen beide Richtungen der frühen Kritischen Theorie von einer durch die veränderten Produktionsverhältnisse völlig transformierten Kunst aus, doch können Horkheimer und Adorno dort nur Verfall, Verdummung und Verblendung erkennen, wo Benjamin annimmt, dass nach der Ablösung der Kunst vom Erhabenen und Kultischem geradezu not-

---

[2] Die Verwendung in diesem Zusammenhang ist der Reflexivität theoretischer Arbeit geschuldet: Auch Theoriebildung ist eine solche diskursive Stabilisierung von Praxis, die wie Michel Foucault (1971) so deutlich gezeigt hat, die Gegenstände erzeugt, von denen sie spricht.

wendig eine Politisierung eintreten muss. Das Kunstwerk verliert durch die
technische Reproduktion zwar seine Aura, seine Fixierung im „Hier und
Jetzt", Kunst ohne Aura aber ist auch nichts an sich Furchtbares, sondern
verliert dadurch auch ihre Exklusivität und ihren Elitismus. Es ist bezeich-
nend, auch für die weitere Entwicklung der Mediensoziologie, dass Benjamins
genaue Beobachtungen der Transformationen der Kunstwerksproduktion
und der dem Kunstwerk angemessenen Rezeption in der Folge hinter der
Wirkmächtigkeit der Kulturindustriethesen zurückfiel.[3]

Aber nicht nur die frühe Kritische Theorie, auch Medien- und Kommunikationsforschung im Sinne der späteren Kritischen Theorie interessiert sich
nicht wirklich für technische Einzelheiten. Schon Jürgen Habermas (1990)
geht es bekanntlich beim Nachweis der Entstehung bürgerlich räsonierender
Öffentlichkeiten nicht wie Elisabeth Eisenstein (1997) darum, sie auf den un-
vergleichlichen Anstieg verfügbarer und vergleichbarer Texte zurückzuführen,
den die Druckerpresse in Europa produziert. Auch die darauf folgende Transformation des kulturräsonierenden in ein kulturkonsumierendes Publikum
hat bei Habermas nichts mit anderen Medien, anderen Techniken zu tun,
sondern mit einem Ineinandergreifen kommodifizierter Massenproduktion
und individualisierter Rezeption von Kulturgütern. Ähnlich Hans Magnus
Enzensbergers (1970) Brechtrezeption im „Baukasten einer Theorie der
Medien": Beginnend mit der Beschreibung einer technisch möglichen, aber
nicht realisierten Radiotechnologie – das Radio ist technisch gesehen sowohl
Empfänger als auch Sender – werden Gründe für die fehlende Realisierung
erneut in der wirtschaftlichen Situation gesucht: Eine Bewusstseinsindustrie
manipuliert und verdummt, Hilfe verspricht allein ein emanzipatorischer Gebrauch derselben Medien. Und schließlich Pierre Bourdieus (1998) Vorträge
„Über das Fernsehen" lesen sich über weite Strecken wie ein ‚Update' der
Kulturindustriethese Horkheimers und Adornos. Dabei thematisiert er nicht
die medientechnische Struktur des Fernsehens, sondern rekurriert auf „[d]ie
unsichtbare Struktur" (Bourdieu 1998, 55) und ihre Mechanismen *hinter*
den Kulissen des Fernsehstudios und der Kameras. Es geht ihm um eine
Entschleierung der „unsichtbaren Zensur" und „symbolischen Gewalt", der
ökonomischen Zwänge einerseits und der soziokulturellen Zwänge des journa-
listischen Milieus und Habitus andererseits, welchen das TV-journalistische
Feld im Frankreich der 1990er Jahre unterliegt.

---

[3] So macht Benjamin zum Beispiel darauf aufmerksam, dass durch den medialen Wechsel
von Theater zu Film Schauspiel nicht mehr für ein anwesendes Publikum, sondern für die
Linse des Aufzeichnungsapparats inszeniert wird, und dass als Folge für die Rezeption
anstatt Einfühlen und Nachempfinden ein Verstehen der Apparatur notwendig ist, um
Bildkompositionen zu begreifen.

Die klassische Medienwirkungsforschung (vgl. Bonfadelli 2004), aber auch handlungstheoretisch orientierte Rezeptionsanalysen, die sich im Anschluss und in Auseinandersetzung mit ihr profilieren konnten, sind ebenso wenig an der Medientechnik interessiert. Im Rahmen behavioristischer Modelle werden die Unterschiede zwischen Radio, Film und Fernsehen nur als unterschiedliche Stimuli berücksichtigt. Erweiterte Medienwirkungsmodelle beheben dieses Defizit nicht, vielmehr betonen sie die Rolle unterschiedlicher Formen der Anschlusskommunikation, das heißt von allem, was nach der medialisierten Kommunikation passiert, wobei Auswahlhandlungen von Rezipienten in den Vordergrund gestellt werden (vgl. Katz et al. 1974). Dieser zweckrationalistische Kern ist in anderen handlungstheoretischen Ansätzen zur Rezeptionsforschung ebenfalls relevant geblieben (vgl. Göttlich 2006). Die Medienaneignungsstudien der *Cultural Studies* haben sich, in ihrer starken Kritik an der Kulturindustriethese einerseits und an der Medienwirkungsforschung andererseits, vor allem auf die aktiven und kreativen Rezeptionsprozesse konzentriert (Hall 1980; Fiske 1987; Winter 2001). Mit dieser Hinwendung zur aktiven Rolle von Rezipienten ist allerdings eine weitgehende Technikabstinenz verbunden, die auch in den Produktanalysen auf der Basis dieser und anderer interpretativer Handlungstheorien deutlich wird. So sind für Angela Keppler Schnitttechniken, Zoom, Kameraeinstellungen, Ton und Bildkomposition „filmische Mitteilungsquellen" (Keppler 2006, 111). Mediale Angebote gehen so auf in einer „Praxis der Produktion und Rezeption, von der andererseits gilt, dass sie auf die anzubietenden bzw. angebotenen Produkte bezogen ist" (ebd., 43).

Einen besonderen Fall von Technikblindheit stellt die systemtheoretische Mediensoziologie dar, besonders deshalb, weil es in Niklas Luhmanns Begriffsinstrumentarium durchaus die Möglichkeit gäbe, im Einzelnen auf spezifische Unterschiede zwischen den jeweiligen „funktionierenden Simplifikationen" (Luhmann 1991, 79; Luhmann 1997, 517 ff) der Kommunikationsmedien einzugehen. Die Analyse des Funktionssystems der Massenmedien aber ist mit dieser Möglichkeit detaillierter Beschreibungen überhaupt nicht verbunden: Massenmediale Kommunikation liegt dort vor, wo durch die Zwischenschaltung von Technik Interaktion ausgeschlossen wird (Luhmann 1996). Gerade durch die funktionalen Simplifikationen der Medientechnik werden Freiheitsgrade eröffnet, die zur Ausdifferenzierung massenmedialer Kommunikation führen. Welche Simplifikation aber *wie* und *welche* Freiheitsgrade eröffnen, bleibt völlig unbeleuchtet. Und so bleibt es bei einer einfachen Unterscheidung von Sprache, Schrift, Buchdruck und elektronischen Medien, wobei die Autopoiesis der Massenmedien mit jenen Möglichkeiten und Einschränkungen verknüpft ist, die Buchdruck und elektronische Medien bringen.

Eine ähnliche Abfolge oberflächlich skizzierter Medientechniken findet sich auch und gerade in medienwissenschaftlichen Ansätzen – hier häufig noch verbunden mit einer Art mediengenealogischer Entwicklungslogik. Dieser ist schon bei Harold Innis' (1950; 1951) medienhistorischen Arbeiten angelegt: Beginnend mit der Annahme einer Balance zwischen zeitgebundenen und ortsgebundenen Medien (Sprache und Schrift) im Griechenland der Antike beschreiben seine Untersuchungen des *bias* der Medienentwicklung die Entwicklung der westlichen Moderne als eine Geschichte des Aus-der-Balance-Kommens. Auch wenn Innis diese Bewegung in detaillierten Fallstudien auszuarbeiten bemüht war, so ist es doch seine These des Aufbaus von Ungleichgewichten in Monopolen des Wissens durch die Effekte einer Verschiebung zugunsten raumgebundener Medien, die sich in allen diesen Fallstudien findet.

Diese Übergeneralisierung von Eigenschaftsbündeln medialer Techniken setzt sich in den Mediengenealogien nach Innis weiter durch. Die bekannteste Variante dieser Argumentationsform findet sich bei Innis' Schüler Marshall McLuhan.[4] Die beiden Kategorien der Zeit- und Raumbindung finden sich hier wieder in McLuhans (1964) Unterscheidung zwischen kalten und heißen Medien: kalte Medien als diejenigen Medien, die ein hohes Maß an Beschäftigung, an Aufwand, an Initiative und an Zeit von ihren Nutzern fordern; heiße Medien als solche der kurzzeitigen und nur wenig Aufmerksamkeit fordernden detailreichen Präsentation ausschnitthafter Räume. Weil aber McLuhan die Eigenschaften und damit die Zuordnung zu heißen und kalten Medien wahrnehmungstheoretisch und anthropologisch begründet, wird aus einer strikten A-priori-Unterscheidung eine flexible und relationale Unterscheidung. Gerade diese Anthropologisierung ist es, die in Kittlers Variante mediengenealogischer Analyse wiederum bestritten wird: Auch wenn die Phasen der Aufschreibesysteme denen der McLuhan'schen Zeitalter recht ähnlich sind, so sind es ganz explizit Eigenschaften der Leittechniken dieser Systeme, die für sie bestimmend sind. Wie für McLuhan die Gutenberg-Galaxis mit den Lichtmedien und mit der Elektrizität zu Ende geht, so ist auch der Bruch vom Aufschreibesystem 1800 zu dem von 1900 mit dem Wandel einer spezifischen Medialität verbunden, die sich im gleichnamigen Buch *Aufschreibesysteme* (Kittler 1985) noch einer technisch-institutionellen Veränderung verdankte, in der Folge aber in *Grammophon Film Typewriter* (Kittler 1986) und in *Draculas Vermächtnis* (Kittler 1993) vor allem durch technische Veränderungen vorangetrieben ist.

---

[4] Vgl. hierzu allgemein den Überblick von Friedrich Krotz (2001b).

Zu erkennen ist in diesen drei Varianten von Mediengenealogie eine typische theorietechnische Figur – sie lässt sich ebenfalls bei Jean Baudrillard, Vilém Flusser oder Paul Virilio finden – der Übergeneralisierung. Bei Innis läuft die Genealogie von der Zeitbindung zur Raumbindung, bei McLuhan wird aus der detaillierten Unterscheidung von Medien als Sinnesauslagerungen die große Geschichte der Vollamputation aller Sinne, bei Kittler schließlich wird aus dem detailreichen Protest gegen die Technikvergessenheit der hermeneutischen und sozialwissenschaftlich orientierten Literaturwissenschaften eine Epochengeschichte der Technik. Die jeweils *spezifische* Technizität des Medialen, so muss man letztlich feststellen, wird nicht eigentlich analysiert, sondern in groben Veränderungsmustern generalisiert und so zu einer determinierenden Externalität aufgebaut.

In der medien- und kommunikationswissenschaftichen Theoriebildung gibt es also eine Reihe unterschiedlicher Varianten der Nichtberücksichtigung von Medientechniken. Auf der einen Seite gibt es die Tendenz, Technik hinter sozialstrukturellen oder sozioökonomischen Bedingungen zurücktreten zu lassen, die sie unter der Hand bestimmen oder die verhindern, dass ihre Möglichkeiten ausgeschöpft werden. Auf der anderen Seite wird der Medientechnik in einer sehr generalisierenden Mediengeschichte eine allgemeine determinierende Wirkung zugewiesen. Insgesamt lässt sich bei der Durchsicht der unterschiedlichen Theorieangebote nicht ein zufälliges Vergessen der Unterschiede zwischen Medientechniken feststellen. Reinigungen sind immer auch gewissermaßen nützlich, um vom Durcheinander der soziotechnischen Hybride – Kameras, Übertragungswagen, Schnittpulte, Sendezentren, Receiver, Schreibmaschinen, Mikrophone, Telegraphen, Monitore, Prozessoren – nicht erschlagen zu werden. Eine ganze Weile ging das gut. Aktuelle Medientechniken aber weisen so kleinteilige und doch hochwirksame Unterschiede auf, dass so kaum weitergemacht werden kann.

2 Die Wiederentdeckung technischer Artefakte

Unser Vorschlag, den diffizilen und vielfältigen Differenzen gegenwärtiger Medientechniken auf die Spur zu kommen und dabei weder einem Sozial- noch einem Technikdeterminismus zu verfallen, geht auf die Wissenschafts- und Technikforschung zurück. Ansätze wie die in den 1980er Jahren entwickelte Akteur-Netzwerk Theorie (ANT) ermöglichen, so unsere These, den Blick auf die vielen Verwobenheiten von Medieninhalten, Rezeptionspraktiken, Produktionsformen und Techniken. Theoriegeschichtlich und konzeptionell überrascht die mangelnde Beachtung der ANT innerhalb der Medien- und Kommunikationsforschung, gerade weil sie explizit und schon seit ihrer Entstehung Anfang der 1980er Jahre auf der Kommunikationsphilosophie von Michel Serres und der Semiotik von Algirdas Greimas aufbaut.[5] Als eine „ruthless application of semiotics" (Law 1999, 3) ist die ANT theoriegeschichtlich geradezu prädestiniert für eine Anwendung in der Medienforschung. Bevor wir aber zu zeigen versuchen, welche Forschungsmöglichkeiten sich von dort aus für die Medien- und Kommunikationsforschung ergeben, stellen wir die Genealogie dieses Ansatzes und einige seiner Grundkonzepte kurz vor.

Die ANT ist eine Variante der konzeptionellen Neuansätze, welche seit den 1980er Jahren Wissenschaft und ziemlich bald auch technische Innovationen nicht als Institution, System oder Wissen, sondern als Praxis analysiert hat (vgl. Pickering 1992). Ausgangspunkt war es, das tatsächliche Geschehen der Naturwissenschaften ethnographisch zu erforschen (vgl. Latour und Woolgar 1979; Knorr-Cetina 1991). Während einige dieser Laborstudien insbesondere die sozio-kulturellen Praktiken der diskursiven Aushandlung und Interaktion, des praktischen und impliziten Wissens und strategischer (politischer) Interessen als wesentliche Aspekte naturwissenschaftlichen Forschens kennzeichneten (vgl. Collins 1985; Lynch 1985; Lynch 1993), waren die ANT-Forscher vor allem an der materiellen Infrastruktur und ihrer praktischen Rolle bei der Wissensgewinnung und Produktion wissenschaftlicher Erkenntnis interessiert. Wissenschaft – ob im Labor oder im Feld – stellt sich dem ethnographischen Beobachter als „zirkulierende Referenz", als Serie vermittelnder Transformationen vom untersuchten Objekt bis zum wissenschaftlichen Text dar (Latour 2002a, 36-95).

Die ANT versucht, genau dieser Transformationsbewegung zu folgen.[6] Allerdings: Es wird nicht *a priori* vom Beobachter festgelegt, wer oder was ein Akteur ist. Stattdessen wird die Symmetriethese des *Strong Programme* der wissenssoziologischen Wissenschaftsforschung im Sinne David Bloors (1976) erweitert und radikalisiert. Hatte Bloor den Symmetriebegriff noch verwendet, um aus ihm die Forderung abzuleiten, dass sowohl erfolgreiche als auch gescheiterte Forschung zumindest soziologisch mit den gleichen Mitteln

---

[5] Zugegebenermaßen sind beide vielleicht nicht Kern eines natürlich immer fragwürdigen Kanons ‚der' Medien- und Kommunikationswissenschaften. Serres ist allerdings keine unwichtige Quelle innerhalb der konstruktivistischen Medienforschung (vgl. Bardmann 1997; Schmidt 2000), und Ähnliches gilt für Greimas in der sprachwissenschaftlichen Kommunikationsforschung (vgl. Eco 1994; Withalm 2003).

[6] Dieser Prozess wird in Anlehnung an Serres als Übersetzungsprozess verstanden und gab der ANT ihren ursprünglichen Namen: „Soziologie der Übersetzung" (Callon 1986).

betrachtet werden müsse, treibt die ANT das Argument noch einen Schritt weiter. Daraus folgt ein Programm der Entgrenzung des Sozialen, welches die Einbeziehung nicht-menschlicher Handlungsbeiträge als äquivalent einfordert und erprobt. Anstatt Natur und Kultur – oder für unseren Zusammenhang wichtiger: Technik und Gesellschaft – essentiell und von Beginn an zu trennen, werden die soziotechnischen Gefüge als Netz von Beziehungen vielfältiger differenter Einheiten nachgezeichnet (Latour 1987; Latour 2005).[7] Denn schließlich, so Latour (1996, 21), hat „[n]iemand [...] je reine Techniken gesehen – und niemand je reine Menschen. Wir sehen nur Assemblagen, Krisen, Dispute, Erfindungen, Kompromisse, Ersetzungen, Übersetzungen und immer kompliziertere Gefüge, die immer mehr Elemente in Anspruch nehmen."

Zentrale Leitidee ist eine Umkehrung jener Auffassung, die Ordnung hinter der Komplexität und dem Chaos der Welt sucht. Stattdessen wird Ordnung als mehr oder weniger stabilisiertes Netzwerk angesehen, welches durch Zusammenwirken verschiedener Entitäten erst hervorgebracht wird. Hierher rührt auch die Nähe zur Ethnomethodologie: Akteur-Netzwerke sind *accomplishments*, die aber gemäß dem Symmetrieprinzip auch von nicht-menschlichen Entitäten mit hervorgebracht werden. Somit rückt die ANT – wie andere praxistheoretische Ansätze auch (vgl. Reckwitz 2000) – die Performativität des Sozialen in den Vordergrund, ob als Arbeit, *doing*, Praktik, *movement* oder *flow*. Es handelt sich durchaus um eine konstruktionistische Perspektive, aber eben nicht in einer textualistischen Variante, die Sprache, Bedeutung und Diskurs privilegiert. Dies wird noch verstärkt dadurch, dass nicht nur eine Akzentverschiebung von Zeichen zu Praktiken, sondern auch zu ihrer Materialität stattfindet. Die Grundlage dieser doppelten Bewegung wurde von John Law (1992) treffend als „relationaler Materialismus" bezeichnet: Die ANT ist eine prozessorientierte Soziologie, die den Verknüpfungen heterogener Körper in Raum und Zeit folgt. In diesem Sinne wurde die ANT auch schon als „postkonstruktivistisch" (Degele und Simms 2004; Wehling 2006) oder als „posthumanistisch" (Ihde 2002; Pickering 2005) beschrieben, da sie die Welt als im tatsächlichen (nicht im sozialkonstruktivistischen) Sinne konstruiert ansieht, und sich dafür interessiert, welche Rolle Materie,

---

[7] Ein verwandtes Konzept, welches in der pragmatistischen Wissenschafts- und Technikforschung (vgl. Strübing 2005) auch in Anlehnung und Auseinandersetzung mit der ANT entwickelt wurde, ist das „boundary object" (Star und Griesemer 1989). Ein Grenzobjekt ist, wie ein Knoten im Netzwerk, ein Vermittler zwischen verschiedenen sozialen Welten. Wir präferieren hier allerdings das Konzept des Akteur-Netzwerkes, das wie das der soziotechnischen Assemblage (Rabinow 2004) ohne die Asymmetrien des Begriffs „soziale Welt" auskommt.

Dinge und Objekte neben Menschen dabei spielen. Denn diese sind keine bloßen Werkzeuge oder Fetische, sondern „Kumpanen, Kollegen, Partner, Komplizen, Assoziierte im Gewebe des sozialen Lebens" (Latour 2001, 244). Inzwischen ist der Blick der ANT nicht mehr nur auf die Technowissenschaften der Naturwissenschaftler und Ingenieure beschränkt, sondern wird in weiteren Feldern produktiv eingesetzt. Neben Medizin, Politik und Recht (Mol 2003; Barry 2001; Latour 2002b) ist hier vor allem die Rezeption und Anwendung in der Wirtschaftssoziologie zu nennen, welche dortige Diskussionen um die Performanz wirtschaftlichen Handelns bereichert (Barry und Slater 2002; Callon, Millo et al. 2007; MacKenzie et al. 2007). Auch ökonomische Prozesse können als sozio-technische Assemblagen analysiert werden, denn, in Michel Callons Worten, „economics, in the broad sense of the term, performs, shapes and formats the economy, rather than observing how it functions" (Callon 1998, 2). In diesem Zusammenhang sind inzwischen eine Reihe weiterer Studien erschienen, etwa Donald MacKenzies Analyse der Einrichtung von Berechnungsverfahren, Kalkulierungs- und Klassifikationstools und Emissionsrechten zur Etablierung von „Carbon Markets" (MacKenzie 2009) oder dessen zusammen mit Iain Hardie durchgeführte Studie zu Hedge-Fonds (Hardie und MacKenzie 2007).

Das Potential der ANT für die klassischen Gegenstände der Medienforschung haben inzwischen auch einige Autoren erkannt.[8] Emma Hemmingway (2007) zum Beispiel folgt in „Into the Newsroom" dem soziotechnischen Netzwerk der (digitalen) Produktion der regionalen BBC-Nachrichten. Dabei kann sie zeigen, wie sehr Alltagspraktiken und nicht-menschliche Agenten Teil der Produktion von Nachrichten sind und eben auch dieses Medienprodukt ausmachen. Sie macht auch deutlich, dass man mittels solider Feldforschung die Macht der Medien aufzeigen kann, ohne dabei zur Erklärung auf ‚das System', den ‚bösen Kapitalismus' oder sonstige Verschwörungstheorien Bezug nehmen zu müssen. Zentraler Bezugspunkt ihrer Untersuchung ist vielmehr die Ebene von Praktiken, auf der sich ständig Menschen und Dinge verbinden und verflechten.

Gleiches gilt für Jan Teurlings (2004) in seiner Arbeit über Reality-TV, indem er das asymmetrische Machtgefüge von Produktionsteam und Kandidaten materiell aufzuzeigen vermag, ohne die politische Ökonomie zu bemühen. In seiner Dissertation untersuchte Teurlings die beiden *Dating Shows* „Blind Date" und „Streetmate". Dabei kann er aufzeigen, wie sehr das materielle Setting eine solche Sendung prägt und auch mit über ihren Erfolg entscheidet. So ist beispielsweise „Blind Date" viel besser darin,

---

[8] Vgl. hierzu kritisch Couldry (2006).

nicht-menschliche Agenten wie Kamera und Fernsehstudio in ihr Netzwerk einzubinden und für sie arbeiten zu lassen als „Streetmate". „Streetmate" ist hingegen mit sehr viel mehr Kontingenzen konfrontiert, insbesondere aufgrund der schlechten und unkontrollierten Einbindung nicht-menschlicher Akteure.

Terry Austrin und John Farnsworth (2010) haben gezeigt, wie eine ANT-Perspektive durch die Betonung der Materialität sozialer Praktiken hilft, deren Transformationen nachzuzeichnen. So haben sie zum Beispiel das Pokern in seiner *face-to-face-*, Fernseh- und Onlineversion analysiert und stellen dabei heraus, wie Pokern durch die Einbindung weiterer Bestandteile und die Etablierung stabilerer und festerer Verbindungen von einer Vielzahl lokalisierter und kopräsenter Ereignisse zu einem global mediatisierten Phänomen mit enormer wirtschaftlicher Bedeutung gewachsen ist. Die Regeln des Spiels mögen die gleichen sein, die Motive, es zu spielen auch, dennoch hat sich die soziale Praktik des Pokerspielens verändert und mit ihr auch ganze soziale Welten. Eine solche Neubehandlung klassischer Themen der Medienforschung ist aber nicht das einzige mögliche Forschungsfeld. Im Folgenden wollen wir einen Ausblick auf drei mögliche Richtungen geben, die zusätzlich dazu eingeschlagen werden können: Ethnographien der Distribution, Arbeiten zu medientechnischen Infrastrukturen und zur Performativität der Medienforschung.

3 Hybridisierungsarbeit: Medien als Akteur-Netzwerke

Ein erster zentraler und methodischer Anknüpfungspunkt besteht zunächst bei dem inzwischen breiten Feld von Medienethnographien (vgl. Bachmann und Wittel 2006). Als praxistheoretische Perspektive, die ihr besonderes Augenmerk auf die je situative, fluide und instabile Hervorbringung, Stabilisierung, Verfestigung und ständige Wiederaufbrechung von Akteur-Netzwerken legt, ist die ANT geradezu ein idealer Partner ethnographischer Analysen. Mit ihr lässt sich das Spektrum medienethnographischer Analysen zu Produktions- und Rezeptionszusammenhängen um eine *ethnographische Perspektive auf Distributionsverfahren und -techniken* erweitern. Der Fokus auf die Analyse medialer Rezeptions- und Produktionsprozesse ist dabei durch den asymmetrischen Blick auf menschliche Akteure geprägt, der aus der zumeist handlungstheoretischen Grundlage vieler ethnographischer Arbeiten erwächst.

So beschreiben Daniel Miller und Don Slater in ihrer ansonsten hervorragenden Analyse der Internetverbreitung und Nutzung in Trinidad die vielfältigen Verwicklungen der Nutzung von Onlineangeboten in eine Vielzahl alltäglicher, politischer und ökonomischer Tätigkeiten, die immer auch eingebettet bleiben in „mundane social structures and relations that they transform but that they cannot escape" (Miller und Slater 2000, 5). Diese Betonung einer, so könnte man sagen, eingebetteten Transformationen von bestehenden sozialen Ordnungen ist auch in Lori Kendalls (2002) Arbeit zu einem *Multi-User Dungeon* (MUD) sowie in Sarah Holloways und Gill Valentines (2003) Studie zur Internetnutzung von Kindern zentral. Kendall etwa stellt fest, wie sehr die im populärwissenschaftlichen Internetdiskurs sonst als fluide und instabil bezeichneten anonymen Identitäten in Online-Foren dann doch mit den Offline-Identitäten der Teilnehmer verbunden sind. Holloway and Valentine betonen die Rezeptionskulturen, die sozusagen um die Rechner herum aufgebaut werden und die die tatsächlichen Rezeptions- und Nutzungsformen prägen. Ähnlich argumentiert Klaus Schönberger (2000), der in diesem Zusammenhang vom „langen Arm des real life", welcher in die sogenannten virtuellen Welten greift, spricht. Eine Erweiterung des ethnographischen Zugangs über die Produktions- und Rezeptionsprozesse hinaus, die durch den Wechsel von Handlungstheorien zur Praxistheorie einen expliziten Blick auf die je spezifische Technizität des Medialen eröffnet, folgt einem Weg, wie er in virtuellen Ethnographien (z.B. Hine 2000; Strübing 2006), Technographien (Rammert und Schubert 2006) oder *Software Studies* (Fuller 2008; Manovich 2001) bereits ansatzweise eingeschlagen wurde.

Eine Möglichkeit, die sich gerade für die Untersuchung neuer Medien anbietet, ist die Beobachtung und Beschreibung medientechnischer Innovationen in den Programmierstuben, den Betatestphasen und in den Konferenzräumen, in denen sie geplant, umgesetzt, ausprobiert, variiert, angepasst und wieder neu erprobt werden. Diese vielen kleinen und großen Projekte, in denen Versuche des Aufbaus und der Stabilisierung neuer soziotechnischer Netzwerke und Assemblagen zu beobachten sind, bieten sich für den ethnographischen Zugang geradezu an. Im Zentrum dieser Analysen ständen die laufenden und noch nicht abgeschlossenen Verhandlungen und Kontroversen, an denen Aktanten ganz unterschiedlicher Form mal stärker und mal schwächer beteiligt sind. Aber auch bereits stabilisierte Netze lassen sich beschreiben, wenn sie ausfallen, gestört werden, kaputt sind oder einfach nur anders benutzt werden als üblich. Einem Garfinkel'schen Krisenexperiment ähnlich, können medientechnische Infrastrukturen, wie alles, was im Alltag *taken for granted* ist, in Momenten des teilweisen oder vollständigen Zusammenbruchs beschrieben werden. Die hektische Arbeit am Wiederherstellen ihres Funktionierens, die vielen Menschen und Geräte, die zum Einsatz kommen, um *work-arounds* zu errichten, die Planungen zur Installation einer stabileren und weniger störungsanfälligen Infrastruktur, in denen aus Gedächtnissen, Protokollen und Archiven herausgekramt wird, was die gerade zusammengebrochene Medientechnik eigentlich alles getan hat – all das sind geeignete Untersuchungsmöglichkeiten, in denen sich entfalten lässt, wie sehr doch die Praktiken und Prozesse der Medienproduktion und -rezeption angewiesen waren auf das lautlose Mitspielen von Kameras, Fernsehtürmen, Bildschirmen, Servern und Glasfasern.

Weitertreiben kann man diese Untersuchungen zweitens mit einer *Analyse zu medientechnischen Infrastrukturen*, indem man die vielen technisierten Prozesse betrachtet, die die entsprechenden Medien nicht direkt ausmachen, sondern die um sie herum eingerichtet worden sind. In einem solchen Versuch, „langweilige Dinge zu studieren" (Star 1999, 377), erweisen sich gerade die technischen Infrastrukturen des Medialen als überhaupt nicht langweilig, sondern als hochgradig wichtige Kräfte im Spiel der medialen Praktiken. Wie man diese stillen Teilnehmer an den diversen Produktions-, Rezeptions- und Distributionspraktiken zum Sprechen bringt, ist dabei die methodologisch schwierigste Frage. Schließlich ist es eine der wichtigsten Errungenschaften von Infrastrukturen, relativ unsichtbar und still zu bleiben: Um effektiv zu funktionieren, darf die Unwahrscheinlichkeit des Funktionierens selbst nicht ständig sichtbar sein. Medientechniken und mediale Infrastrukturen scheinen Intermediäre, Zwischenglieder und keine Mediatoren zu sein.[9] Und doch sind sie gerade Letzteres: Sie verändern, transformieren, verschieben und modifizieren, wovon man denkt, dass sie es transportieren, übermitteln und weitergeben. Sie übersetzen Sprache in Tinte auf Papier, Stimmen in Radiowellen, Bilder in Hochfrequenzwellen, multimodale Dokumente in Datenhäppchen.

Zum Beispiel sind als Analyseobjekte die formalisierten und automatisierten Methoden der Zuschauermessung interessant, deren Untersuchung in die Büros von Marktforschern, Medienwissenschaftlern und an die Orte führt, an denen jeden Tag die Ausgaben dieser Einschreibegeräte gelesen und in neue Sendekonzepte, Marktwerte von Stars und Moderatoren oder in medienpolitische Argumente transformiert werden. In Bezug auf neue Medien ergibt sich aus einem solchen Blick auf die Infrastrukturtechniken und die vielen formalisierten Praktiken, mit denen Medientechniken als Infrastrukturen in Betrieb gehalten werden, eine fast unendliche Vielzahl an Untersuchungsmöglichkeiten. So lässt sich zum Beispiel der Blick richten auf

---

[9] Zur Unterscheidung zwischen „Intermediären" und „Mediatoren" vgl. Latour (2005).

die Horden von Automatismen und Programmen, die neben den Usern die Datenräume bewohnen und die kontinuierlich protokollieren, aggregieren, auswerten und verändern, was an Nutzungsdaten anfällt. Unterschiedlichste Auswertungsverfahren – von den Algorithmen, die Suchmaschinenergebnisse sortieren, bis zu den Musikstil-Clusterungen, die Webradios wie *Pandora* oder *Last.FM* für ihre Vorschlagssysteme nutzen – transformieren Wissens- und Geschmackskollektive, ohne dass es ein interaktives Geschehen zwischen den einzelnen Mitgliedern dieser „taxonomischen Kollektive" (Wehner 2008) geben muss. Auf diese Weise gelingt es etwa dem sogenannten Web 2.0 viel effizienter und auf eine qualitativ völlig andere Art, als es etwa das Fernsehen mehr oder weniger erfolgreich versucht hat, wichtige Alliierte zu rekrutieren: die Statistik und die quantitative empirische Sozialforschung. Während beim Fernsehen zusätzliches technisches Gerät und flankierende Meinungsumfragen vonnöten sind, um etwa Zielgruppen zu bestimmen, sind statistische Verfahren bei *studiVZ*, *Facebook* oder *Google* integrativer Bestandteil des Netzwerks. Der User liefert in Interaktion mit diesen Programmen selbst ein Profil über seinen Lebens- und Nutzungsstil. So macht der Begriff *social software* einen tatsächlichen Sinn und bezeichnet in der Tat etwas anderes als etwa das Gespräch auf dem Schulhof, wenn auch die verhandelten Inhalte die gleichen sein mögen.

Drittens lässt sich diese Analyse der Rekrutierung der Statistik durch neue Medien verallgemeinern. Viele dieser primären und sekundären Techniken haben ihre Wurzeln in der Medien- und Kommunikationsforschung selbst. Die Einschaltquote zum Beispiel ist ein Ergebnis kommunikationswissenschaftlicher Forschung zur Fernsehrezeption und die vielen kleinen Variationen, die an den Verfahren der Zuschauermessung seit den 1970er Jahren vorgenommen wurden (Personenbindung statt Haushaltsbindung, Stichprobenvariationen, von der Sendungsquote zur Minutenquote etc.), sind das Erzeugnis wissenschaftlicher Dispute über die Ausgestaltung verlässlicher Rezeptionsforschung. Eingebettet in Entscheidungsverfahren zur Programmgestaltung aber sind diese mehr als nur Beobachtungsinstrumente, die ein tatsächliches Rezeptionsverhalten abbilden; sie sind vielmehr selbst daran beteiligt, Rezeptionsformen ins Leben zu rufen und zu verfestigen. Medienforschung und Kommunikationswissenschaft sind so keineswegs neutrale Beobachter des Mediengeschehens, sie performieren, sie formatieren die diversen kommunikativen Agenturen. Ganz analog zu den von Callon oder von MacKenzie durchgeführten Arbeiten zur Performativität ökonomischer Theorie in Börsenräumen und im technisierten Finanzhandel kann man so auch die Frage nach den *Mechanismen der Performanz von Medientheo-*

rie und dem praktischen Enactment von Publikumsforschung stellen. Das gilt insbesondere für quantitative Medienforschung mit ihrem abstrahierenden Publikumsbezug, ebenso aber auch für qualitativ forschende *Audience Studies*. Es wäre genauer zu untersuchen, inwieweit deren Betonung des produktiven Zuschauers (Winter 2010) nicht ebenfalls Eingang gefunden hat in die Diskurse zur inhaltlichen Planung von Medienangeboten, in Lehrgänge und Ratgeber zum Drehbuchschreiben und in die Werkzeuge, mit denen Produktionen organisiert oder Skripte geschrieben werden.

4 Schluss

Ausgangspunkt unserer Diskussion war der Medienwandel der letzten 20 Jahre, welcher durch seine Gleichzeitigkeit von Konvergenz und Differenzierung Medien- und Kommunikationsforschung vor konzeptionelle und damit vor methodologische Herausforderungen stellt. Nach der Durchsicht verschiedener medientheoretischer Angebote haben wir uns der Wissenschafts- und Technikforschung zugewandt und für eine Übersetzung der dort entwickelten Ansätze in die Medienforschung plädiert. Ansätze wie die ANT können uns helfen, den aktuellen Medienwandel zu verstehen, indem sie unsere Aufmerksamkeit für die 'reale' Materialität von Medien schärft, aber gleichzeitig dezidiert prozessorientiert, also sensibel für Veränderung ist und somit den Fallen des technischen Determinismus entgeht. Trotz der oberflächlichen Radikalität etwa des Symmetriepostulats, das nicht nur bei Wissenschafts- und Techniksoziologen Irritationen und Gegenwehr ausgelöst hat (vgl. Rammert und Schulz-Schaeffer 2002), helfen uns diese Ansätze dabei, 'am Boden' zu bleiben und den tatsächlichen materiellen Verknüpfungen der Akteure (als Aktanten) zu folgen – kurz: eine Topographie des Sozialen zu kartieren, die sich aber für sozialwissenschaftliche Kategorien, Definitionen und Konzepte nicht per se interessiert, es sei denn, sie sind selbst Aktanten eines untersuchten Netzwerks.

Um zu einem vielleicht etwas polemischen Abschluss zu kommen: Eigentlich hat sich die Medien- und Kommunikationsforschung nie wirklich für Medien interessiert. Sie hat die technischen Infrastrukturen, die Apparate und Verfahren, Mechanismen und Automatisierungen, Routinen und Algorithmen im Prinzip immer als Objekte behandelt, mit denen Medienproduzenten oder Konsumenten, herrschende Klassen, die Kulturindustrie, Journalisten oder sprechende Zuschauer, Serienfans und Websurfer irgendetwas gemacht haben. Spätestens mit den digitalen Technologien aber wird es immer problematischer zu sagen, wer da eigentlich was mit welchem Medium tut. Es wird Zeit, Medien nicht länger als Objekte, sondern als Dinge, als „Versammlungen" unterschiedlichster Elemente, als sozio-technische Arrangements zu betrachten, die jeweils dazu gebracht werden, selbst etwas zu tun. Gerade wenn man von einer allgemeinen und zunehmenden Mediatisierung des Sozialen ausgeht (Krotz 2001a; Livingstone 2008), dann hilft ein genauer Blick auf diese Versammlungen, der die Möglichkeit eröffnet, diesen Metaprozess zu verstehen: eine Mikrofundierung des Makroprozesses, wenn man so will (Callon und Latour 1981). Wir haben im dritten Teil dieses Textes versucht, drei Anschlussmöglichkeiten aufzuzeigen: Ethnographien der Distribution, Arbeiten zu medientechnischen Infrastrukturen und zur Performativität der Medienforschung. Ein Blick auf die Materialitäten der Kommunikation kann außerdem nicht nur ein Gewinn im Blick nach vorn auf digitale Medien sein, welche im Vordergrund dieses Textes standen, sondern auch im Blick zurück. Denn auch schon die „Face-to-Face-Interaktion [ist] objekt-vermittelt [...]: durch Position und Aussehen der Körper, durch Raum-, Licht- und Lärmverhältnisse, durch Kleidung, Brillen oder Hörgeräte oder einfach nur durch Möbel, Bilder und Wände" (Hörning und Reuter 2006, 120 f). Sicher hat eine solche Perspektive auch Konsequenzen für die Betrachtung ‚klassischer' Massenmedien. Die Stabilität von Rezeptionsweisen und Produktionsformen in den letzten Jahrzehnten wird erklärungsbedürftig: Wie sind diese Netzwerke gewoben worden, welche Akteure sind eingebunden worden, um eine solche Stabilität zu produzieren?

Literatur

Austrin, T. und J. Farnsworth (2010). The Ethnography of New Media Worlds? Following the Case of Global Poker. *New Media & Society* 12.7, 1120–1136.

Bachmann, G. und A. Wittel (2006). Medienethnographie. In: *Qualitative Methoden der Medienforschung*. Hrsg. von R. Ayaß und J. R. Bergmann. Reinbeck bei Hamburg: Rowohlt, 183–219.

Bardmann, T. M. (1997). Einleitung. Zirkuläre Positionen. In: *Zirkuläre Positionen. Konstruktivismus als praktische Theorie*. Hrsg. von T. M. Bardmann. Opladen: Westdeutscher Verlag, 7–18.

Barry, A. (2001). *Political Machines. Governing a Technological Society*. London: Athlone Press.

Barry, A. und D. Slater (2002). Introduction. The Technological Economy. *Economy and Society* 31.2, 175–193.

Benjamin, W. (2003). *Das Kunstwerk im Zeitalter seiner technischen Reproduzierbarkeit. Drei Studien zur Kunstsoziologie.* Frankfurt: Suhrkamp.

Bloor, D. (1976). *Knowledge and Social Imagery.* London/Boston: Routledge.

Bonfadelli, H. (2004). *Medienwirkungsforschung I: Grundlagen und theoretische Perspektiven.* 3. Aufl. Konstanz: UVK.

Bourdieu, P. (1998). *Über das Fernsehen.* Frankfurt: Suhrkamp.

Callon, M. (1986). Some Elements of a Sociology of Translation. Domestication of the Scallops and the Fishermen of St. Brieuc Bay. In: *Power, Action and Belief. A New Sociology of Knowledge?* Hrsg. von J. Law. London: Routledge & Kegan Paul, 196–233.

— (1998). *The Laws of the Markets.* Oxford: Blackwell.

Callon, M. und B. Latour (1981). Unscrewing the Leviathan. How Actors Macrostructure Reality and how Sociologists Help them to Do so. In: *Advances in Social Theory and Methodology. Towards an Integration of Micro- and Macrosociologies.* Hrsg. von K. Knorr-Cetina und A. V. Cicourel. Boston: Routledge, 277–303.

Callon, M., Y. Millo und F. Muniesa (2007). *Market Devices.* Oxford: Blackwell Publications.

Collins, H. M. (1985). *Changing Order. Replication and Induction in Scientific Practice.* Chicago: University of Chicago Press.

Couldry, N. (2006). Akteur-Netzwerk-Theorie und Medien. Über Bedingungen und Grenzen von Konnektivitäten und Verbindungen. In: *Konnektivitäten, Netzwerke und Flüsse. Konzepte für eine Kommunikations- und Kulturwissenschaft.* Hrsg. von A. Hepp, F. Krotz, S. Moores und C. Winter. Wiesbaden: VS Verlag für Sozialwissenschaften, 101–117.

Degele, N. und T. Simms (2004). Bruno Latour (*1947) Post-Konstruktivismus pur. In: *Cultural Club. Klassiker der Kulturtheorie.* Hrsg. von M. Hofmann, T. Korta und S. Niekesch. Bd. 1. Frankfurt: Suhrkamp, 259–275.

Eco, U. (1994). *Einführung in die Semiotik.* München: Fink.

Eisenstein, E. L. (1997). *Die Druckerpresse. Kulturrevolutionen im frühen modernen Europa.* Wien: Springer.

Enzensberger, H. M. (1970). Baukasten zu einer Theorie der Medien. *Kursbuch* 20, 159–186.

Fiske, J. (1987). *Television Culture.* London: Routledge.

Foucault, M. (1971). *Die Ordnung der Dinge. Eine Archäologie der Humanwissenschaften.* Frankfurt: Suhrkamp.

Fuller, M. (2008). *Software Studies – A Lexicon.* Cambridge/London: MIT Press.

Göttlich, U. (2006). *Die Kreativität des Handelns in der Medienaneignung: Zur handlungstheoretischen Kritik der Wirkungs- und Rezeptionsforschung.* Konstanz: UVK.

Habermas, J. (1990). *Strukturwandel der Öffentlichkeit. Untersuchungen zu einer Kategorie der bürgerlichen Gesellschaft.* Frankfurt: Suhrkamp.

Hall, S. (1980). Encoding/Decoding. In: *Centre for Contemporary Cultural Studies: Culture, Media, Language: Working Papers in Cultural Studies, 1972-79.* London: Hutchinson, 128–138.

Hardie, I. und D. MacKenzie (2007). Assembling an Economic Actor. The Agencement of a Hedge Fund. *Sociological Review* 55.1, 57–80.

Hemmingway, E. (2007). *Into the Newsroom. Exploring the Digital Production of Regional Television News.* London: Routledge.

Hine, C. (2000). *Virtual Ethnography.* London: Sage.

Holloway, S. L. und G. Valentine (2003). *Cyberkids. Children in the Information Age.* London: Routledge Falmer.

Horkheimer, M. und T. W. Adorno (1969). Kulturindustrie. Aufklärung als Massenbetrug. In: *Dialektik der Aufklärung. Philosophische Fragmente.* Hrsg. von M. Horkheimer und T. W. Adorno. Frankfurt: Fischer, 128–176.

Hörning, K. H. (2001). *Experten des Alltags. Die Wiederentdeckung des praktischen Wissens.* Weilerswist: Velbrück Wissenschaft.

Hörning, K. H. und J. Reuter (2006). Doing Material Culture. In: *Kultur, Medien, Macht. Cultural Studies und Medienanalyse.* Hrsg. von R. Winter und A. Hepp. Bd. 109-125. Wiesbaden: VS Verlag für Sozialwissenschaften.

Ihde, D. (2002). *Bodies in Technology. Electronic Mediations Series.* Minneapolis: University of Minnesota Press.

Innis, H. (1950). *Empire and Communications.* Oxford: Clarendon Press.

— (1951). *The Bias of Communication.* Toronto: University of Toronto Press.

Katz, E., J. G. Blumler und M. Gurevitch (1974). Utilization of Mass Communication by the Individual. In: *The Uses of Mass Communications. Current Perspectives on Gratifications Research.* Hrsg. von E. Katz und J. G. Blumler. London: Sage, 19–32.

Kendall, L. (2002). *Hanging out in the Virtual Pub. Masculinities and Relationships Online.* Berkeley: University of California Press.

Keppler, A. (2006). *Mediale Gegenwarten.* Frankfurt: Suhrkamp.

Kittler, F. (1985). *Aufschreibesysteme 1800/1900.* München: Wilhelm Fink Verlag.

— (1986). *Grammophon Film Typewriter.* Berlin: Brinkmann & Bose.

— (1993). *Draculas Vermächtnis: Technische Schriften.* Leipzig: Reclam.

Knoblauch, H. und C. Heath (1999). Technologie, Interaktion und Organisation: Die Workplace Studies. *Schweizerische Zeitschrift für Soziologie* 25.2, 163–181.

Knorr-Cetina, K. (1991). *Die Fabrikation von Erkenntnis. Zur Anthropologie der Naturwissenschaft.* Frankfurt: Suhrkamp.

Krotz, F. (2001a). *Die Mediatisierung des kommunikativen Handelns. Der Wandel von Alltag und sozialen Beziehungen, Kultur und Gesellschaft durch die Medien.* Opladen: Westdeutscher Verlag.

— (2001b). Marshall McLuhan Revisited. Der Theoretiker des Fernsehens und die Mediengesellschaft. *Medien- und Kommunikationswissenschaft* 49, 62–81.

Latour, B. (1987). *Science in action. How to follow scientists and engineers through society.* Milton Keynes: Open University Press.

— (1995). *Wir sind nie modern gewesen. Versuch einer symmetrischen Anthropologie.* Berlin: Akademie Verlag.

— (1996). *Der Berliner Schlüssel. Erkundungen eines Liebhabers der Wissenschaften.* Berlin: Akademie Verlag.

— (2001). Eine Soziologie ohne Objekt? Anmerkungen zur Interobjektivität. *Berliner Journal für Soziologie* 11.2, 237–252.

— (2002a). *Die Hoffnung der Pandora. Untersuchungen zur Wirklichkeit der Wissenschaft.* Frankfurt: Suhrkamp.

— (2002b). *La Fabrique du Droit. Une Ethnographie du Conseil d'Etat.* Paris: La Découverte.

— (2005). *Reassembling the Social: An Introduction to Actor-Network Theory.* Oxford: Oxford University Press.

Latour, B. und S. Woolgar (1979). *Laboratory Life. The Social Construction of Scientific Facts.* Thousand Oaks, CA: Sage.

Law, J. (1992). Notes on the Theory of the Actor Network: Ordering, Strategy and Heterogeneity. *Systems Practice* 5, 379–393.

— (1999). After ANT. Complexity, Naming and Topology. In: *Actor Network Theory and After.* Hrsg. von J. Law und J. Hassard. Oxford: Blackwell.

Livingstone, S. (2008). On the mediation of everything. 2008 ICA Presidential Address. *Journal of Communication* 59.1, 1–18.

Loon, J. van (2008). *Media Technology. Critical Perspectives.* Maidenhead: Open University Press.

Luhmann, N. (1991). *Soziologie des Risikos.* Berlin/New York: de Gruyter.

— (1996). *Die Wirtschaft der Gesellschaft.* Frankfurt: Suhrkamp.

— (1997). *Die Gesellschaft der Gesellschaft.* Bd. 2. Frankfurt: Suhrkamp.

Lynch, M. (1985). *Art and Artifact in Laboratory Science.* London: Routledge.

— (1993). *Scientific Practice and Ordinary Action. Ethnomethodology and Social Studies of Science.* Cambridge: Cambridge University Press.

MacKenzie, D. (2009). Making Things the Same. Gases, Emission Rights and the Politics of Carbon Markets. *Accounting, Organizations and Society* 34, 440–455.

MacKenzie, D., F. Muniesa und L. Siu (2007). *Do Economists Make Markets? On the Performativity of Economics*. Princeton: Princeton University Press.

Manovich, L. (2001). *The Language of New Media*. Cambridge: MIT Press.

McLuhan, M. (1964). *Understanding Media: The Extensions of Man*. New York: New American Library.

Miller, D. und D. Slater (2000). *The Internet. An Ethnographic Approach*. Oxford: Berg.

Mol, A. (2003). *The Body Multiple. Ontology in Medical Practice*. Durham: Duke University Press.

Pickering, A. (1992). *Science as Practice and Culture*. Chicago: University of Chicago Press.

— (1995). *The Mangle of Practice. Time, Agency, and Science*. Chicago: Chicago University Press.

— (2005). Culture, Science Studies and Technoscience. In: *The Handbook of Cultural Analysis*. Hrsg. von T. Bennett und J. Frow. London: Sage.

Rabinow, P. (2004). *Anthropologie der Vernunft. Studien zu Wissenschaft und Lebensführung*. Frankfurt: Suhrkamp.

Rammert, W. (2007). *Technik, Handeln, Wissen. Zu einer pragmatistischen Technik- und Sozialtheorie*. Wiesbaden: VS Verlag für Sozialwissenschaften.

Rammert, W. und C. Schubert (2006). *Technografie. Zur Mikrosoziologie der Technik*. Frankfurt: Campus.

Rammert, W. und I. Schulz-Schaeffer (2002). Technik und Handeln. Wenn soziales Handeln sich auf menschliches Verhalten und technische Abläufe verteilt. In: *Können Maschinen handeln? Soziologische Beiträge zum Verhältnis von Mensch und Technik*. Hrsg. von W. Rammert und I. Schulz-Schaeffer. Frankfurt: Campus, 11–64.

Reckwitz, A. (2000). *Die Transformation der Kulturtheorien. Zur Entwicklung eines Theorieprogramms*. Weilerswist: Velbrück Wissenschaft.

— (2002). Toward a Theory of Social Practices. A Development in Culturalist Theorizing. *European Journal of Social Theory* 5.2, 243–263.

Schatzki, T. R. (1996). *Social Practices. A Wittgensteinian Approach to Human Activity and the Social*. Cambridge: Cambridge University Press.

— (2002). *The Site of the Social. A Philosophical Account of the Constitution of Social Life and Change*. University Park: Pennsylvania State University Press.

Schmidt, S. J. (2000). *Kalte Faszination. Medien, Kultur, Wissenschaft in der Mediengesellschaft*. Weilerswist: Velbrück Wissenschaft.

Schönberger, K. (2000). Internet und Netzkommunikation im sozialen Nahbereich. Anmerkungen zum langen Arm des ‚real life‘. *Forum Medienethik* 2: Netzwelten, Menschenwelten, Lebenswelten. Kommunikationskultur im Zeichen von Multimedia, 33–42.

Star, S. L. (1999). The Ethnography of Infrastructure. *American Behavioral Scientist* 43.3, 377–391.

Star, S. L. und J. R. Griesemer (1989). Institutional Ecology, ‚Translations' and Boundary Objects: Amateurs and Professionals in Berkeley's Museum of Vertebrate Zoology, 1907-39. *Social Studies of Science* 19.3, 387–420.

Strübing, J. (2005). *Pragmatistische Wissenschafts- und Technikforschung. Theorie und Methode.* Frankfurt: Campus.

— (2006). Webnografie? Zu den methodischen Voraussetzungen einer ethnografischen Erforschung des Internets. In: *Technografie. Zur Mikrosoziologie der Technik.* Hrsg. von W. Rammert und C. Schubert. Frankfurt: Campus, 249–274.

Teurlings, J. (2004). Dating Shows and the Production of Identities: Institutional Practices and Power in Television Production. Diss.

Turner, S. P. (2007). Practice Then and Now. *Human Affairs* 17.2, 110–125.

Wehling, P. (2006). The Situated Materiality of Scientific Practices. Postconstructivism – A New Theoretical Perspective in Science Studies? *Science, Technology & Innovation Studies* Special Issue 1: After Constructivism in Science and Technology Studies, 81–100.

Wehner, J. (2008). Taxonomische Kollektive. Zur Vermessung des Internet. In: *Weltweite Welten. Internet Figurationen aus wissenssoziologischer Perspektive.* Hrsg. von H. Willems. Wiesbaden: VS Verlag für Sozialwissenschaften, 363–383.

Winter, R. (2001). *Die Kunst des Eigensinns. Cultural Studies als Kritik der Macht.* Weilerswist: Velbrück Wissenschaft.

— (2010). *Der produktive Zuschauer. Medienaneignung als kultureller und ästhetischer Prozeß.* 2., überarbeitete und ergänzte Auflage. Köln: Herbert von Halem Verlag.

Withalm, G. (2003). Zeichentheorien der Medien. In: *Theorien der Medien.* Hrsg. von S. Weber. Konstanz: UVK, 132–153.

Teil III

Vernetzte Umwelten

A Common Language for a Networked Society?

Roland T. Mittermeir & Junichi Azuma

1 Motivation

The Call for Papers for the Symposium *Vernetzung als soziales und technisches Paradigma* stipulates the optimistic view that self-organized, "networked" systems are to become a preferred choice over centrally organized, hierarchical systems. This assumption seems justified by some developments originating from contemporary computing technologies, particularly by the success of meta-heuristics for asymptotically solving NP-complete[1] search problems. Genetic algorithms or ant colony systems (De Jong 2006; Dorigo and Stützle 2004; Kennedy et al. 2001; Bonabeau et al. 1999; Lin and Lee 1996) are suitable for solving optimization problems that cannot be solved exactly by a deterministic algorithm. But communicating simple agents can find a very good approximate solution. The power of agents cooperating in some network seems also justified by Milgram's letter forwarding experiment (Travers and Milgram 1969). A recent study by Jon Kleinberg analysing link-data from the Internet provides further evidence in this direction (2008).

Perceived from a distant perspective it is astonishing that behavioural patterns of naïve creatures like a set of (artificial) ants performing a pheromone-biased almost random walk outperform sophisticated algorithms by means of shallow indirect communication via pheromone trails marked by peers. However, looking behind the scenes, one has to notice that there exists more than this slowly evaporating chemical that is emitted while walking between

---

[1] "NP complete" relates to the computational complexity of algorithms. "NP" stands for Non-Polynomial, indicating that no known algorithm exists that will solve a problem of this kind in polynomial time. "Complete" means that this negative statement is preliminary in so far as NP-complete problems form a class such that if for one member of this class an algorithm solving the problem in polynomial time will be found, all problems of this class can be solved in polynomial time. This is due to the fact that NP-complete problems can be mutually reduced to each other. For details, see Papadimitriou (1994); Hromkovic (2007).

food source and nest. There is a common master-plan, a common protocol, so to say, that drives the behaviour of biological as well as of artificial ants.

Such a common protocol also holds in human behaviour. Admittedly, one must not assume that humans are always functioning according to the same protocol. For example, the differences in message traces between product recommendations and political chain letters (Kleinberg 2008) suggest differences in the respective protocol. Nevertheless, though not materialized in physical structures and not being written down explicitly – apart from the program defining the mathematical properties of artificial ants and thus the overall strategy along which artificial ant colonies operate – we must not ignore the importance of this common protocol. Experiments with ant colony systems clearly demonstrate that even minor variations or systematic impurities of the random number generator may have severe effects. But the system is stable against failures of an individual element of the set of creatures that constitutes the system. Paradigmatically, one might claim that these networks are immune against losses (fractures) of individual knots, but they are endangered by having the net woven from low quality fabric as well as by a lack of a systematic overall design for the knots.

Building on this analogy, we ask, what is the fabric to be used for weaving the social network of a networked society? – "The Internet, obviously!" might be a quick, but naïve answer. The Internet is just a technical facility, an infrastructure. To have social relevance it has to be used as a communication medium. Therefore, irrespective of its topological structure, we might consider it merely as the thread for weaving a modern socio-technological network of people. To obtain the fabric for a network of people, some knitting or weaving has to be done with this thread. This is done by letting people or groups of people interact with each other. Hence, we have to consider the information readily flowing through this fabric when we want to talk about a networked society or about a social (global) network based on the Internet. But this information can only be accessed to the extent that the consumers are fluent in the language of the producers.

Admittedly, not only people communicate via the Internet. Since the advent of Web-Services, computerized applications communicate with computerized functionality (Chappell et al. 2002; McGovern et al. 2003). As the person using the application needs not speak the language of the person who has developed the service used, one might claim that this overcomes the common-language barrier. But this argument is too short-sighted. Firstly, an application can only use a service if it uses the same web-description language that has been used in the description of the service. Secondly, an application relying on services obtained from the Internet might be considered a network in its own right; it might itself be a service provider and hence be part of another network, but the resulting structure is not a social network.

If one considers information, notably information exchange, as the nutrient of social networks and if one really wants to think of truly global social networks, one will have to think about a common language for those who partake in these networks. Currently, from the perspective of a writer who belongs to the 'Western World', English would be the natural common language of the Internet. In view of the number of documents written in English currently to be found in the web, it sounds not even parochial to claim English should be (or remain) the language of the net. The technological and economic position of the English-speaking part of the world currently has given this language a leading position. But counting the number of people speaking a common native language, Arabic or Chinese would immediately appear as strong candidates for replacing English. Comparing these three languages clearly shows that their common denominator in terms of basic structural properties is too small to assume the possibility of a smooth transformation of one of them into the other. Considering artificial international languages, such as Esperanto, one also has to diagnose that their success was limited and that their basis is still culturally biased.[2] Assuming that in those parts of the world where alphabetization is a critical educational issue, people would learn a special dedicated Internet-language just for using the benefits of this medium is therefore rather unlikely. But even if those people learned a second language or even if one is sceptical of the possible integration of near-scriptural communities[3] into the networked society, one has to admit that people by necessity express themselves best in their working language. Hence, this working language, be it their native or a second language, will eventually dominate their thinking and writing. Thus, advocating a common natural language, even a constructed one such as Esperanto, as the language of the Internet would drastically reduce the scope of this communication platform or the wealth of the spectrum of natural languages.

---

[2] One has to admit that Esperanto has a strong Franco-Spanish influence with English sprinkles.

[3] In this context, one might primarily think of societies in parts of developing countries who are on the brink towards full literacy. But the concept can be given a broader scope. Even within the developed world, there are sub-communities that are illiterate or due to some handicap barred from acquiring a new language.

Based on these premises, the paper will next ask the question whether communication over the Internet is bound to those languages we are familiar with since childhood. A possible option would be using pictographic languages such as the Isotype language proposed by Otto Neurath (Neurath 1936; see also Hartmann and Bauer 2006; Vossoughian 2008) originally for showing statistical results by means of reiterated graphical images. Pictograms proved useful at huge sports events, at airports and railway stations. Why not using pictographic languages in general communication over the Internet too? Based on a small reflective analysis, the paper will show that these pictographic languages, though suggesting high potentials, have their own limits even if one expects that technology will help to overcome the presentational limits that might currently restrict their scope of use.

2 The Universality of the Binary System

Computers, seen from an elementary perspective, strictly work on a binary basis. So does the Internet. Only coding conventions and international norms allow to interpret a given sequence of low and high (0, 1) bits in a certain predefined way. For example, the bit sequence *1000001* could be interpreted as the value of an integer number, designating the decimal number *65*, or it could be interpreted as the ASCII-code of the character *A*. Likewise, it could be the colour of a particular picture element (pixel) in some graphic. Of course, this interpretation is not arbitrary. In a properly developed application, it can be derived from the context in which this sequence *1000001* appears.

The word *context* in the above sentence is a bit tricky. Usually, context would refer to some surrounding information, i.e., some other bit-sequence. Indeed, it might be that some leading bits indicate whether the sequence *1000001* represents a number or a character or even something else. Assuming somebody found some storage medium with *1000001* contained on it, it depends on the programme used for reading this medium whether this string is to be interpreted as a letter, a number, or something else.

One can see that to some extent the power of computers rests upon the extremely fine-granular representation of information in order to be processsed by them. But this elementary form of representation is useful only if the recipient of this information (let's assume a programme) is capable of aggregating it in the proper way. The individual *0* or *1* in the sequence *1000001,* whether written on a magnetic device or chiselled in stone, has no semantics. The semantics is attributed to it by the reader, whether human or machine, under the assumption that it attributes the same semantics the writer attributed to this sequence when it was written in the first place.

In conventional data processing applications, we do not worry about this problem. Its solution, writing matching input- and output routines, is so obvious that programmers usually don't even see the problem.[4] With (technical) networks, however, this problem becomes evident. There, it is dealt with by communication protocols that are complex enough to require a substantial number of standards taking care of matching interpretations of bit-sequences by sender and receiver. The complexity of the ISO/OSI reference model might serve as testimony for this complexity.

The universality of the binary system in connection with appropriate coding conventions allowed computers to outgrow their original domain as computational devices. They emancipated to data processing, storing, and transmitting devices where *data*, while always represented as 0-1-sequences, might stand for numbers, written text, streams of magnitudes (sound, voice communication), picture elements, and hence pictures or streams of pictures, i.e., video-sequences. With appropriate input and output devices, computers might "read" any of these representational forms of information, and they might also "write" information in the appropriate form. Considering the World Wide Web, the computer's role is in most cases restricted to that of a transducer of data representing textual, graphical, or acoustic information. But they might even process, in the true sense of this word, information received in one representational form and then issue the information in a completely different representation. Visualization of scientific data might be an example immediately coming to mind. One could also think of warnings issued by smart cameras (Rinner and Wolf 2008) surveying highway traffic. These provide a transformation that runs from visual information via conceptual to textual information. The two-dimensional visual image (or sequence of visual images) is encoded as binary data. This data stream is analysed for noteworthy situations. If such a situation is detected, a textual message (or a simple visual or acoustic signal) will be emitted.

---

[4] While the solution during original development seems obvious, it becomes more opaque during maintenance. There, discovery of the detailed semantics of the "I/O-sibling" of some statement or procedure is cumbersome and costly as not all "I/O-siblings" might be readily visible. David Lorge Parnas' encapsulation principle (1972) as well as object oriented programming languages and methodologies helped to provide clear interfaces to components. This helps to reduce the comprehension issue to a local problem.

3 The Universality of Human Information Processing

How do we humans compare our communication style to the generality just postulated for computers? Humans communicate via sound and gestures if they have the possibility of engaging in face-to-face communication. In remote communication (remote in space or in time), humans communicate via pictures and via written text. These days, we might associate the word *picture* with a photo or with a complex painting. But one should remember that historically, people first carved pictorial scenes onto the walls of their cave-dwellings and later developed hieroglyphic writing systems. Character based script, the currently dominating form of writing in most parts of the world, is a relatively recent development. For European civilizations, the Mediterranean basin is considered as cradle of character based script. The people of Ugarit (now called Ras Scharma, located in Syria) developed in the 15th to 13th century BC, a cuneiform system of 30 consonant characters out of a more complex syllable-based Akkadian system (Robinson 1995). People in Nubia also adopted a foreign writing system, Egyptian hieroglyphs, and used these in a character based manner. Earlier remains, showing independently developed character-based scripts, are of Phoenician origin, probably dating back to the 16th or 17th century BC.

Though these cultural aspects might be interesting, we'd like to focus mainly on our physical capabilities and limitations. The human senses are taste, smelling, touching, seeing, and listening. To some extent, we share them with other vertebrates. While evolutionarily important, tasting has no bearing on communication. The same applies to smelling (apart from extreme situations). Touching, though important for intimate communication, hardly bears meaningful functions in formal communication. It is relevant only for showing certain culturally specific forms of politeness, which is supposed to play just an important protocol-specific role. Then, only seeing and listening remains.

Considering the five senses as our input devices, one has to check for the corresponding output devices. We notice that there is no direct complement to taste. Smell as correspondence of smelling has been suppressed by civilisation. We can move in order to touch someone, we can speak, but we cannot emit images (except for very primitive movement-based behaviour, for most situations just gestures). However, due to our capabilities of fine-grained movement, we are capable of writing and drawing, partly compensating for this deficiency. The compensation is partial in so far as script is static and the pictures we can draw are still-pictures. Thus, while the mouth utters sequences of sounds and the ears and eyes receive sequences of sounds and images respectively, the devices nature provided mankind with for producing written or pictorial information are rather limited.

It might be easy to find an evolutionary justification for this imbalance. However, more important in this context is the question whether technology, specifically computing technology, might not serve as a means to (partly) compensate for this deficiency. The previous section raised the argument that the universality of the binary system has liberated computers from their role as number crunchers. Photographic post-processing is done electronically these days and video sequences are provided on demand from a common source in different qualities for different devices. Thus, information technology might serve as means to (indirectly) emit images liberating communication from the constraints imposed by different, culturally shaped natural languages. For example, a *tree* remains a *tree*, whatever the designation of this biological entity is in a given language. Hence, a picture showing *us* (the authors) with a *tree* on some *mountain* tells everybody that *we* were on this mountain with the tree. Someone might read the picture as *Junichi und Roland am Berg mit dem Baum* and someone else might read it as *Azuma et Mittermeir sur la montagne avec l'arbre*. Likewise, one could ship a video showing some accident and the viewer might translate the whole story in her or his words, describing to her or his family or friends what happened and perhaps even why it happened. In certain situations, one might even doubt whether the viewer will translate such a video-clip into those persons' native language at all. Spectators might directly grasp the situation by watching the video, and this might be enough for them. Why wasting mental effort on translating the scene into a string of words? It suffices to grasp the concept that constituted the core of the message on a sub-linguistic mental level.

4 Pictographic Languages

The two examples concluding the previous section seem encouraging. So far pictographic messages proved successful for primitive communication wherever a huge number of people of different nationalities and, therefore, of different cultural and linguistic backgrounds meet, physically aggregate, or at least pass by. This applies to sports events such as Olympic Games, world championships, or to similar events attracting spectators and participants from many countries. Pictograms will lead them to the proper site of some competition or other relevant places. Similarly, we find good use of pictographic signs at airports, indicating where the departure or the landing gate is, where the entrance or exit is to be found, or where the way to stairways or elevators, to the baggage claim, or to the passport control continues. Likewise, the signs leading to restrooms are pictographic and well understood, even if those cannot be interpreted directly but require some cultural reasoning. Can't one devise somewhat more sophisticated "visual communication primitives" from this successful model?

4.1 Nouns

In view of the high capabilities of our visual input system and the exemplary success of pictographic sign languages, one might expect that visual communication would be the key to overcome the international language problem. Basically, the mental information processing capabilities of all humans are identical, and the transfer of visually received attractions to basic informational concepts also seems to be shared by all humans irrespective of gender and race. However, some scepticism will be in place. There were already several proposals for pictographic languages. So far, none of them achieved a true breakthrough. Is this only due to deficiencies in their promotion? Or is it due to inherent deficiencies in their design or even in the approach to their design? Or have they just been using inadequate technology? Is printed paper not the right medium to support a pictographic language?

The success-stories of pictographic signs this paper has been referring to so far focussed on nouns: *man* and *woman*, *entry* and *exit*, etc. Other examples like *skiing* and *skating* or even the distinctions between *down-hill skiing* and *slalom skiing* or *figure skating* and *speed skating* can be indicated. But one should be careful. Even while the dynamics of skating is shown in the pictogram, the symbol does not represent the verb in a proper linguistic sense. It evokes the concept of skating in the observer's mind, probably without first having it verbalised in a specific spoken or written language. The reader of the symbol interprets it – possibly at a sub-linguistic level – as "this is the line where to queue up for skating tickets" or, if combined with an arrow, "the skating rink is in this direction." In a different context, it will indicate that "the TV-transmission of the skating competition starts at <the time written next to it>." Hence, these pictograms serve as key indicator only for observers ready for obtaining this specific pictographic impulse. The context of the recipient serves to interpret it properly and to compose a complete message out of it.

Figure 1 a,b: Selected Austrian traffic signs. Left: hint (rectangular blue): pedestrian zone. Right: warning (triangle with red border): unprotected railroad crossing.[5]

With a true symbolic language such as BLISS (Hehner 1980), the reader of a message is in a far less defined contextual situation. The language has to define complete sentences. Here, defining nouns to describe physical artefacts is the simpler part of the task. A *house*, a *car*, a *person*, a *cat*, a *tree*, a *book* etc. can be easily depicted, and probably these images are understood by most people all over the world, even if one might claim that some of them have never seen a fir tree while others might have never seen a broadleaf tree. Hence, even such simple images as *tree* might lead to semantic problems. Similar problems might occur with symbols that underwent cultural or technological change. If I look at females attending my classes, I rarely find a person who conforms to the dress-code assumed by the pictogram for *woman* (see above left). Looking some years ahead, using trousers versus skirt to distinguish gender might seem highly anachronistic. The situation will be comparable to the problem a contemporary school child encounters when seeing the Austrian traffic sign indicating "*attention, unprotected railway crossing.*" It shows a steam-locomotive in a red triangle (see above right). To decipher it 'naturally', a young person would first have to visit a technical museum and learn some history.

Eventually, 'natural comprehension' breaks down when it comes to the depiction of non-physical reality, i.e., abstract concepts such as creed, love, or contractual situations. For example, the *marriage* between Adam and Eve might be indicated by two overlapping rings placed between the two persons being married. But this requires a lot of cultural background knowledge and it might not sufficiently distinguish "*marriage*" from "*engagement*". Finally,

---

[5] Source: Magistrat Wien, Abteilung 46, http://www.wien.gv.at/verkehr/verkehrszeichen/.

such a symbol is difficult to negate. In the proper context, one might find a
solution for *divorced*, e.g., by crossing out or separating the two rings. But
how can one express the difference between *"not in a marital relationship"*
in any way from *"divorced"*? Both can be represented by *"negated marriage"*
if there is no explicit state model behind the concept where each state has
a uniformly and 'naturally' understood pictorial representation. Producing
such models would presuppose a sense of orthogonality[6] of concepts that
does not exist in their verbal denominations.

4.2 Verbs

Verbs provide a tougher challenge. In printed symbolic languages, verbs
might be indicated by showing direction, by showing movement (in both
cases arrows are suitable), or by showing cooperation. Here, technology
might have reached the point to overcome a representational bottleneck.
While print is limited to show still images, a computer screen might show
a simple animation or a brief video. Hence, it would be possible to first
identify Junichi with some stroke image of a human and then have this stroke
image walk into a castle. Thus, the message *Junichi visited the castle*, is well
represented. Another clip might associate Roland with another stroke-image
of a human. Then this stroke-image might be placed over the pictogram of
a bicycle. If both scenes are played in parallel, the message might be *While
Junichi visited the castle, Roland enjoyed himself cycling.*

Where does *"while"* come from in the previous sentence? Perhaps, the
film about Junichi continued and we have seen a stroke image of Junichi
also leaving the castle and perhaps Roland's stroke image was not over a
still image of a bicycle but we have seen some jittering movement, which
would have been linguistically more consistent anyway. It would also have
allowed Roland to discontinue his activity while the partner is still in the
castle. Yes, one could refine the scene up to the point where both persons'
activities are captured by a movie-cam and displayed in a photo-realistic
manner. Thus, one could even time the difference between Roland's cycling
and Junichi's visiting.

However, with this movie-like precision, the technologically feasible solution for the representation problem went too far. Contrary to photo-realistic
images, text does not describe a miniature image of reality, neither of visual

---

[6] I.e., it would presuppose a state-space where the individual states are not characterized
as a progression from one state to the next, but where each individual state is located
on a different (sub-) dimension of the state-space considered.

nor of some other physical or conceptual reality. Text describes the results of mapping reality onto the information domain, and this mapping is always a partial mapping. Hence, when communicating something, we have to consider the fact that this mapping happens twice. The writer observes something, abstracts from it and captures it in words. The reader, on the other hand, scans the letters, composes them to words, aggregates them to sentences and paragraphs and finally maps words, sentences, and paragraphs onto concepts.[7] In doing so, the reader will attempt to relate words to concepts and thus build concepts bottom-up, eventually arriving at some high-level concept that grasps the message of the story. But sometimes the reader will be forced to revise the concept originally tried for a word after the full message has been deciphered.[8] Hence, the word (or sentence, or paragraph) is only some intermediary data. This data will become information only on the basis of the reader's interpretation. In most situations, the writer's mapping and the reader's mapping are considered to be (almost) strictly inverse. The fact that this need not be the case has been alluded to in the context of software description for software reuse (Mittermeir et al. 1998).

4.3 Attributes

Attributes, as another fundamental category of words, are sometimes easy to represent, but sometimes they pose severe difficulties. As far as attributes of physical objects are concerned, one finds examples where the attribute might be directly integrated with the pictogram of the object itself. For example, with a *small tree* or a *tall man*, the size or shape of the depicted object may adequately and 'naturally' represent the attribution. Similarly one may draw a *shabby hut* simply in a wiggly fashion. However, things will be more difficult when considering an *old house* or a *precious old garment*. How should age or appreciation be represented in a fair and consistent manner?

---

[7] One might argue that grown-ups don't read on a letter-by-letter but on a word-group-by-word-group basis. But this is due only to mental shortcuts individuals established in their learning and maturing process. When learning how to read, children read letter-by-letter and when reading a foreign text, e.g., the (long) name of a foreign author or a foreign city, even grown-ups have to fall back to this cumbersome process of reading individual letters and then composing the word out of it, perhaps even checking on the way of this process whether and how they can pronounce what they read. This notion of reading aloud has not only historical roots in reading text that is not word-structured but by observing small children when reading.

[8] Homonyms might be just one cause for such backup and retry operations.

The issue becomes more complicated for attributions that have no direct visual representation (e.g., a *lazy boy*) and attributions of verbs. *He runs fast* might still be indicated by duplicating the symbol for movement. But how can one express "*The girl runs faster than the boy*"? The suggestion just made would stipulate showing a running boy and a running girl, with regular movement indicated for the boy's image and fast movement for the girl's image. However, translating this image back into conventional text would probably yield the sentence "*The boy is running and the girl is running fast.*" This is similar to the concept of the original sentence, but not quite identical.

It might be interesting to note that this suggestion deviates from the suggestion proposed for verbs, i.e., to show them in movie clips. The reason for this deviation lies in the fact that the movie would give too direct a representation. The phrase "*faster than*" is a relatively undetermined qualitative expression. To convey the same message with two synchronously started movies would need a marked difference so that the observer will notice this difference. If the movies are asynchronously started, the difference will have to be even larger. But this might, firstly, exaggerate the real difference. Secondly, the intended qualitative information will become quantitative information. The clips may show that the girl is running twice as fast as the boy to highlight the difference of their speed in a 'simple manner'. But this was neither the message conveyed nor was it (probably) the case in reality.

4.4 Grammar Based Approaches

The previous attempts to focus on words and on categories of words seem reasonable, since they are primitive in so far as words are the building blocks of language. After all, children learn languages by first uttering certain words. Composing sentences is a capability acquired only later. However, when speaking about a language for netizens, one would expect that these will have progressed beyond the linguistic development of a two year old child when first entering the Internet. Hence, for the sake of expressivity as well as for the sake of elegance, they should be capable of forming complete sentences in their net-mother-tongue.

Here, the problem appears that the grammatical structure of languages from different language families is considerably different. One cannot bank on a common 'natural' grammar. However, one can rely on the fact that the most basic grammatical constructs can be identified in all languages. Here, a feasible approach might be to define conventions for framing and placement of verb-noun-constructions, depending on the characteristics of the respective verb. To visualize attributes might be in some cases easy (e.g., *large* versus *small*), in other cases difficult (e.g., *hot* versus *cold, interesting* versus *boring*). Thus, framing and positioning might be a promising avenue. However, this approach has the implication that it breaks with the linear structure of spoken or written text. Whether this is a virtue or a vice has yet to be seen.

As examples of pictorial stories told in a non-linear manner, designs of Pieter Breughel the Elder come to mind. *Peasants' Wedding* (1559) or *Hunters Return* (1565) are demonstrating that his pictures describe not only an aspect but a full story. Even though they are still images, there is a lot of movement in them. However, the painter has no control over how I should read his work. I might start from foreground to background (probably in the first attempt). But I might also depart from some background scene and then move in some other direction, comparing this scene with some other background scene or even with some aspects of the foreground. The painter cannot even control whether I have read all he wanted to convey to viewers of this picture. I can testify that my eyes have seen the complete picture. The eyes did so each time I stood in front of it. But I cannot testify that I have really seen all in terms of having grasped the complete information contained in these pictures.

One might claim that neither does the writer of a conventional text have a chance of controlling the way and the care with which a reader takes up what has been written. However, there is a substantial difference. If I testify that I read the full text, it is clear that I read all the words. I might have just misunderstood some of them. However, if I read a 10 page paper in 10 minutes, I probably have skipped something. But in this case I have at least some idea of how much I missed due to skimming or careless reading. With the complex picture, I do not have this chance.

Another problem is arrangement. In the written text, only the linear structure directly derived from the linear order of the spoken text is present. The fact that this linear structure is dissolved into lines read from left to right (Western script) or from right to left (Arabic) or into columns (some Oriental languages), pages, and possibly even books is just due to the physical limitations of the medium. Semantically it is irrelevant. Symbolic languages like BLISS are still in the historical context of printed representations and thus follow this linear pattern.

Interestingly, also notations exclusively used in the context of electronic communication, such as text composed of a host of emoticons, follow this linear paradigm (Azuma and Maurer 2007). But if grammar is to be expressed by direct linkage between the verb, usually assuming the pivot position, and the nouns filling the valences of this verb, one has to depart from the linear structure at least on a micro level. This raises a distinction between micro and macro levels in sentences and stories.

On the screen, we have only two dimensions available. But information is richer than that. It is inherently multi-dimensional (Mittermeir 1996). When activities or verbs are modelled by animated pictures or videos, the time dimension is already used at least to some extent. The vertical and horizontal dimension is partly used for attaching nouns to verbs and attributes to verb-noun constructions. An option for opening up a further dimension might be to distinguish between micro and macro levels in the grammatical structure by regions of the screen, so that micro and macro levels of activities (or of the flow of the story) might be differentiated by distinguishing between automatic movement and controlled movement by interaction. Whether this will be feasible is still subject to verification.

Another argument against direct representation of movement might be raised. Printed text can always be re-read if one cannot immediately cope with an overly complex construction of some sentence. With dynamic visual representation, this might become difficult. However, here technology might offer an avenue to overcome this problem, e.g., by eye-tracking mechanisms.

In conclusion, one might say that technology offers some interesting options for overcoming the limitations of symbolic languages. But there are still significant hurdles. It might be worth to look again at linear, word-based text, in order to see how it overcomes those hurdles.

5 The Power of Word-Based Languages

The essence of communication is the passing of information between partners in an efficient and unbiased manner. Here, the distinction between passing data and passing information is the key aspect. Successful communication happens only if the recipient of the data attaches the same semantics[9] to the data obtained that was granted to it by its sender. This criterion cannot be met by passing a single bit (out of context), and in most languages it

---

[9] Identity of the attached semantics seems to be a stiff requirement. Considering communication between machines one has to stick to this strictness. With communication between humans or with machine-human (not human-machine-) communication, one might relax this requirement to a fuzzy notion of "almost same" or "overlapping in all relevant parts."

cannot be met by passing a single character. It is normally met by uttering and respectively hearing at least a single word or by making and seeing a single gesture. What is the difference between the single bit or character and the single gesture or word?

Focusing on the fact that a word is composed of several characters would lead into the wrong direction. A gesture, such as a waving hand indicating *come* or a blocking and repelling pair of hands indicating *stop* can be interpreted as elementary and primitive enough to consider them as analogous to a binary sign. But we understand these signs from convention. Likewise people will understand someone shouting "stop", not because "stop" is part of the language of the addressee but because of the definitive way in which this utterance has been shouted.

On the other extreme, one might consider traditional "sign languages" used in Christian churches. The Stations of the Cross found in churches and on pilgrimage paths can be seen as a story, the Easter gospel, being told in pictures. In this case, as in the Carinthian Lenten cloths (Fastentücher), which are used for veiling the altar of the church during the period of Lenten before Easter, a complex story is told just in pictures. There is also a clear distinction between the macro structure of the story (numbered arrangement of the Stations of the Cross, line and column structure on the Lenten cloth) and the micro structure, expressed in the individual tableau or tapisserie.

These pictures might have been originally meant to teach the illiterate rural population the story of the Easter gospel. Later on, religious pictures still played an educational role when the Catholic mass was read in Latin instead of the local language. At present, the depiction might rather serve as reminder of the biblical texts viewers might have read in school or at home. But regarding the Stations of the Cross, the context (church, path to graveyard, pilgrimage path) precisely clarifies the meaning for Christians and even remotely clarifies the overall meaning for non-Christian visitors. With some images contained in old Lenten cloths (some date back to the 11ᵗʰ century AD), this interpretation might not be as clear, because the specific message of one or the other picture does not – at least according to the contemporary teaching – relate to the Easter gospel. It might refer to some aspect of the Torah that pre-empted the spiritual concept of Easter in medieval interpretations of biblical texts.

Transferring this idea to contemporary netizens, we might think of a conversation between a Japanese person J and an Austrian person A concerning snow. As A and J do not speak a common language, they resort to a pictographic language, using a drawing of a snow-crystal to designate *snow.* Let us assume, they converse about the melting of snow. Thus, the crystal will be transformed into *water*, signified by a drop of water. Now let's further assume that a Saudi-Arabian person S, a friend of both A and J, joins this conversation. S is an intelligent and educated person, but she has never left her country. Therefore, she might understand the drop of water. But what would she relate to the pictogram of the snow-crystal? Possibly, being a member of a wealthy family, she might associate it with some jewellery. She will remain puzzled why A and J don't know that brilliants don't melt but burn.

From these examples, we can see the importance of both context and pre-established knowledge. Pre-established knowledge and context are often mutually substitutable. This at least partly explains the success of signs used in special locations such as airports or railway stations. It also explains the success of traffic signs or operating instructions for some machinery and purely situational use such as hand signs for controlling traffic or machine-operators. In all these situations, the context is clearly defined and communication has to take place among an international and multilingual readership or under situational conditions prohibiting other forms of communication. Especially traffic signs are designed for quick reception of the message. Hence international conventions support at least shallow comprehension. Blue colour for hints, triangular shape for warnings, and circular shape for prohibitive messages help providing at least a default interpretation. It is at a higher level of abstraction (generalisation) than that of the full message told by the sign. The 'natural' expressivity of those signs that are valid only locally within some countries might remain hidden, but the shape of the sign recommends following the default strategy "be careful when you see a warning sign that you cannot interpret." With instructions for machinery, a different strategy is used. Here, operating manuals usually have text printed next to the signs. Thus, the signs are designed for a quick read, while the full text descriptions, usually offered in several languages, are shown for those who need more specific information. In some cases, the symbols are used only as a quick index.

As demonstrated, whether considering potentially complex pictures of religious scenes, abstract images of traffic signs, or machine operating instructions, the image basically serves as a trigger for a story to unfold in the observer's mind. The story was already there beforehand. Conventions, culture, religious education, or other common experiences would ensure that the stories triggered with different observers are not too different. Hence, a commonly shared semantics of the symbols can be presupposed, even if this is not explicitly assured by the image presented. The distinction between religious pictures and traffic signs or airport symbols might also remind us of the efficiency of communication. A traffic sign has to be grasped at a glance, while the religious image invites contemplation. The latter might be more complex, loaded, or even overloaded with details and background information, inviting the observer's ideas to wander away from the main message and arrive at some details that play a minor role within the overall message.

How would text written in words or composed of letters respectively deviate from the way of acquiring a pictorial message? Remember the linear nature of speech and the correspondingly linear nature of written text. This linearity assures that the whole text has a certain construction: title, abstract or lead sentence, opening, core of the message elaborated in detail, summary or otherwise closing remarks. This provides an overall structure that sets the scene for interpretation, thus establishing the context. A good title indicates whether this text is relevant for the reader at all. The lead sentence in a newspaper article or the abstract (possibly also keywords) in scientific communication provides further contextual information. This helps to ensure that the core message of the paper is likely to be well understood, even if it uses terms that are homonyms of words in everyday language or that are technical terms with different semantics in other scientific (sub-) disciplines.

Likewise, we find a micro-structure in natural language text. This micro-structure varies slightly from language family to language family, but the similarity suffices to support general functional linguistic theories (Danes 1970; Halliday 1985). Thus, we have the grammatical structure of a sentence on the micro-level, and the decomposition of a word into characters allows supporting another structure on the next lower level, by accounting for cases, inflexions, etc. Due to this structure, a reader cannot 'escape' from the text. If the reader is interested in the full message, she or he has to read the text word by word from the very beginning to the very end.

The question remains whether the same effect can be achieved in a strictly pictographic language. This is an open question indeed. Due to the lack of details of iconic descriptions, some scepticism concerning the power of pictographic languages is appropriate at the current stage. Even a full pictorial description cannot substitute the seemingly robust dual structure of conventional languages. However, even conventional language is powerless in so far as it is not strong enough to evoke sensations of situations the recipient of the message has never experienced before.

An example of such lack of comprehension by lack of experience can be witnessed by observing people who grew up in a hot climate spending their first fall or winter in a northern country on the day the first snow of the year is falling. They do know the concept of snow from pictures of white landscapes or even from pictures of falling snow. They also know the concept of snow from nature classes, from science texts, or even from poetry. Possibly they even know the concept of hail. Nevertheless, the real experience always turns out to be a surprise. Some of them, influenced by the experience of heavy rain, assume snowing to be a dramatic event, and so they are most excited to experience these cotton wool like cool items gliding peacefully and slowly down from the sky. What they lack is not only the pre-established knowledge but also the real experience that could serve as anchor for any form of linguistic expression, be it pictorial or textual.

One might note that written text is normally read word by word (or even in chops of groups of words) and not character by character, as our eyes don't follow a continuous trace over the text but jump from fixation point to fixation point. The string (word or group of words) between fixation points is mentally captured as complete pattern. Thus, at least grown-ups and developed readers capture words (or short groups of words) that are known to them at a single glance, unconsciously referring to their "mental lexical repository."[10] Only for words they are not familiar with, they return to the letter-scanning mode they used as children just learning how to read. Hence, returning to the history of writing, it is no surprise that one can observe, especially in the West, a development from hieroglyphic script via phonetic script based on syllables to the sound based script of letters characterising most modern scriptural languages. The fact that this encoding of sounds to characters is not isomorphic to the actual vocal sounds is recognized when one learns the first foreign language and is forced to learn a new correspondence between sound and spelling. In the mother tongue such rules seem so obvious that they are quite often unnoticeable.

6 Conclusions

In conclusion, scepticism has to be voiced whether the world will ever see a common pictographic language for netizens. Natural languages have developed within their communities over thousands of years, and so have the

---

[10] "Mental lexical repository" is just a figurative term. Actually, the brain is forming new synapse during a learning process. Those serve as shortcuts to interpret not only the pattern of individual characters but those of strings of characters. Thus, one must not conceive of the related operation as a simple table lookup.

projection rules of those spoken words into written text. It is true that the first traces of petrified information found in caves are pictorial. But from the arguments just raised, we are inclined to agree with Harald Haarmann (1990) that these pictures are rather abstract symbols, possibly of religious or mythical nature, but not messages for passing factual information between humans. It is rather that the mythical concepts hinted at preceded the development of the image and are well known to the observers anyway.

Thus, in those situations where pre-existing concepts are to be communicated in a rapid manner, the authors might rely on the high bandwidth of the visual system and communicate via images. However, in situations where concepts are yet to be established, images, complex pictures, or even video clips are not useful. It requires the protocol of speech (or written text) to gradually establish context, and it requires the rigor of linearity of communication to assure that the recipient (or the recipient's mind) does not wander away but follows the author's arguments carefully.[11] It also requires the fine granularity of letter-based words to express details.

As far as emoticons are concerned, they are much more heavily used in Japan or other societies where complex Chinese characters are used. In such societies, one can identify a bridge between letter-based and sign-based writing. But also in this case, the interpretation of the images rests on context and pre-established knowledge, while one should also admit that the usage of emoticons as vocabulary (used not just for paralinguistic purposes but as an alternative to a Chinese character) has been dramatically increasing during the last years in Japan.

Consequently, we postulate that the hope for a common 'natural' language for netizens, a language offered by technological advances and not by societal convergence and mutual learning seems, at present stage, still premature irrespective of the possible success in limited domains.

References

Azuma, J. and H. Maurer (2007). From Emoticon to Universal Symbolic Signs: Can Written Language Survive in Cyberspace? In: *Micromedia and Corporate Learning.* Ed. by M. Lindner and P. Bruck. Innsbruck: Innsbruck University Press, 106–122.

Bonabeau, E., M. Dorigo, and G. Theraulaz (1999). *Swarm Intelligence: From Natural to Artificial Systems.* Oxford/New York: Oxford University Press.

---

[11] Here, a distinction between small video clips and completely developed movies is made. In the latter, there is enough time for setting the observers frame of reference to have her or him focus on central parts and prepare for their intended interpretation.

Chappell, D., T. Jewell, and M. Loukides (2002). *Java Web Services*. Sebastopol: O'Reilly.

Danes, F. (1970). Functional Sentence Perspective and the Organization of the Text. In: *Papers on Functional Sentence Perspective*. Ed. by F. Danes. Prague: Academia, Publishing House of The Czechoslovak Academy of Sciences, 106–128.

De Jong, K. (2006). *Evolutionary Computation: A Unified Approach*. Cambridge/London: MIT Press.

Dorigo, M. and T. Stützle (2004). *Ant Colony Optimization*. Cambridge/London: MIT Press.

Haarmann, H. (1990). *Universalgeschichte der Schrift*. Frankfurt/New York: Campus.

Halliday, M. (1985). *An Introduction to Functional Grammar*. London: Edward Arnold.

Hartmann, F. and E. K. Bauer (2006). *Bildersprache – Otto Neurath Visualisierungen*. Vienna: WUV.

Hehner, B., ed. (1980). *Blissymbols for Use*. Toronto: Blissymbolics Communication Institute.

Hromkovic, J. (2007). *Theoretische Informatik: Formale Sprachen, Berechenbarkeit, Komplexitätstheorie, Algorithmik, Kommunikation und Kryptographie*. 3rd ed. Wiesbaden: Teubner.

Kennedy, J., R. Eberhart, and Y. Shi (2001). *Swarm Intelligence*. San Francisco: Morgan Kaufmann Publishers.

Kleinberg, J. (2008). The Convergence of Social and Technological Networks. *Communications of the ACM* 51.11, 66–72.

Lin, C. T. and C. G. Lee (1996). *Neural Fuzzy Systems*. Upper Saddle River: Prentice Hall.

McGovern, J., S. Tyagi, M. Stevens, and S. Matthew (2003). *Java Web Services Architecture*. San Francisco: Morgan Kaufmann.

Mittermeir, R. (1996). Die Dimensionen von Information. In: *25 Jahre Universität Klagenfurt*. Ed. by A. Berger and Universität Klagenfurt. Vortrag im Rahmen des Jubiläumssymposiums Kultur – Information – Informationskultur. Klagenfurt: Universität Klagenfurt, 91–101.

Mittermeir, R., H. Pozewaunig, A. Mili, and R. Mili (1998). Uncertainty Aspects in Component Retrieval. In: *Proceedings IPMU '98, Information Processing and Management of Uncertainty in Knowledge-based Systems*. Paris: EDK, 564–571.

Neurath, O. (1936). *International Picture Language; the First Rules of Isotype*. London: K. Paul, Trench, Trubner & Co., Ltd.

Papadimitriou, C. (1994). *Computational Complexity*. Reading: Addison-Wesley.

Parnas, D. (1972). On the Criteria To Be Used in Decomposing Systems into Modules. *Communications of the ACM* 15.12, 1053–1058.

Rinner, B. and W. Wolf (2008). An Introduction to Distributed Smart Cameras. *Proceedings of the IEEE* 96.10, 1565–1575.

Robinson, A. (1995). *The Story of Writing*. London: Thames and Hudson Ltd.

Travers, J. and S. Milgram (1969). An Experimental Study of the Small World Problem. *Sociometry* 32.4, 425–443.

Vossoughian, N. (2008). *Otto Neurath – The Language of the Global Polis*. Rotterdam: NAI Publishers.

Vernetzungskonzepte in der Verwaltungsmodernisierung: E-Government und die informationelle Organisation der Verwaltungen

Matthias Werner

1 Einleitung

Der Einsatz vernetzter Informations- und Kommunikationstechnologien prägt – unter der Bezeichnung „Electronic Government" (E-Government) – seit nun bereits mehr als zehn Jahren die Debatten über die Modernisierung öffentlicher Verwaltungen. Dies umfasst sowohl die Neugestaltung der Außenbeziehungen der Verwaltung durch die Einführung von Internetangeboten als auch – wenn auch zunächst deutlich weniger beachtet – die internen Prozesse und Strukturen staatlicher Leistungserstellung, Planung und Entscheidung. Im Kontext breiter angelegter Verwaltungsreformkonzepte etablieren sich in der E-Government-Verwaltung so, nicht zuletzt auch in ihrem Inneren, neue Strukturen, Prozesse und Praktiken, die sowohl die Art und Weise, wie Staat und Verwaltung sich selbst und ihre Umwelt wahrnehmen, als auch das Verhältnis von Staat bzw. Verwaltung und Bürgern verändern.

Ziel dieses Artikels ist es, eine Analyseperspektive vorzuschlagen, die es ermöglicht, Veränderungen in den Verwaltungen im Zuge der Vernetzung kritisch zu erfassen, indem sie die informationelle Organisation und Verfasstheit der Verwaltungen ins Zentrum rückt. Hierzu wird zunächst in einem ersten Schritt ein Überblick über das Konzept E-Government, seine Ziele und Erfahrungen mit Umsetzungen gegeben (Abschnitt 2), um daran anschließend einige spezifische Engführungen in den Debatten zum E-Government zu diskutieren, die sowohl dessen Praxis als auch dessen Erforschung betreffen (Abschnitt 3).[1] Der nächste Teil des Aufsatzes begründet und beschreibt eine informationszentrierte Perspektive, die geeignet ist, diese Engführun-

---

[1] Die Darstellung des E-Government-Konzepts und seiner Umsetzungen bezieht sich dabei vornehmlich auf das Feld der Kommunalverwaltung.

gen aufzubrechen (Abschnitt 4). Abschließend wird in Abschnitt 5 anhand von zwei, teils auf den Ergebnissen eigener Forschungsarbeiten beruhenden, empirischen Beispielen skizziert, wie diese Analyseperspektive den Blick auf die Vernetzung der Verwaltungen verändern kann.

2 E-Government: Informatisierung und Vernetzung im Kontext der Verwaltungsmodernisierung

Die Informatisierung und Vernetzung der öffentlichen Verwaltungen ist keineswegs ein neues Phänomen, und auch der vielzitierte Slogan „Die Daten sollen laufen, nicht die Bürger", mit dem die deutsche Regierung Schröder ihr Programm „BundOnline 2005" präsentierte (Bundesregierung 2001), stammt bereits aus den 1970er Jahren (Beyer 1986, 164; zur Geschichte der Informationstechnik in öffentlichen Verwaltungen und den frühen Ansätzen der „Computerbürokratie" vgl. Brinckmann und Kuhlmann 1990; Wind 2006). Das Spezifikum der jüngeren Debatten besteht aber in der zentralen Rolle, die der Vernetzungstechnik, insbesondere dem Internet als dem technischen Leitmedium des E-Government, für die Verwaltungsmodernisierung zukommt. Entsprechend bestimmten vor allem Internetanwendungen das Bild der frühen Phase von E-Government-Umsetzungen: Die Bemühungen konzentrierten sich auf die Einrichtung „virtueller" oder „digitaler Rathäuser" als einer neuen, Internet-basierten Schnittstelle zwischen Verwaltung und Bürgern sowie Unternehmen. In der Regel folgte die Konzeption der digitalen Rathäuser der Trias „Information – Interaktion/Kommunikation – Transaktion", die, als Stufenmodell gedacht, zugleich auch zur Bewertung der Reife von Online-Angeboten der Kommunen herangezogen wurde. Typische Angebote in den digitalen Rathäusern waren etwa Informationen über den Verwaltungsaufbau, Öffnungszeiten, für einzelne Anliegen zuständige Dienststellen und benötigte Dokumente (Information), Formularserver für den Download und Ausdruck von Formularen oder Möglichkeiten zur Kontaktaufnahme mit der Verwaltung via E-Mail (Interaktion/Kommunikation) sowie vereinzelte Angebote für die elektronische Abwicklung von Behördenangelegenheiten (zum Beispiel die Beantragung eines Anwohnerparkausweises; Transaktion).[2]

---

[2] Ergänzt wurden diese direkt behördenbezogenen Inhalte zumeist um allgemeine Informationen über die lokale Politik, kulturelle Veranstaltungen und Tourismusinformationen oder Diskussionsforen zu lokalen Themen (siehe zur Konzeption, Umsetzung und Nutzung von E-Government in Form digitaler Rathäuser auch Bechmann und Werner 2002).

Deutlich weniger beachtet blieb hingegen in den ersten Jahren die interne Dimension von E-Government. Diese trat, nachdem die Beschränkungen von Lösungen, die sich auf das virtuelle *Front-Office* konzentrieren, ohne auch die Verfahren im *Back-Office* mit einzubeziehen, vermehrt erkannt wurden, ab Mitte der 2000er Jahre nun stärker ins Zentrum der E-Government-Debatten (siehe z.B. Westholm 2005). Dabei sollten die „informationstechnischen Potenziale" von E-Government systematisch auf „organisatorische Gestaltungspotenziale" bezogen werden (Brüggemeier, Dovifat et al. 2006). Dies bedeutet vor allem, einerseits auch die Neugestaltung inter-organisatorischer Beziehungen für die Leistungserstellung mit einzubeziehen und andererseits E-Government in einen „unmittelbaren Zusammenhang zu allen verwaltungspolitischen Bereichen" zu rücken (ebd., 45). Anzustreben ist somit eine umfassende Neugestaltung der Verwaltungen unter Nutzung der vernetzten Informationstechnik, die sich, mit dem Ziel einer „Transformation" der Verwaltungen (Hill 2004), an allgemeineren verwaltungspolitischen Reformansätzen orientiert.[3] Entsprechend wurde die oben angeführte Trias von E-Government-Dimensionen als zu eng an der Dienstleistungserbringung ausgerichtet kritisiert, und es wurde vermehrt versucht, über organisatorische Leitbilder, wie zum Beispiel das der „Netzwerkverwaltung" oder der Verwaltung als „virtual organization", den transformatorischen Charakter von E-Government zu stärken" (Bekkers 2003; Brüggemeier, Dovifat et al. 2006).[4]

Der Verweis auf weitere Verwaltungsreformansätze und die Kritik der weitgehenden Unverbundenheit von E-Government-Umsetzungen mit diesen deutet letztlich auf eine eigentümliche Leerstelle von E-Government als Reformkonzept hin: Jenseits von abstrakten Zieldimensionen fehlt es an einer eigenständigen genaueren inhaltlichen Bestimmung seiner Ausrichtung. Trotzdem – oder gerade hiervon begünstigt? – sind die Ansprüche und Ziele von E-Government, nicht nur auf der Ebene politischer Reformrhetorik oder der Versprechen von Unternehmensberatungen und Systemanbietern, sondern auch seitens der Wissenschaft, alles andere als bescheiden.

---

[3] Für Deutschland sind hier zwei Reformansätze hervorzuheben, die – vielfach unter Ausblendung technischer Aspekte – die Bemühungen um die Reform der öffentlichen (Kommunal-)Verwaltungen seit den 1990er Jahren dominiert haben: das Neue Steuerungsmodell als spezifische Ausprägung des *New Public Management* in den deutschen Kommunen sowie das Konzept der Bürgerkommune (Bogumil und Kuhlmann 2006; Holtkamp und Bogumil 2007; Wollmann 2000; Zimmer 1998).

[4] Programmatisch findet der transformatorische Anspruch an E-Government auch im Begriff des „Transformational Government", der dem E-Government-Programm in Großbritannien seinen Namen gibt, Ausdruck (vgl. King und Cotterill 2007).

E-Government tritt auf als „Schlüssel für die Modernisierung von Staat und Verwaltung" (GI/VDE 2000), mit der Fähigkeit, nicht weniger als die bereits erwähnte „Transformation von Staat und Verwaltung" (Hill 2004) herbeizuführen und Reformansätze wie „New Public Management, Bürgereinbeziehung oder Good Governance" (ebd.) durch technische Unterstützung zu integrieren. Exemplarisch kommt dieser Anspruch etwa im Konzept „Balanced E-Government" der Bertelsmann Stiftung (2002) zum Ausdruck: In der E-Government-Verwaltung sollen Rationalisierung und wirtschaftliche Effizienz auf der einen Seite sowie demokratische Partizipation und Bürgerorientierung auf der anderen Seite nicht in einem Gegensatz zueinander stehen, sondern durch den Einsatz der Informationstechnik gleichermaßen adressiert und miteinander verbunden werden können.[5]

Im Gegensatz dazu stellt sich die Bilanz von E-Government-Umsetzungen bisher bescheiden dar: Dass die primär technisch getriebenen und stark Internet-fokussierten frühen Umsetzungen diese großen Ziele kaum erreichen konnten, vermag nicht besonders zu verwundern. Aber auch dort, wo versucht wurde, Innen- und Außenperspektiven aufeinander zu beziehen und organisatorische Vernetzungsansätze stärker in den Vordergrund zu rücken, wurde mit Ernüchterung festgestellt, dass sich Effekte im Sinne der Zieldimensionen vor allem dort einstellen, wo sich die neuen Lösungen gut in etablierte Praktiken und Strukturen einfügen können; organisationsverändernde E-Government-Effekte lassen sich, gerade in kooperationsintensiven und wenig strukturierten Feldern, hingegen nur in höchst beschränktem Maße feststellen (Brüggemeier, Dovifat et al. 2006).[6] Dessenungeachtet lebt aber die Identifizierung von E-Government mit der Möglichkeit und dem Anspruch, zugleich Verbesserungen der Effizienz und der Effektivität der Verwaltungen zu bewirken sowie der Förderung von Kooperation und Par-

---

[5] Zur Problematik der technisch vermittelten ‚Versöhnung' nicht unbedingt gleichgerichteter Reformziele vgl. Nullmeier (2001); Bechmann und Beck (2002).

[6] Die Gründe für die augenscheinliche Diskrepanz zwischen Anspruch und Wirklichkeit sind vielfältig und auf konzeptueller wie praktischer Ebene zu finden. Auf einige wird im Folgenden – allerdings nicht dem Schema von „technisches Potenzial vs. defizitäre Umsetzung" folgend – eingegangen werden. Einen Überblick über Erfolgs- bzw. Problemfaktoren liefert die oben zitierte Studie von Brüggemeier, Dovifat et al. (2006, insbesondere 251 ff, 308 ff). Zur Herausforderung der grundlegenden Neugestaltung von Geschäftprozessen siehe auch Lenk (2004). Diese höchst knappe Bilanz soll einzelne Erfolge hinsichtlich Prozessvereinfachungen und -beschleunigungen, Servicequalität oder auch der Einbindung von BürgerInnen in Planungsprozesse nicht negieren. Misst man E-Government aber an seinen weit gehenden, aus „technischen Potenzialen" abgeleiteten Ansprüchen, fällt E-Government in der Realität doch weit hinter diese zurück.

tizipation zu dienen, weiterhin fort (vgl. exemplarisch OECD 2009). Die Erwartung, dass E-Government, abgeleitet aus „technischen Potenzialen", *per se* Zielen wie Bürgerorientierung, Partizipation und Transparenz zuträglich sei, scheint, auch wenn die Euphorie inzwischen nicht mehr ganz so stark ist, doch weiterhin vielfach ungebrochen (vgl. auch Taylor und Lips 2008).

3 Engführungen

Im Folgenden sollen vier Engführungen in den E-Government-Debatten skizziert werden, welche die begrenzte Reichweite von Herangehensweisen an das Thema, die sich an informationstechnischen Potenzialen und aus diesen abgeleiteten Zieldimensionen orientieren, veranschaulichen können.

Eine erste Engführung, die vor allem die Frühphase von E-Government betrifft, liegt in der Dominanz außenorientierter Ansätze, so wie sie oben bereits kurz beschrieben wurden. Der starken Konzentration auf die Nutzung des Internet als eines vom privatwirtschaftlichen Vorbild des E-Commerce inspirierten Vertriebswegs für Informationen und Verwaltungsleistungen wurde schon frühzeitig eine breitere E-Government-Definition entgegengesetzt, an der auch in diesem Aufsatz festgehalten werden soll:

[E-Government bezeichnet] die Durchführung von Prozessen der öffentlichen Willensbildung, der Entscheidung und der Leistungserstellung in Politik, Staat und Verwaltung unter sehr intensiver Nutzung der Informationstechnik. Eingeschlossen sind in diese Definition selbstverständlich zahlreiche Hilfs- und Managementprozesse, sowie Prozesse der politischen und finanziellen Rechenschaftslegung. (GI/VDE 2000, 3)

Gegen eine solche breite Definition mag eingewendet werden, dass diese aufgrund ihrer Breite diffus bleibe und dazu tendiere, jeglichen Einsatz von Informations- und Kommunikationstechnologien (IKT) im öffentlichen Sektor mit E-Government gleichzusetzen, wohingegen ein engeres Verständnis von E-Government „als Internet-basierte elektronische Kommunikation zwischen Verwaltungen sowie zwischen Verwaltungen und ihren Kunden" (Kubicek und Wind 2005, 60) einen Zugang biete, der es erlaube, stärker von den je spezifischen Implementationskontexten von Informatisierungsprojekten zu abstrahieren. In diesem Sinne wäre E-Government also über bestimmte Interaktionsformen (Internet-basiert; Verwaltungsgrenzen überschreitend)

definiert. Für den weiteren Begriff, der neben Internetanwendungen insbesondere auch die interne Vernetzung und die Interaktionen im Innenleben
von Verwaltungen umfasst, sprechen aber vor allem zwei Gründe: So scheint
es erstens nicht überzeugend, dass E-Government zwar die informationstechnische Vernetzung zwischen unterschiedlichen Verwaltungsorganisationen
erfassen soll, der IKT-Einsatz innerhalb von Verwaltungsorganisationen,
die ihrerseits vielfach durch Fragmentierung und je eigene Interessen der
Teileinheiten gekennzeichnet sind, aber nicht gemeint sein soll. Zweitens geht
der Einwand, dass ein breites Begriffsverständnis in einem undifferenzierten
Begriffsgebrauch mündet, der jegliche Art von IKT-Einsatz in Verwaltungen
als E-Government versteht, am Ziel vorbei. E-Government ist, wie oben
dargelegt und wenn die technikfixierten Ansätze tatsächlich überwunden
werden sollen, im Kontext der Verwaltungsmodernisierung zu verstehen –
und entsprechend nicht über einzelne technische Anwendungen zu definieren.
Der analytische Anspruch, E-Government im Kontext der Verwaltungsmodernisierung zu untersuchen, macht sich dabei allerdings nicht notwendigerweise
die Zielvorstellungen wie „Rationalisierung und Demokratisierung" oder
„Effizienz, Effektivität und Bürgerorientierung" zu eigen. Das hier zugrunde
gelegte weite Verständnis (der technischen Aspekte) von E-Government
als Informatisierung und Vernetzung der Verwaltungen versteht sich somit
nicht als strategisch oder normativ, sondern soll es ermöglichen, Effekte von
E-Government ohne eine Vorfestlegung der Untersuchungsperspektive auf
diese gängigen Zieldimensionen zu untersuchen.

In der Betrachtung von E-Government-Konzepten zeigt sich eine zweite
Engführung, die bestimmte Vorannahmen impliziert, welche durch ein weites
E-Government-Verständnis vermieden werden können. So korrespondiert die
Zielvorstellung „Rationalisierung und Demokratisierung" mindestens implizit
mit der Zuweisung bestimmter Sphären, in denen diese zu adressieren seien.
Demnach gelte es, im Inneren der Verwaltung Effizienzeffekte zu erzielen,
und in der Interaktion mit den Bürgern könne die Nutzung des Internet zu
mehr demokratischer Partizipation beitragen. Beispielhaft hierfür kann dies
anhand des „Balanced E-Government"-Modells (Bertelsmann Stiftung 2002)
illustriert werden:

> [Das Konzept] verbindet elektronische Bürgerdienste und Infor-
> mationsangebote (E-Administration) mit der Stärkung partizi-
> pativer Elemente (E-Democracy) zum Balanced E-Government.
> Der Staat bzw. einzelne Kommunen räumen den Bürgern also
> mehr Möglichkeiten ein, durch elektronisch vermittelte Willens-

bekundungen auf das öffentliche Leben Einfluss zu nehmen. Gleichzeitig erlaubt es das Internet der öffentlichen Hand, ihre Funktion als kundennaher Dienstleister auszubauen. (ebd., 2)

Während die politische Dimension von E-Government so durch Internet-basierte Interaktionen mit Bürgern und organisierten zivilgesellschaftlichen Akteuren repräsentiert wird, wird das Innenleben der Verwaltungen als außer- oder vorpolitische Sphäre konzipiert.[7] Mit einem E-Government-Verständnis hingegen, das auch die Binnenprozesse und -strukturen der informatisierten Verwaltungen politisch reflektiert, wird eine solche (keineswegs wert- und interessenfreie) Vorfestlegung ausdrücklich vermieden und betont, dass die Vernetzung innerhalb von und zwischen Verwaltungen keine Angelegenheit darstellt, die rein betriebswirtschaftlichen Rationalitäten folgen kann. Vielmehr wird davon ausgegangen, dass sich im Zuge der Informatisierung und Vernetzung das Verhältnis der Verwaltungen zu ihrer Umwelt auch dort, wo es nicht unmittelbar um außen-orientierte Interaktionen geht, verändern kann.

Eine dritte Engführung betrifft die Analyse von Implementationsprozessen als Zusammenspiel von technischen und organisatorischen Faktoren. Es ist zweifellos ein wichtiger Verdienst zahlreicher Fallstudien, dass die Komplexität des Zusammenspiels technischer und organisatorischer Faktoren erkannt worden ist und es, zumindest im Bereich der E-Government-*Forschung*, zu den Standards gehört, rein technikorientierte Ansätze zurückzuweisen und die Bedeutung eines frühzeitigen und umfassenden *Change Managements* zu betonen (vgl. z.B. Lenk 2011). Auch der Ansatz, E-Government-Implementationen und ihre Effekte als (konfliktträchtige) mikro-politische Interaktionen zu untersuchen (Dovifat et al. 2007), kann wichtige Einsichten in die Kontingenz und Dynamik von Informatisierungsprozessen ermögli-

---

[7] Und diese kann (oder sollte) man, suggeriert die Trennung in E-Administration und E-Democracy, dann auch nach privatwirtschaftlichem Vorbild organisieren – oder direkt *outsourcen*. Und in der Tat scheint sich der Einsatz der Bertelsmann Stiftung auf dem E-Government-Feld bereits auszuzahlen. In Großbritannien hat die Bertelsmann-Tochter Arvato bereits in einigen Kommunen komplett die Abwicklung von Verwaltungsprozessen übernommen. In Deutschland ließ die Stadt Würzburg in einer inzwischen gescheiterten Kooperation mit Arvato als erste deutsche Kommune ihre elektronischen Dienstleistungen von einem privaten Unternehmen koordinieren und teilweise abwickeln. Nachdem allerdings die Datenvernetzung, die den Kern des Konzepts darstellen sollte, nicht zufriedenstellend umgesetzt werden konnte und sich auch die Zeit- und Kosteneinsparungen als deutlich geringer als versprochen darstellten, wurde die Kooperation nach etwa drei Jahren beendet (http://www.kommune21.de/web/de/verwaltung,285_0_0_82.5,11581).

chen. Insofern stellen diese Ansätze gegenüber den frühen, technikzentrierten Ansätzen keine Verengungen, sondern vielmehr produktive Erweiterungen dar. Als problematisch kann sich eine Implementationsperspektive allerdings dann erweisen, wenn sie ihren Blick instrumentell alleine an den Zielen der untersuchten Projekte ausrichtet und darüber in einer Konzentration auf Aspekte des Projektmanagements solche Effekte, die nicht aus der unmittelbaren Implementationsdynamik erwachsen, aus den Augen verliert.[8]

Die weitgehend pragmatische, technikoptimistische und theorielose Ausrichtung von E-Government stellt eine vierte problematische Verengung der E-Government-Debatten dar. Noch immer ist es nicht gelungen, E-Government als Thema im Mainstream der Verwaltungsforschung zu etablieren und Anschluss an die etablierte Theoriebildung der sozialwissenschaftlichen Verwaltungsforschung zu finden. So ist, dies demonstrieren unter anderem Analysen der Beiträge in einschlägigen E-Government-Zeitschriften und auf Konferenzen (siehe Lips 2007; Meijer 2007; Taylor und Lips 2008 und die dort zitierten Studien; vgl. auch Lenk 2011), ein Großteil der E-Government-Forschung auch weiterhin deutlich dominiert von Perspektiven, die entweder generell die Technik in den Vordergrund stellen und sich, was die Verwaltungsfunktionen und -prozesse angeht, auf die elektronische Abwicklung von Verwaltungsdienstleistungen beschränken oder die in einer einseitigen und an Prinzipien der Privatwirtschaft angelehnten Managementausrichtung ebenso wenig dem spezifischen Charakter öffentlicher Verwaltungen gerecht werden. Das Defizit an einer theoretischen Basierung, welche sich verwaltungs- und sozialwissenschaftlicher Kategorien und Perspektiven bedienen würde, äußert sich so insbesondere in der Nichtbeachtung spezifischer Werte und Normensysteme (Grönlund 2010; Lips 2007), welche die öffentlichen Verwaltungen prägen, sowie dem Fehlen von Kategorien, die eine kritische Analyse ermöglichen würden. Insofern neigt die E-Government-Forschung dazu, in einem „weak or confused positivism" (Taylor und Lips 2008, 140) allzu schnell und unbedacht Annahmen und Behauptungen einflussreicher Player auf dem E-Government-Feld (wie Unternehmensberatungen, Systemhersteller, politische Akteure) zu übernehmen und sich zu eigen zu machen:

With its defining emphases on performance measurement, league tables and benchmarks;[9] with its technological point of de-

---

[8] Allerdings muss hier eingeräumt werden, dass die empirische E-Government-Forschung es bisher gleichsam naturgemäß mit Implementationsprozessen zu tun gehabt hat, da stabilisierte Nutzungskonstellationen erst mit der Zeit entstehen können.

[9] Zur Rolle von *Performance Measurement* und *Benchmarking* vgl. Janssen et al. (2004).

parture focused largely on the Internet and other information systems; and with its casual and optimistic acceptance of the public policy rhetoric of ‚citizen-centricity' within modernized forms of government organization, the study of e-government is doomed to fail. (ebd., 142)

So bleibt, indem es in vielen Konzepten oder empirischen Fallstudien deutlich mehr um das „E" statt um „Government" geht, vielfach der spezifische politische Charakter öffentlicher Verwaltungen unberücksichtigt – und ein Großteil der E-Government-Forschung in seiner Technikzentrierung für die etablierte Verwaltungswissenschaft bestenfalls ‚exotisch', wenn nicht sogar anschlussunfähig. Aber auch umgekehrt scheint das eigene Interesse der traditionellen Verwaltungswissenschaft begrenzt, technologische Faktoren in die empirische Untersuchung von Praktiken und Strukturen, mittels derer die Verwaltungen ihren Aufgaben nachkommen, einzubeziehen, oder der Technologie in der Theoriebildung einen nennenswerten Platz zukommen zu lassen.[10]

4 Eine informationszentrierte Perspektive auf E-Government

Die hier vorgeschlagene Perspektive auf E-Government, die gewährleisten soll, dass diese Engführungen überwunden werden und damit auch der politische Charakter der technischen Unterstützung oder vielmehr Gestaltung von Verwaltungsprozessen und Strukturen adressiert wird, hat ihren Ausgangspunkt in der Charakterisierung von Verwaltungsarbeit als Informationsarbeit. Diese Sicht auf Verwaltung resultiert aus der Zuwendung zur

---

[10] Durchaus etabliert ist in der E-Government-Forschung wie auch -Praxis inzwischen die Bezugnahme auf Governance-Konzepte – die aber vielfach nicht über bloße Verweise oder die Annahme, dass die Nutzung des Internet Bürgerorientierung und Transparenz im Sinne von „Good Governance" befördere, hinausgeht (eine Ausnahme bietet hier zum Beispiel die Diskussion von Governance-Perspektiven für die E-Government-Forschung in Lenk 2004). Ein ambitionierterer Vorschlag zur Füllung der konzeptuellen Leerstelle von E-Government durch die Anlehnung an die (politikwissenschaftliche) Verwaltungsforschung findet sich im deutschsprachigen Bereich in Form des Konzepts des Gewährleistungsstaats, das jüngst zum Referenzmodell für die Transformation der Verwaltungen durch E-Government avancierte (Brüggemeier 2007; Brüggemeier und Dovifat 2005). Inwieweit hierüber tatsächlich der Anschluss an die etablierte verwaltungswissenschaftliche Diskussion erlangt werden kann, ist noch offen; ebenso ist offen, inwieweit das Konzept des Gewährleistungsstaats in zukünftigen Studien selbst im normativen Sinne schlicht übernommen wird oder seinerseits auch kritisch mit Effekten der Informatisierung und Vernetzung konfrontiert werden kann.

operativen Ebene von Verwaltungen: das Verwaltungshandeln selbst. Aus einer solchen Sicht kennzeichnen Gesellschaftsbeobachtung, Entscheidung und Intervention[11] das Handeln von Verwaltungen (Lenk 2004, 52). Dies gilt nicht nur für gut strukturierte (und daher vergleichsweise leicht automatisierbare) Prozesse mit determiniertem Ausgang, sondern gerade für die vielen weitgehend unstrukturierten Prozesse des Planens, Prüfens, Verhandelns, der (rechtlichen) Interpretation und des Entscheidens, deren Ergebnis prinzipiell offen ist – und die für die Verwaltung deutlich charakteristischer sind als jene gut strukturierten Prozesse, auf welche die Transaktionsangebote der sich auf den elektronischen Vertrieb von Verwaltungsleistungen konzentrierenden ersten Generation von E-Government-Umsetzungen abzielten. Information stellt somit nicht nur für selbststeuernde Prozesse die zentrale Ressource in den Verwaltungen dar: „Public administration is basically an information processing enterprise, not only at its management level but also in its primary processes, at the very production level" (Lenk, zitiert nach Snellen 1997, 195) – oder noch knapper: „Information is the foundation of all governing" (Mayer-Schönberger und Lazer 2007, 1).[12]

Eine solche informationszentrierte Sicht auf Verwaltungen muss auch die Rahmenbedingungen der Informationsarbeit in den öffentlichen Verwaltungen betrachten. Insofern sie ihre gesellschaftssteuernden Ziele politisch vorgegeben bekommt und deren Umsetzung rechtlich fixiert ist und insofern auch der informationszentrierte Blick nicht die sanktionsgestützte Verbindlichkeit von Verwaltungshandeln in Frage stellt (Nullmeier 2001, 265), erweitert sich auch das Spektrum der Effekte, die eine informationszentrierte Perspektive zu erfassen hat. Diese Rahmenbedingungen, die ebenfalls maßgeblich informationeller Art (Gesetze, Verordnungen) sind, erfahren zudem Rückwirkungen aus dem Verwaltungshandeln selbst, da die Informationen aus der Verwaltung zugleich zu den politischen Entscheidungsgrundlagen über Gegenstände, Arten und Ziele staatlicher Interventionen in die Gesellschaft beitragen.

---

[11] Da die informationelle Prägung von Interventionen vielleicht weniger naheliegend ist als die der beiden anderen Handlungsarten (Beobachtung und Entscheidung), sei hier angemerkt, dass auch die Intervention der Verwaltung in ihre (gesellschaftliche oder natürliche) Umwelt nicht notwendigerweise eine materielle Intervention darstellt. Man denke etwa an die wichtige Interventionsform des Bescheids.

[12] Bezogen auf andere Ressourcen der Verwaltungen, wie zum Beispiel Geld oder politische Handlungsvollmachten, zeichnet sich Information zudem als diejenige Ressource aus, welche das Mittel darstellt, die Verfügung über die anderen Ressourcen zu kontrollieren oder wenigstens zu kennzeichnen (Bellamy und Taylor 1998, 162).

Diese informationelle Organisation, Verfasstheit und Integration von Verwaltungshandeln kann mit Hilfe des Konzepts der *information polity* begrifflich gefasst werden:

> Governments act within a polity and that polity is pre-eminently not ‚electronic' but ‚informational' [...]. If we seek an appropriate prefix it must be ‚I' not ‚E'-Government. A focus upon the handling of information in the polity will lead to a perspective on the polity as an ‚information polity'; a political system made comprehensible by the information management, including the flows or blockages to information flows, to be found in its component elements. (Taylor und Lips 2008, 150)

Der politische Gehalt von Verwaltungshandeln als informationsbezogene Praxis in einer *information polity* kann auf unterschiedlichen Ebenen verdeutlicht werden. Zum einen, auf der Ebene der Informationen selbst, erwächst ihr politischer Charakter daraus, dass Informationen keine neutrale Abbildung einer objektiven Realität darstellen, sondern vielmehr Beobachtungen (bzw. Beobachtungsperspektiven) eine Struktur geben: Informationen formen Wahrnehmung und Bedeutungen – und erzeugen Handlungsfähigkeit. Entsprechend ist die Verfügung über Informationen untrennbar mit Macht verbunden, allerdings nicht bloß in dem Sinne, dass der Zugriff auf Information Macht bedeute. Vielmehr bezieht sich die Verbindung von Macht und Information nicht zuletzt auf die Fähigkeit zur Definition der (semantischen oder technischen) Form und Spezifikation, der Anwendungskontexte und Interpretationsfähigkeit von Information (Bellamy und Taylor 1998, 162 ff). Zum anderen adressiert die *information-polity*-Perspektive nicht nur die Erzeugung und Nutzung von Informationen in Verwaltungsprozessen, sondern gerade auch die zentrale Rolle von Informationen für die Beziehungen in und von Verwaltungen. Informationen prägen und organisieren die Beziehungen innerhalb der Verwaltungen, und sie betreffen ebenso die Beziehungen zwischen Verwaltungsorganisationen, Beziehungen zwischen unterschiedlichen funktionalen Rollen (Koordinator, Produzent, Bezieher von Leistungen) und die Beziehungen zwischen Bürger, Politik und Staat (Bellamy und Taylor 1994).

Der Rolle der Informationstechnik können wir uns in dieser Perspektive auf verschiedene Art zuwenden. Erstens ist die Informationstechnik unmittelbar angesprochen, indem sie das Medium darstellt, mittels dessen Information erzeugt, verwaltet, manipuliert und kommuniziert wird. Einführungen von

neuen Technologien bedeuten somit immer Veränderungen der informationellen Basis von Verwaltungshandeln – wenn auch nicht zwingend in der
jeweils intendierten Art. Dies begründet, insbesondere in Kontrastierung
zum Versuch, zukunftsorientiert aus bestimmten technischen Eigenschaften
auf (zwingende) Wirkungen zu schließen, den Nutzen der Untersuchung konkreter Veränderungen informationeller Beziehungen im Zuge der Nutzung
von Technologien (Meijer 2007). Wenn Information ein wesentliches, wenn
nicht sogar *das* wesentliche Element der Organisation und Verfasstheit von
Verwaltungen ist (Bellamy und Taylor 1994), so besteht eine naheliegende Bedeutung von Informationstechnologien darin, dass diese bestehende
Beziehungen verstärken, schwächen, verändern kann. Zweitens, und damit
verbunden, adressiert die *information-polity*-Perspektive auch das Zusammenspiel technischer und organisatorischer Aspekte und die mikro-politische
Dynamik in Implementationen. Der Fokus auf die Technikeinführungen
und Nutzungen ist aber ein anderer als ein primär instrumenteller Blick im
Sinne von *Change Management*, indem tatsächliche Nutzungen, seien sie nun
geplant oder ungeplant, konstruktiver oder widerständiger Art, weniger in ihrem Verhältnis zu den jeweiligen Projektzielen von Interesse sind (verbunden
mit der Frage, wie diese durchgesetzt werden können), sondern indem untersucht wird, in welcher Art die beobachtbaren technikbezogenen Praktiken
informationelle Beziehungen modifizieren. Und drittens können die informationstechnischen Artefakte in den Verwaltungen selbst „politics" verfolgen
(Lips 2007). In Anlehnung an Langdon Winners (1980) einflussreiche Studie
zum Design von Brücken in New York und von deren Wirkung auf die soziale
Ordnung des Naherholungsverhaltens der New Yorker Bevölkerung weist
Lips darauf hin, dass auch die informationstechnische Infrastruktur kein
wertneutraler Mittler ist, sondern dass diese geeignet ist, informationsbasierte Praktiken einer Ordnung zu unterwerfen, indem sie soziale Beziehungen
im technologischen Design verankert. Die Informationstechnik in den Verwaltungen – oder genauer: das Design konkreter Anwendungen – besitzt
insofern „political capabilities".

　　Die Untersuchung der Effekte der Informatisierung und Vernetzung im
Analyserahmen der *information polity* impliziert somit eine Zuwendung
zu den spezifischen Nutzungsformen der Informationstechnik in ihren je
spezifischen Kontexten. Weder ist die reine Verbreitung von Technologien,
wie sie etwa in Benchmarks ermittelt wird (Verwaltung x hat $y\,\%$ ihrer
Prozesse vollständig digitalisiert und Internet-fähig gemacht), dazu geeignet,
etwas über die qualitativen Auswirkungen der Informatisierung auszusagen,
noch gibt es *die* eine zwingende Logik der Verbindung von Organisations-

oder Management-Konzepten mit Technologie – und erst recht sind die Annahmen über ‚logische' Verbindungen von Technologie und Management in den Verwaltungen im politischen Sinne nicht neutral (Bellamy und Taylor 1998, 148 ff). Je nach der spezifischen Gestaltung der informationstechnischen Infrastruktur und der organisatorischen Gestaltung der Umgebung, in die sie implementiert werden, mag die Informatisierung und Vernetzung folglich ganz unterschiedliche Effekte auf die informationellen Beziehungen haben.

Aus dieser Perspektive lauten Fragen, die an Informatisierung und Vernetzung gestellt werden können: Wie drückt sich das Verhältnis von Staat und Bürgern in der informationellen Beziehung zwischen diesen aus, welche Rollen- und Selbstverständnisse spiegeln sich in diesen? Wie wird die Umwelt der Verwaltung in deren Informationsinfrastruktur repräsentiert? Welche Machtverhältnisse sind in die (internen und externen) Informationsbeziehungen und -infrastrukturen der E-Government-Verwaltung eingeschrieben? Die Analyse von E-Government als zentraler Aspekt der *information polity* ermöglicht so eine Verschiebung der Analysekategorien von technischen und Management-orientierten hin zu sozialwissenschaftlichen Kategorien wie Handlungsbefähigung, Macht, *accountability* oder *citizenship* (Taylor und Lips 2008) – und verspricht damit auch, eine an die etablierte verwaltungswissenschaftliche Forschung anschlussfähige Perspektive bieten zu können.

5 E-Government und die information polity

Abschließend möchte ich an zwei Fallbeispielen illustrieren, inwieweit die hier vorgeschlagene informationsorientierte Perspektive den Blick auf E-Government verändern kann.

Das erste Fallbeispiel betrifft den Einsatz von Geographischen Informationssystemen (GIS) im Rahmen von kommunalem E-Government.[13] Gerade aufgrund der Querschnittsbedeutung raumbezogener Informationen für die Arbeit kommunaler Verwaltungen[14] bilden vernetzte GIS eine entscheidende technische Infrastruktur für kommunales E-Government und fungieren dabei sowohl als wichtiges Arbeitsmittel in operativen Prozessen als auch als Informationssystem für die Verwaltungssteuerung. Die steigende Auf-

---

[13] Sofern im Folgenden auf empirische Befunde ohne Quellenangabe verwiesen wird, stammen diese aus den Fallstudien zur GIS-Vernetzung, die ich im Rahmen meines Dissertationsprojektes durchgeführt habe.

[14] Nach einer vielzitierten Faustformel besitzen 80 % aller Entscheidungen auf kommunaler Ebene einen Raumbezug (Bayerisches Staatsministerium der Finanzen 2003, 3).

merksamkeit, die GIS im Rahmen von E-Government-Strategien zukommt, spiegelt sich auch im Begriff „geo-Government", mit dem die GIS-Szene versucht, explizit Anschluss an die E-Government-Entwicklungen zu finden (Strobl und Griesebner 2003).

Entsprechend finden sich in Studien und Leitfäden zu kommunalen GIS auch Beschreibungen, welche die technischen Potentiale von GIS weitgehend analog zu den allgemeinen E-Government-Zieldimensionen darstellen: GIS versprechen „Effizienzsteigerungen und Kosteneinsparungen in der Verwaltung", „eine schnellere und verbesserte Entscheidungsfindung" sowie „eine stärkere Bürgernähe und kundenorientiertere Verwaltung" (Bayerisches Staatsministerium der Finanzen 2003, 3). Außerdem gelten sie als Mittel zur Förderung lokaler Partizipation, insbesondere in der Stadt- und Bauleitplanung, und in Bezug auf organisatorische Transformationen wird darauf hingewiesen, dass sie eine Basis für die Verbreitung neuer Formen der Daten- und Informationsteilung innerhalb von öffentlichen Institutionen, zwischen diesen sowie in Interaktion mit der Wirtschaft oder gesellschaftlichen Akteuren bieten können (Bekkers und Moody 2006).

Ebenfalls analog zu den allgemeinen E-Government-Erfahrungen gilt allerdings auch im GIS-Feld: „Although the potential of GIS may be to some extent revolutionary, in practice of public administration we may observe that this potential is not always used" (ebd., 104). Die Gründe hierfür reichen von schlicht überzogenen technikoptimistischen Erwartungen (befeuert von einem rasant wachsenden und sich neue Felder erschließenden Markt) über Probleme technischer Interoperabilität bis hin zu organisatorischen Defiziten bei GIS-Einführungen. Entsprechend finden sich intendierte Effekte, vor allem in Bezug auf Rationalisierung, besonders dort, wo sich die Nutzungen in gegebene Strukturen und Routinen recht umstandslos einfügen lassen.[15] Mikro-politische Faktoren zeigen sich insbesondere in Bezug auf Vertrauen (in die Korrektheit von Daten, in die Verwendung von Daten durch andere)

---

[15] Ein schnell einsetzender Effekt der GIS-Vernetzung ist zum Beispiel die Arbeitserleichterung durch die vereinfachte Verfügbarkeit aktueller Daten bzw. Karten, die den MitarbeiterInnen auf dem Bildschirm verfügbar gemacht werden und somit die deutlich aufwendigere Beschaffung von Plänen in Papierform ersetzt. Eine systematische Metadatenhaltung kann zusätzlich Transparenz über Daten- und Informationsbestände schaffen und helfen, Mehrfacharbeit zu vermeiden. Internet-GIS-Lösungen ermöglichen daneben die Veröffentlichung von Daten und Kartenmaterial zur Bürgerinformation, das im Rahmen von Planungsprozessen der Öffentlichkeit zugänglich zu machen ist. Für einen Literaturüberblick, der zwischen instrumentellen und institutionellen Faktoren für die Ausschöpfung technischer Potenziale von GIS unterscheidet, siehe Bekkers und Moody (2006).

und die Sicherung von Einfluss durch eine strategische Aneignung der Informationssysteme – etwa in der Form, dass in den Informationssystemen anstelle der Sachdaten lediglich die Information, dass man über diese verfügt, hinterlegt wird. Diese Strategie, die absichern soll, über etwaige Planungen, die das eigene Einflussfeld betreffen könnten, bereits frühzeitig Kenntnis zu erlangen, da man um die Herausgabe entsprechender Daten explizit gebeten werden muss, zielt somit darauf ab, alte informationelle Strukturen in die neue vernetzte Arbeitsumgebung zu übertragen.

Die interessantesten Befunde der hier vorgestellten Fallstudien zu Effekten der GIS-Vernetzung auf Kommunalverwaltungen liegen allerdings jenseits des Abgleichs von Potentialen und Zielerreichung und betreffen auch politisch wirksame inhaltliche Veränderungen in den in GIS vorgehaltenen Datenbeständen und Informationen. Demnach besteht ein wichtiges Moment darin, dass die Informatisierungsprojekte untrennbar mit einer Dynamik des Wandels verbunden sind, welche Veränderungen der inhaltlichen Informationsbasis der Verwaltungen begünstigt. Diese Dynamik erklärt sich zunächst aus der Weiterentwicklung der technischen Systeme selbst, indem Neueinführungen oder Vereinheitlichungen von Informationssystemen immer auch bedeuten, dass alte Systeme und Datenbestände nicht mehr (oder nur unter beträchtlichem Aufwand) in die neue Infrastruktur integrierbar sind und infolgedessen nicht mehr genutzt werden. Aber es muss nicht der technische Aspekt alleine sein, der in solchen Umbruchsituationen zu spürbaren Veränderungen der Eigenschaften der in den Systemen gepflegten Daten und Informationen führen kann. So ist zu beobachten, dass Systemneueinführungen oder Vereinheitlichungen vielfach auch mit einer Verschiebung von Aufgabenprofilen und Anforderungen an einzelne Verwaltungseinheiten einhergehen, welche sich wiederum in der Systemgestaltung und Nutzung spiegeln.

Um diesen Wandel der inhaltlichen Qualität der Informationsbasis der Verwaltung und der Informationsbeziehungen an einem Beispiel zu illustrieren: So lieferte in einem der untersuchten Fälle die Einführung eines neuen Finanzmanagementsystems den Anlass zur Neukartierung der städtischen Flächennutzung. Hierfür war es nötig, neue Soft- und Hardware zu beschaffen, und so wurden im Zuge dessen auch die GIS in verschiedenen Fachämtern vereinheitlicht. Im Falle des Umwelt- und Gartenamts hatte diese Umstellung zur Folge, dass sich zugleich deren Informationsbestände signifikant veränderten. Pflegte man zuvor vor allem Daten und Informationen über ökologische Eigenschaften kommunaler Grünflächen (zum Beispiel

Ergebnisse von Biotopkartierungen), so prägten fortan primär monetäre Bewertungen des städtischen Grünraums und dessen Pflegeaufwands die in den Systemen vorfindliche Informationsbasis des betreffenden Amts. Die Art und Weise, wie die Verwaltung ihre natürliche Umwelt wahrnimmt, und damit auch ihr Verhältnis zu ihrer natürlichen Umwelt, hat sich insofern radikal verändert: An die Stelle von inhaltlichen, auf erhaltende Intervention seitens des betreffenden Fachamts zielenden Informationen sind Informationen für die managerielle Selbststeuerung der Verwaltung getreten.[16]

Das zweite Fallbeispiel stammt aus einem anderen Bereich, dem der staatlichen Sozial- und Gesundheitsverwaltungen in Großbritannien. John Taylor und Miriam Lips (2008) stellen fest, dass E-Government dort eine höchst eigenwillige Ausprägung von „citizen centricity" befördert: Bürgerorientiert muss demnach im Zuge der Einrichtung zentraler Zugangsportale der Sozialverwaltung zunehmend in einem hochgradig individualisierenden Sinne begriffen werden. Während vor der Vernetzung tendenziell eine Ausrichtung am Ideal des Universalismus und der Gleichbehandlung von Bürgern im Handeln der Verwaltungen vorgeherrscht hat, geht es nun verstärkt darum, die Bürger in individueller Form anzusprechen und gegebenenfalls in individualisierter Form in ihre Lebensumstände zu intervenieren.

Taylors und Lips' Analyse entfaltet, wie die Informatisierung der Interaktion der Verwaltungen mit BürgerInnen auf verschiedenen Ebenen und unterschiedlicher funktionaler Basis neue Praktiken des „getting to know the citizen" (Taylor und Lips 2008, 144 ff) etabliert. Diese Praktiken bestehen in neuen Formen der Identifikation, der Personalisierung, der Integration von verteilten Datenbeständen, und der Klassifizierung der BürgerInnen und ihrer Beziehungen zur Verwaltung nach sozialen Kategorien bzw. unterschiedlichen Graden der Vertrauenswürdigkeit der Interaktion. Die technische und organisatorische Basis dieser Praktiken bilden im Kern die Einrichtung zentraler Zugangsportale mit korrespondierenden Authentifizierungssystemen, die interne Vernetzung, die Zusammenführung von zuvor organisatorisch getrennten Datenbeständen und die Adaptierung von Techniken aus dem Bereich des *Customer-Relationship-Managements*. In ihrer Zusammenführung der verschiedenen Praktiken und Techniken zeigen Taylor und Lips auf, wie das Ziel der Bürgerorientierung, das auf den ersten Blick im Sinne einer Zuwendung zu je individuellen Problemlagen und Bedürfnissen sowie der be-

---

[16] Anhand dieses Beispiels ließen sich weitere Effekte der GIS-Informatisierung auf die Beziehungen zwischen Verwaltungseinheiten und ihrer Umwelt sowie untereinander aufzeigen, die stärker auf funktionale und organisatorische Aspekte abzielen; dafür ist aber hier nicht der Platz.

darfsgerechten Gestaltung der Schnittstelle zwischen Bürger und Verwaltung recht unverdächtig erscheinen mag, durch die Art der Informatisierung der Beziehung einer Redefinition unterworfen wird, die mittelbar beschränkende Effekte auf den Zugang zu Verwaltungsleistungen haben kann, die geeignet ist, neue Verantwortungszuweisungen durchzusetzen und die weitergehend auf die Entstehung neuer, multipler Formen von *citizenship* hinweist.

6 Schlussbetrachtung

Beide Beispiele illustrieren, dass E-Government die informationelle Ordnung und Interaktionen von Verwaltungen verändert. Die allgemeinen Zieldimensionen von E-Government – die Vereinbarung von Effizienz, Effektivität sowie Bürgerorientierung und Partizipation – erscheinen dabei in der Praxis als viel zu vage, als dass sich daraus eine einheitliche Ausgestaltung und Wirkung von E-Government ableiten ließe. Diese Lücke wird offenbar kontextabhängig von anderen Konzepten (oder aber auch ganz pragmatisch) gefüllt.

Die Betrachtung der kommunalen GIS-Vernetzung verdeutlichte, dass E-Government auch da, wo es nicht unmittelbar um die Gestaltung der Schnittstelle der Verwaltung zu ihrer Umwelt geht – im ‚Innenleben' der Verwaltungen –, das Verhältnis von Staat und Verwaltung zu ihrer Umwelt verändert. Eine Beschränkung der Analyse der Informatisierung und Vernetzung auf internetbasierte Interaktionen zwischen Verwaltung und Bürgern würde daher zu kurz greifen. Vielmehr kann der politisch relevante Charakter der Veränderung der informationellen Beziehungen der Verwaltungen, die sich als Veränderung der informationellen Organisation und Verfasstheit der Verwaltungen vollzieht, anhand einer infomationszentrierten Perspektive aufgezeigt werden.

In einem ganz anderen sachlichen Kontext verweist auch das Beispiel der Informatisierung des Zugangs zu Leistungen von Sozial- und Gesundheitsverwaltungen auf die Notwendigkeit, die gängigen Annahmen über die Zieldimensionen von E-Government in Frage zu stellen. Es zeigte sich in diesem Beispiel, dass die konkreten Gestaltungen von informatisierten Interaktionsformen, auch wenn sie im Namen von Bürgerorientierung und Servicequalität auftreten, nicht zwingend in Arrangements münden, die tatsächlich im Interesse der BürgerInnen sind. Der Vergleich der beiden Beispiele zeigt aber auch, dass E-Government keine Effekte hervorbringt, die ohne weiteres zu vereinheitlichen wären. Während im Fall von GIS in der kommunalen Planung Hinweise darauf zu finden sind, dass die Kombination aus Technikeinführung und manageriellen Steuerungsansprüchen eine Tendenz zur Beschränkung auf die Selbststeuerung der Verwaltung aufweist, scheinen die informationellen Arrangements im Beispiel der Sozialverwaltungen auf eine neue Qualität der Adressierung der Bürger und ihrer Lebensumstände hinzuweisen. Diese Unbestimmtheit der Effekte von E-Government-Projekten hat auch, aber nicht alleine mit der Vielfalt der Informatisierung im Sinne der eingesetzten Technologien und ihres Designs zu tun. Ebenso sind die Kontexte der Informatisierung jeweils unterschiedliche, angefangen bei den etablierten organisatorischen Strukturen, Routinen und Selbstverständnissen über konkrete Anlässe für E-Government-Projekte bis hin zur Frage, welche Rolle andere verwaltungspolitische Reformansätze für Informatisierungsprojekte haben.[17]

Insofern E-Government als Konzept kaum greifbare Aussagen über seine konkrete inhaltliche Ausrichtung setzt, stellte sich, auch angesichts der ernüchternden bisherigen Umsetzungserfahrungen und der zugleich weiter vorhandenen Popularität von E-Government, die Frage nach dem geeigneten Ansatzpunkt für eine Kritik der Politik des E-Government. Die Gegenüberstellung von technischen Potentialen und ihren defizitären Realisierungen erweist sich hierfür als unbefriedigend, denn diese impliziert fast zwangsläufig eine affirmative Position gegenüber den vielzitierten Zieldimensionen des E-Government, die es nur noch erlaubt, konsequentere Umsetzungen oder eine ausgewogenere Balance zwischen Rationalisierung und Demokratisierung zu beanspruchen.[18] Und wer würde sich denn auch gegen die Zielvorstellung einer wirtschaftlichen *und* demokratischeren Verwaltung aussprechen wollen? Produktiver scheint es, genau auf die Unbestimmtheit von E-Government hinzuweisen und anhand konkreter Fälle zu untersuchen, wie sich, eingebettet in eine *information polity*, im Zuge der Informatisierung und Vernetzung das informationelle Verhältnis von Staat und Verwaltung zu ihrer Umwelt verändert. Denn die E-Government-Verwaltung wird sicher eine veränderte, vielleicht sogar ,transformierte' sein – und sehr wahrscheinlich wird sie eine andere sein, als E-Government-Konzepte nahelegen. Jedenfalls aber können bzw. müssen die – immer noch – gängigen Annahmen, dass E-Government

---

[17] Zur Gleichzeitigkeit der Allgemeinheit *und* Vielfalt der Informatisierungen aus einer theoretischen Perspektive vgl. Nullmeier (2001).

[18] Eine ebenso wenig befriedigende Position wäre es, generell und letztlich ebenso technikdeterministisch davon auszugehen, dass E-Government zwangsläufig zu einer Veränderung des Verhältnisses von Staat und BürgerInnen führe, welche die Autonomie der Letzteren beschneide.

per se an den Interessen der Bürger orientiert und partizipationsfördernd sei, eine verbesserte Qualität von Planungs- und Entscheidungsprozessen begünstige und Transparenz über staatliches Handeln herstelle, zurückgewiesen werden.

Literatur

Bayerisches Staatsministerium der Finanzen (2003). *Geoinformationssysteme: Leitfaden für kommunale GIS-Einsteiger. Zusammenfassung.* München: Bayerisches Staatsministerium der Finanzen. URL: `http://www.gis-leitfaden.de/G IS-Leitfaden%20Zusammenfassung.pdf`.

Bechmann, G. und S. Beck (2002). Chancen zur Rationalisierung und Demokratisierung der Verwaltung? Eine Einführung in den Schwerpunkt. *Technikfolgenabschätzung – Theorie und Praxis* 11.3/4, 5–13.

Bechmann, M. und M. Werner (2002). Digitales Rathaus zwischen Angebot und Bürgernutzung. In: Technikfolgenabschätzung. *Technikfolgenabschätzung – Theorie und Praxis* 11.3/4, 68–81.

Bekkers, V. (2003). E-Government and the Emergence of Virtual Organizations in the Public Sector. *Information Polity* 8, 89–101.

Bekkers, V. und R. Moody (2006). Geographical Information Systems and the Policy Formulation Process: The Emergence of a Reversed Mixed Scanning Mode? In: *Information and Communication Technology and Public Innovation. Assessing the ICT-Driven Modernization of Public Administration.* Hrsg. von V. Bekkers, H. van Duivenboden und M. Thaens. Bd. 12. Innovation and the Public Sector. Amsterdam: IOS Press, 103–120.

Bellamy, C. und J. A. Taylor (1994). Introduction: Exploiting IT in Public Administration – Towards the Information Polity? *Public Administration* 72.1, 1–12.

— (1998). *Governing in the Information Age.* Buckingham: Open University Press.

Bertelsmann Stiftung (2002). *Balanced E-Government. Elektronisches Regieren zwischen administrativer Effizienz und bürgernaher Demokratie.* Gütersloh: Bertelsmann Stiftung. URL: `http://www.bertelsmann-stiftung.de/bst/de/ media/xcms_bst_dms_18411_18412_2.pdf`.

Beyer, L. (1986). Wandel der Strategien und Kontinuität der Folgeprobleme. Automation im Einwohnerwesen. In: *Informationstechnik in öffentlichen Verwaltungen. Handlungsstrategien ohne Politik.* Hrsg. von K. Grimmer. Bd. 3. Policy-Forschung. Basel: Birkhäuser, 122–232.

Bogumil, J. und S. Kuhlmann (2006). Zehn Jahre kommunale Verwaltungsmodernisierung. Ansätze einer Wirkungsanalyse. In: *Status-Report Verwaltungsreform.*

Eine Zwischenbilanz nach zehn Jahren. Hrsg. von W. Jann et al. 2. Aufl. Bd. 24. Modernisierung des öffentlichen Sektors. Berlin: edition sigma, 51–63.

Brinckmann, H. und S. Kuhlmann (1990). *Computerbürokratie. Ergebnisse von 30 Jahren öffentlicher Verwaltung mit Informationstechnik.* Opladen: Westdeutscher Verlag.

Brüggemeier, M. (2007). Neue Perspektiven und Forschungsbedarf für einen aufgeklärten Gewährleistungsstaat auf der Basis von E-Government. *Verwaltung & Management* 13.2, 79–85.

Brüggemeier, M. und A. Dovifat (2005). „Open Choice" – Ein strategisches Modell für das Reengineering der öffentlichen Leistungserstellung auf der Basis von Electronic Government. In: *Wissensbasiertes Prozessmanagement im E-Government.* Hrsg. von R. Klischewski und M. Wimmer. Bd. 4. E-Government und die Erneuerung des öffentlichen Sektors. Münster: LIT-Verlag, 28–42.

Brüggemeier, M., A. Dovifat, D. Kusch, K. Lenk, C. Reichard und T. Siegfried (2006). *Organisatorische Gestaltungspotenziale durch Electronic Government. Auf dem Weg zur vernetzten Verwaltung.* Bd. 8. E-Government und die Erneuerung des öffentlichen Sektors. Berlin: edition sigma.

Bundesregierung (2001). *BundOnline 2005. eGovernment – Initiative der Bundesregierung.* Berlin: Bundesministerium des Inneren. URL: http://www.epractic e.eu/files/media/media_377.pdf.

Dovifat, A., M. Brüggemeier und K. Lenk (2007). The ‚Model of Micropolitical Arenas' – A Framework to Understand the Innovation Process of E-Government. *Information Polity* 12, 127–138.

GI/VDE (2000). *Electronic Government als Schlüssel zur Modernisierung von Staat und Verwaltung. Ein Memorandum des Fachausschusses Verwaltungsinformatik der Gesellschaft für Informatik e.V. und des Fachbereichs 1 der Informationstechnischen Gesellschaft im VDE.* Bonn/Frankfurt: Gesellschaft für Informatik und Informationstechnische Gesellschaft im VDE (GI/VDE). URL: http://www.gi-ev.de/fileadmin/redaktion/Download/presse_memorandum.pdf.

Grönlund, Å. (2010). Ten Years of E-Government: The ‚End of History' and New Beginning. In: *EGOV 2010: Proceedings of the 9th IFIP WG 8.5 International Conference on Electronic Government.* Hrsg. von M. A. Wimmer, J.-L. Chappelet, M. Janssen und H. J. Scholl. Bd. 6228. LNCS. Berlin und Heidelberg: Springer, 13–24.

Hill, H. (2004). Transformation der Verwaltung durch E-Government. *Deutsche Zeitschrift für Kommunalwissenschaften* 45.2, 17–47.

Holtkamp, L. und J. Bogumil (2007). Bürgerkommune und Local Governance. In: *Local Governance – mehr Transparenz und Bürgernähe?* Hrsg. von L. Schwalb und H. Walk. Bd. 24. Bürgergesellschaft und Demokratie. Wiesbaden: VS Verlag für Sozialwissenschaften, 231–250.

Janssen, D., S. Rotthier und K. Snijkers (2004). If you Measure it they will Score: An Assessment of International eGovernment Benchmarking. *Information Polity* 9, 121–130.

King, S. und S. Cotterill (2007). Transformational Government? The Role of Information Technology in Delivering Citizen-Centric Local Public Services. *Local Government Studies* 33.3, 333–354.

Kubicek, H. und M. Wind (2005). E-Government im Jahr 5 nach dem Internet-Hype. Bedarfsanalyse und Strategieerfordernisse. *Verwaltung & Management* 11.2, 60–66.

Lenk, K. (2004). *Der Staat am Draht. Electronic Government und die Zukunft der öffentlichen Verwaltung – eine Einführung*. Berlin: edition sigma.

— (2011). ‚E-Government is about Government'. Verwaltungsmodernisierung mit IT im nächsten Jahrzehnt. In: *Zwischenbilanz: E-Government und Verwaltungsmodernisierung*. Hrsg. von K. Lenk und M. Brüggemeier. Bd. 91. Stiftungsreihe der Alcatel-Lucent Stiftung für Kommunikationsforschung. Dokumentation zur Veranstaltung „Zehn Jahre Memorandum ‚Electronic Government als Schlüssel zur Modernisierung von Staat und Verwaltung'", Berlin, 1. Oktober 2010. Stuttgart: Alcatel-Lucent Stiftung, 12–21.

Lips, M. (2007). Does public administration have artefacts? *Information Polity* 12, 243–252.

Mayer-Schönberger, V. und D. Lazer (2007). From Electronic Government to Information Government. In: *Governance and Information Technology: From Electronic Government to Information Government*. Hrsg. von V. Mayer-Schönberger und D. Lazer. Cambridge/London: MIT Press, 1–14.

Meijer, A. (2007). Why Don't they Listen to us? Reasserting the Role of ICT in Public Administration. *Information Polity* 12, 233–242.

Nullmeier, F. (2001). Zwischen Informatisierung und Neuem Steuerungsmodell. Zum inneren Wandel der Verwaltungen. In: *Politik und Technik. Analysen zum Verhältnis von technologischem, politischem und staatlichem Wandel am Anfang des 21. Jahrhunderts*. Hrsg. von G. Simonis, R. Martinsen und T. Saretzki. Bd. 31. Politische Vierteljahresschrift: Sonderheft. Wiesbaden: Westdeutscher Verlag, 248–267.

OECD (2009). *Rethinking E-Government Services. User-centred Approaches*. Paris: OECD.

Snellen, I. T. M. (1997). From Societal Scanning to Policy Feedback: Two Hundred Years of Government Information Processing in the Netherlands. In: *Informations- und Kommunikationstechniken der öffentlichen Verwaltung*. Hrsg. von E. V. Heyen. Bd. 9. Jahrbuch für europäische Verwaltungsgeschichte. Baden-Baden: Nomos, 195–212.

Strobl, J. und G. Griesebner, Hrsg. (2003). *geoGovernment. Öffentliche Geoinformations-Dienste zwischen Kommune und Europa.* Heidelberg: Wichmann.

Taylor, J. A. und M. Lips (2008). The Citizen in the Information Polity: Exposing the Limits of the e-Government Paradigm. *Information Polity* 13, 139–152.

Westholm, H. (2005). Models of Improving e-Governance by Back Office Re-Organisation and Integration. *Journal of Public Policy* 25.1, 99–132.

Wind, M. (2006). IT in der Verwaltung – lange Historie, neue Perspektiven. In: *Handbuch IT in der Verwaltung.* Hrsg. von M. Wind und D. Kröger. Berlin und Heidlberg: Springer, 3–33.

Winner, L. (1980). Do Artefacts Have Politics? *Daedalus* 109, 120–136.

Wollmann, H. (2000). Local Government Modernization in Germany: Between Incrementalism and Reform Waves. *Public Administration* 78.4, 915–936.

Zimmer, A. (1998). Verwaltungsmodernisierung zwischen New Public Management und aktiver Bürgergesellschaft. In: *Politik und Verwaltung nach der Jahrtausendwende – Plädoyer für eine rationale Politik.* Hrsg. von N. Konegen, P. Kevenhörster und W. Woyke. Opladen: Leske und Budrich, 495–520.

Alle im Literaturverzeichnis und in den Fußnoten referenzierten Links wurden im September 2011 geprüft.

Risikowahrnehmung und Nutzungsverhalten in Computer Supported Social Networks am Beispiel studiVZ

Andreas Sackl

1 Einleitung

Die Durchdringung des Alltags mit modernen Computertechnologien wie zum Beispiel Sozialen Netzwerken, Onlinestores oder Kundenkarten führt zu einem massiven Anstieg der erfassten und verarbeiteten persönlichen Daten. Die sich daraus ergebenden, mannigfaltigen Risiken hinsichtlich der Privatsphäre führen zu der Frage, warum betroffene Personen oft recht sorglos mit ihren Daten umgehen und warum es zu einer verzerrten Wahrnehmung hinsichtlich möglicher Eingriffe in die Privatsphäre und zu einem schwach ausgeprägten Risikobewusstsein kommt.

Vor diesem Hintergrund befasst sich der vorliegende Beitrag mit dem noch relativ jungen Phänomen der sogenannten computergestützten sozialen Netzwerke. Erst vor wenigen Jahren eingeführt, haben sich Plattformen wie *studiVZ, Xing* oder *Facebook* zu einem wahren Sammelbecken von personenbezogenen Daten entwickelt. Immer mehr NutzerInnen verwenden diese Plattformen, um sich im Web 2.0 zu präsentieren. Noch nie war es so einfach und kostengünstig, ein potentielles Millionenpublikum zu erreichen oder zumindest Freunde mit den neuesten Fotos oder Informationen online zu versorgen.

Doch wie jede neue Technologie birgt auch das Internet, im speziellen die angesprochenen Plattformen, Risiken. In diesem Beitrag möchte ich einen Einblick in das Verhalten der betroffenen NutzerInnen und einen Überblick über die veröffentlichten Daten in Social Networks geben. Einige theoretische Überlegungen zum Begriff der Privatsphäre, kombiniert mit Erkenntnissen aus der aktuellen Risikoforschung, bieten die Grundlage für die anschließende Darstellung einer empirische Untersuchung. Die empirische

Erhebung fand im Jahre 2008 zum sozialen Netzwerk *studiVZ* statt. An diese Arbeit anschließende Forschungen müssten wahrscheinlich auf *Facebook* fokussieren, da dessen Relevanz inzwischen als höher eingestuft werden muss als jene von *studiVZ*.

2 Relevanz

Wir stehen am Beginn einer Entwicklung, die es praktisch jedem Menschen zumindest theoretisch ermöglicht, ein Massenpublikum mit selbstproduzierten Inhalten zu erreichen. Bei den veröffentlichten Daten handelt es sich jedoch meist um persönliche, personenbezogene Informationen. Durch die Veröffentlichung können sich Risiken ergeben, welche von den NutzerInnen oft nicht bedacht werden. Werden personenbezogene Daten von Dritten weiterverarbeitet, achtet der Gesetzgeber streng auf die vertrauliche Behandlung dieser Daten.[1] Die im Mediengesetz formulierten Richtlinien sollen sicherstellen, dass es zu keiner unrechtmäßigen Veröffentlichung von privaten Fotos kommt. Diese Schutzmaßnahmen verlieren jedoch ihre Wirksamkeit, wenn betroffene NutzerInnen freiwillig und von sich aus private Daten der Allgemeinheit zur Verfügung stellen, wie dies vor allem in *Computer Supported Social Networks* (CSSN) geschieht. Dieses Verhalten verlangt nach einer genauen Untersuchung.

3 Definitionen

Der Begriff der *Computer Supported Social Networks* wird von Barry Wellman wie folgt definiert:

> When a computer network connects people, it is a social network. Just as a computer network is a set of machines connected by a set of cables, a social network is a set of people (or organizations or other social entities) connected by a set of socially-meaningful relationships. (Wellman 1996, 1)

Es geht also um ein soziales Netzwerk, definiert durch bedeutsame Beziehungen der teilnehmenden Personen. Soziale Netzwerke sind nicht auf computergestützte Methoden beschränkt, da jede sozial aktive Person Beziehungen eingeht und pflegt. Werden Kontakte mittels Computernetzwerken generiert bzw. genutzt, spricht man von CSSN. Beziehungen in der realen

---

[1] http://www.dsk.gv.at/dsg2000d.htm, aufgerufen am 02.05.2008, 21:54 Uhr.

Welt können in ihrer Komplexität nicht mittels Onlinenetzwerken adäquat dargestellt werden. Dies sollte bei der Erforschung und auch bei der Nutzung dieser Dienste bedacht werden.

Die diversen Systeme stellen den NutzerInnen unterschiedliche Funktionen zur Verfügung, welche im folgenden Abschnitt besprochen werden sollen. Bei der Erstellung des eigenen Profils können zahlreiche personenbezogene Daten, wie beispielsweise der vollständige Name, ein Profilfoto, die Adresse etc. angegeben werden. Im Gegensatz zu anderen Onlinediensten ist eine identifizierbare Darstellung des Users erwünscht: In Internetforen werden meist nur Nicknames angeben, ein Rückschließen auf die Person im Hintergrund ist nicht möglich. In Onlinespielen wie beispielsweise *World of Warcraft* werden meist fiktive Charaktere gesteuert. Ziel ist nicht die realitätsnahe Darstellung des Spielers bzw. der Spielerin. Betrachtet man typische CSSN, fällt auf, dass relativ wenige ‚Spaßidentitäten' bzw. Profile vorhanden sind, welche nicht eindeutig auf eine reale Person schließen lassen. Dies lässt sich dadurch erklären, dass NutzerInnen von CSSN in der Regel von anderen TeilnehmerInnen gefunden werden wollen, zum Beispiel von ehemaligen SchulkollegInnen. Eine nicht eindeutig feststellbare Identität wäre für diesen Zweck nicht zielführend.[2]

Meist bieten CSSN umfassende Suchfunktionen, um andere Mitglieder der Plattform zu finden und mit ihnen in Kontakt zu treten. Werden passende Profile gefunden, können Kontakte bzw. eine Beziehung zu diesem Profil definiert werden. Diese Verknüpfungen (Freundschaft, beruflicher Kontakt etc.) sind meist öffentlich einsehbar, müssen von beiden Parteien bestätigt werden und können meist nicht abgestuft werden, das heißt, zwei Personen haben eine Beziehung oder nicht. Diese binäre Einteilung (z.B. in „Freund" und „Nicht-Freund") ist charakteristisch für CSSN, spiegelt aber nicht das reale Verhalten in sozialen Netzwerken wider: In der realen Welt können Freundschaften fein abgestuft existieren, Freundschaften müssen zwecks Erhalt gepflegt werden, vernachlässigte Beziehungen enden etc. In CSSN hingegen müssen Beziehungen nur zu Beginn bestätigt werden. Erfolgt über Jahre hinweg kein sozialer Austausch, wird die betreffende Person dennoch als Freund angeführt. Inzwischen ist es bei *Facebook* möglich, neue Kontakte in Gruppen einzuteilen, um beispielsweise private und geschäftliche Kontakte zu unterscheiden. Aber auch die entlang dieser Einteilung geknüpften

---

[2] Der Versuch des Herstellers *Blizzard*, die Anzeige von Klarnamen in den Forumsprofilen des Onlinespiels *World of Warcraft* zu erzwingen, wurde nach einer heftigen Debatte letztendlich unterlassen. Siehe hierfür das Statement von Firmengründer Mike Morhaime: http://forums.worldofwarcraft.com/thread.html?topicId=25968987278&sid=1, aufgerufen am 17.09.2010, 15:06 Uhr.

Beziehungen müssen von den NutzerInnen nicht gepflegt werden und können nur ansatzweise die komplexen Abstufungen von Beziehungen in der realen Welt abbilden (vgl. Gross und Acquisti 2005, 73).
Die meisten Plattformen lassen verschiedene Arten von Kommunikation zu. NutzerInnen können private Nachrichten an andere NutzerInnen schicken, es können Kommentare in öffentlich einsehbare Gästebücher oder sogenannte Pinnwände geschrieben werden und es gibt Foren oder Gruppen, welche sich einem bestimmten Thema gewidmet haben. Als Mitglied dieser Gruppe können NutzerInnen mit allen anderen Mitgliedern derselben Gruppe durch ein Forensystem kommunizieren (vgl. Renz 2007, 55–61).

4 Der Untersuchungsgegenstand studiVZ

Sich selbst definiert die Plattform *studiVZ* wie folgt:

> studiVZ.net ist das größte Online-Netzwerk für Studenten im deutschsprachigen Raum. Auf studiVZ bleiben Studenten mit ihren Freunden und Kommilitonen in Kontakt und tauschen sich untereinander aus. Über 5 Millionen registrierte Mitglieder zählen studiVZ bereits zum festen Bestandteil ihres täglichen Campus-Lebens und reduzieren durch aktive Netzwerkkultur die Anonymität an den europäischen Hochschulen.[3]

Wie bereits weiter oben beschrieben, bietet *studiVZ* die typischen Funktionen eines CSSN. NutzerInnen ist es möglich, ein umfangreiches Profil anzulegen und Freundschaften zu anderen Mitgliedern herzustellen. Folgende zwei Funktionen sind meiner Meinung nach charakteristisch für *studiVZ*, finden sich aber prinzipiell in jedem Online Social Network:

1. Jedes Mitglied kann Fotos uploaden bzw. ein virtuelles Fotoalbum anlegen und dieses der Allgemeinheit zur Verfügung stellen. Prinzipiell können Fotoalben als privat gekennzeichnet werden, somit kann nur der Ersteller des Albums auf die Fotos zugreifen. Es finden sich jedoch zahlreiche Fotos bzw. Fotoalben, welche von jedem *studiVZ*-Mitglied eingesehen werden können. Da teilweise auch sehr private Fotos veröffentlicht werden, stellt diese Vorgehensweise ein gewisses Risiko dar.

---

[3] Auszug aus der Presse-Seite von *studiVZ*, http://www.studivz.net/press.php, aufgerufen am 03.05.2008, 13:59 Uhr.

2. Jedes Mitglied kann existierenden Gruppen beitreten bzw. eine neue Gruppe gründen. Auf der Startseite eines jeden Profils werden die ausgewählten Gruppen angezeigt. Gruppen können als Plattformen für Freizeitaktivitäten dienen (zum Beispiel „Ostender Sportverein Eberswalde"), sie können einen humoristischen Hintergrund aufweisen („Ich bin der große Bruder meiner kleinen Schwester") oder sie dienen zur Kommunikation (humoristisch nur mäßig verbrämter) fragwürdiger Einstellungen (wie zum Beispiel „Sex gegen Taschengeld" oder „Warum sehen Lesben nicht wie im Porno aus?").

Gut sichtbar befindet sich für alle registrierten Benutzer von *studiVZ* der Menüpunkt „Privatsphäre" auf der persönlichen Startseite. Dieser Menüpunkt bietet umfassende Funktionen, um nicht-autorisierte Zugriffe auf das eigene Profil zu verhindern und so persönliche Daten zu schützen. Die Standardwerte sind jedoch so gewählt, dass möglichst viele NutzerInnen auf die eigenen Daten zugreifen können. Standardmäßig darf jede in *studiVZ* angemeldete Person das vollständige persönliche Profil anderer *studiVZ*-NutzerInnen einsehen, ein bestätigter Kontakt muss nicht vorliegen. Per Default-Einstellungen darf das eigene Profil von anderen NutzerInnen mit Fotos verlinkt werden. Auf die Frage „Möchtest du, dass andere Nutzer sehen können, dass du gerade im *studiVZ* eingeloggt bist?", kann der Nutzer bzw. die Nutzerin wie folgt antworten: „Klar, jeder kann sehen, wenn ich online bin" oder „Nein, niemand soll meinen Online-Status sehen können". Die suggestive Formulierung der ersten Antwortmöglichkeit fällt sofort auf.

Die beschriebenen Privatsphäre-Einstellungen gelten natürlich nur für *studiVZ*, und sie können sich im Laufe der Zeit ändern. Während in den letzten Jahren die Bedeutung von *studiVZ* geringer wurde, konnte *Facebook* eine enorme Zunahme der Mitglieder für sich verbuchen. Da sich CSSNs und ihre Funktionen im Laufe der Zeit ändern, müssen die in diesem Beitrag beschriebenen Funktionen und Risiken natürlich adaptiert werden. Generell lässt sich aber feststellen, dass CSSNs per se an möglichst vielen, persönlichen Daten interessiert sind und dass sich daraus zwangsläufig Risiken ergeben.

5 Risiken der Nutzung

In diesem Abschnitt soll verdeutlicht werden, welche konkreten Risiken sich aus der Nutzung von CSSN ergeben. Diese beziehen sich nicht per se auf *studiVZ*, sondern gelten für Social Networks generell.

EWIGE SPEICHERUNG: Im Gegensatz zu der realen Welt gibt es für digitale Informationen im Internet per se kein Verfallsdatum. Verfasste Forenbeiträge, veröffentlichte Fotos und Profile auf diversen Plattformen können prinzipiell ewig im Internet verfügbar und damit auffindbar bleiben. Dies gilt selbstverständlich auch dann, wenn die Beiträge keinen Nutzen für den Verfasser mehr haben (vgl. Wagner 2008). Jugendsünden, vor Jahrzehnten ins Netz gestellt, später vergessen, können theoretisch für immer gefunden werden. Suchmaschinen grasen in regelmäßigen Abständen das Internet und seine Inhalte ab und speichern diese auf ihren Servern. Spezielle Internetdienste wie zum Beispiel *archive.org* speichern regelmäßig die Inhalte von Internetseiten ab und stellen diese einer breiten Öffentlichkeit zur Verfügung. Eine peinliche Geschichte wird im Laufe der Zeit vergessen, Details können nicht mehr rekonstruiert werden. Digitale Informationen hingegen müssen nur ein einziges Mal der digitalen Masse zur Verfügung gestellt werden. Veröffentlichte Partyfotos, zweideutige Texte oder aggressive Kommentare mögen vielleicht in speziellen Kontexten unproblematisch sein. Es muss allerdings beachtet werden, dass diese Informationen auch Jahrzehnte später noch der betroffenen Person zugeordnet werden können. Ob dies im Interesse der NutzerInnen steht, sei dahingestellt.

AUSBLENDUNG DES KONTEXTES: Werden Informationen in CSSNs veröffentlicht, so werden diese in einem bestimmten Kontext, nämlich im Kontext des Social Networks, gespeichert. Andere NutzerInnen kennen diesen Kontext und wenden dieses Wissen auch an, wenn sie NutzerInnen-Daten ansehen und interpretieren. Diese Daten können jedoch auch außerhalb des CSSN gespeichert werden (siehe oben). Ein veröffentlichtes Bild kann beispielsweise leicht auf jeden PC geladen und gespeichert werden. Dadurch verliert dieses Bild jedoch jeglichen Kontext. Ein humorvolles Partyfoto hat in einer Spaß-Community wie *studiVZ* eine andere Bedeutung als in der Fotosammlung eines Headhunters. Es ist für die Nutzung zu beachten: Wie mit einem aus dem Kontext gerissenen Foto umgegangen wird, kann die betroffene Person meist nicht beeinflussen.

SOCIAL ENGINEERING: Social Networks erhöhen das Risiko, mittels *Social-Engineering*-Techniken sensible (Unternehmens-) Daten preiszugeben. Hierbei versucht der Täter, sensible (Firmen-) Informationen, wie zum Beispiel Passwörter oder Ähnliches, in Erfahrung zu bringen. Um das Vertrauen des Opfers zu gewinnen, konfrontiert der Betrüger die betroffene Person mit persönlichen Daten und täuscht somit eine soziale Beziehung vor. Diese persönlichen Informationen erhält der Täter beispielsweise in Social Networks (vgl. Winkler und Dealy 1995).

PERSONALABTEILUNGEN: In *studiVZ* eingegebene Daten sind prinzipiell für jedes Mitglied einsehbar. Die meisten User geben ihre Daten in erster Linie für sich bzw. zur Nutzung durch ihre FreundInnen ein. Aber niemand hindert Personalmanager daran, die CSSN-Profile von BewerberInnen gezielt zu durchsuchen. Es stellt sich die Frage, ob es im Interesse der Betroffenen ist, die Fotos der letzten Party in Verbindung mit der eigenen Bewerbung zu sehen.

Auch das Löschen eines Profils nach Studienabschluss ist nicht immer zielführend, da veröffentlichte Daten prinzipiell nicht gelöscht werden können (siehe oben). Was hindert Firmen, spezialisiert auf *Data Mining* (also das automatisierte Sammeln von Informationen) daran, einmal die Woche alle Profile von *studiVZ* zu speichern und die gewonnenen Daten für immer auf eigenen Servern abzulegen? Diese Daten sind auch dann käuflich erwerbbar, wenn das zugehörige Profil schon längst gelöscht wurde.[4]

6 Risiko

Der Begriff Risiko ist ein umfassender, vielschichtiger Begriff und kommt in diversen wissenschaftlichen Disziplinen – etwa Statistik, Wirtschaftswissenschaften oder Soziologie – unterschiedlich zur Anwendung (vgl. Luhmann 1991, 9, und Beck 1986). In allen Disziplinen jedoch bezeichnet er die Möglichkeit, dass im Zuge einer Handlung ein Schadensereignis eintreten kann, und er umfasst eine Komponente der Unbestimmtheit – nämlich in der Frage der Berechenbarkeit der Wahrscheinlichkeit des Eintretens eines Schadensfalls (vgl. Gottschalk-Mazouz 2002).

Nach Niklas Luhmann muss zwischen Gefahr und Risiko unterschieden werden. Risiko geht vom handelnden Menschen aus, während Gefahr schicksalhaft und gegeben ist. Risiken wie etwa das Rauchen oder der Einsatz von Atomkraftwerken werden aktiv eingegangen, Entscheidungen wurden getroffen. Meteoriteneinschläge und Vulkanausbrüche hingegen können vom

---

[4] Eine etwas einseitige und leicht übertreibende, aber dennoch unterhaltsame Geschichte über mögliche Praktiken von Personalabteilungen findet sich im Internet unter http://www.blogbar.de/archiv/2006/12/04/deine-absolut-vollkommen-harmlosen-daten-bei-studivz/, aufgerufen am 10.05.2008, 16:44 Uhr.

Menschen nicht beeinflusst werden und stellen somit eine Gefahr dar (Luhmann 1991, 111 f).

Nehmen betroffene Personen einen Sachverhalt weder als Risiko noch als Gefahr wahr, so ist weder eine auf die subjektive Risikowahrnehmung noch eine auf objektive Gefahren beschränkte Analyse des Risikobegriffs allein ausreichend. Solche Situationen treten beispielsweise dann ein, wenn ein möglicher finanzieller oder gesundheitlicher Schaden von den agierenden Personen ausgeschlossen wird. Die Speicherung und die Veröffentlichung persönlicher Daten werden nicht als riskantes Handeln wahrgenommen, wenn kein zukünftiger Schaden erwartet wird (ebd., 32, 236). Da in diesem Beitrag kein detaillierter und auch nur ansatzweise kompletter Einblick in den wissenschaftlichen Bereich der Risikoforschung gegeben werden kann, sei hiermit auf die weitere Literatur verwiesen, insbesondere auf Bechmann (1997); Banse und Bechmann (1997).

Es ist eine Tatsache, dass CSSN Risiken für die NutzerInnen darstellen, dennoch nehmen anscheinend viele NutzerInnen das Risiko in Kauf. Es folgen nun einige Ansätze, die sich mit diesem Thema beschäftigen. Diese sollen vor allem verdeutlichen, dass unterschiedliche Mechanismen vorhanden sind, um Risiken zu bewerten und das Handeln betroffener Personen zu verstehen.

VERFÜGBARKEITSHEURISTIK: Menschen schätzen das Eintreten von Risiken, also ihre Wahrscheinlichkeit, abhängig davon ein, wie gut sie sich ein Eintreten des Risikos vorstellen können (vgl. Schütz und Wiedemann 2003, 551). Im Alltag ist diese Heuristik oft zutreffend, da Ereignisse, an die man sich leicht erinnert, im Allgemeinen auch mit den Ereignissen übereinstimmen, die häufiger eintreten. Problematisch wird diese Vorgehensweise, wenn man versucht, diese Heuristik auf medienvermittelte Inhalte anzuwenden. In den Massenmedien wird oft über spektakuläre Todesursachen berichtet, beispielsweise über Lebensmittelvergiftungen oder Naturkatastrophen. Medien-konsumierende Menschen schätzen das Risiko, an eben diesen Ereignissen zu sterben, höher ein, als an eher alltäglichen Ereignissen zu sterben wie zum Beispiel an einem Schlaganfall.

ANCHORING-AND-ADJUSTMENT-HEURISTIK: Ist wenig Wissen über den zu beurteilenden Gegenstand vorhanden, nutzen Betroffene oft einen (zufälligen) Vergleichswert, um das unbekannte Risiko einzuschätzen (vgl. ebd., 551). Beispielsweise wurden in einem Experiment die Mitglieder einer Gruppe gefragt: „Schätzen Sie das Risiko für einen Nuklearkrieg höher oder niedriger als 1 % ein? (niedriger Ankerwert)". Die Mitglieder der zweiten Gruppe wurden gefragt: „Schätzen Sie das Risiko für einen Nuklearkrieg höher oder niedriger als 90 % ein? (hoher Ankerwert)". Danach wurden die Gruppenmitglieder gebeten, genaue Schätzungen abzugeben. Im Schnitt gaben die Mitglieder der ersten Gruppe 11 %, die Mitglieder der zweiten Gruppe 26 % an.

RÜCKSCHAU-FEHLER: Ist ein Risiko und damit eine negative Folge eingetreten, überschätzen Betroffene oft ihr Wissen, das sie vor dem Eintreten des Ereignisses hatten (vgl. ebd., 551).

UNREALISTISCHER OPTIMISMUS: Dieser Effekt ist eng mit dem Third-Person-Effekt aus der Medienwirkungsforschung verwandt (siehe unten). Prinzipiell besagt dieser Effekt, dass Menschen das Risiko für sich selbst als geringer einschätzen als für andere Personen (vgl. ebd., 552). Dies wird oft darauf zurückgeführt, dass die befragten Personen angeben, sich selbst besser zu schützen. Sie seien besser informiert als andere und vermindern somit das Risiko.

SOZIALE RISIKOVERSTÄRKUNG: Dieser Ansatz geht nicht (nur) von einer individuellen Perspektive der Risikowahrnehmung aus, sondern betont das dynamische Zusammenspiel verschiedener sozialer Prozesse (vgl. ebd., 552). Im Wesentlichen geht dieser Ansatz davon aus, dass Risikoereignisse erst dann wirksam werden, wenn sie kommuniziert werden. Diese Kommunikation erfolgt in kleinen sozialen Gruppen ebenso wie in Massenmedien. Erst im Zuge einer massenmedialen Aufbereitung und der daraus resultierenden Diskussion wird das thematisierte Risiko wahrgenommen.

THIRD-PERSON-EFFEKT: W. Philipps Davison veröffentlichte 1983 einen Aufsatz mit dem Titel „The Third-Person Effect in Communications" (Davison 1983) und führte damit eine Theorie in die Kommunikationsforschung ein, welche bis heute immer wieder erforscht und bestätigt wurde, z.B. in „Perceived Impact of Defamation: An Experiment on Third-Person Effects" (vgl. Cohen et al. 1988). Der Third-Person-Effekt kann mit folgendem Zitat treffend beschrieben werden:

> The editorials have little effect on people like you and me, but the ordinary reader is likely to be influenced quite a lot. (Davison 1983, 2)

Es ist zum Beispiel zu beobachten, dass befragte Personen eine höhere Wirkung von Medien bei anderen vermuten, als bei sich selbst. Mit der ersten und zweiten Person sind „you" und „me" gemeint, die anderen, stärker beeinflussten, sind die dritten Personen.

Der von Davison untersuchte Effekt tritt nicht nur in elektronischen Massenmedien auf. Diese Art der Wahrnehmung kann auch in anderen Situationen beobachtet werden, zum Beispiel wie wirken vom Feind abgeworfene Flugzettel auf die eigenen Truppen (dieses Bespiel wird als Eingangsbeispiel von Davison angeführt). Der Third-Person-Effekt kann auch bei der Nutzung von CSSN beobachtet werden. Jede Art von Mediennutzung birgt gewisse Risiken bzw. hat generell eine Wirkung auf die Rezipienten. Unter Wirkung ist natürlich nicht eine einseitige, deterministische Verhaltensänderung gemeint, wie es zum Beispiel das SR-Modell bzw. das Black-Box-Modell nahelegt. Es geht vielmehr darum, wie Rezipienten mit den Inhalten umgehen und welche Bedeutungen diese für sie haben (vgl. Burkart 2002, 193 f). Folgt man der Theorie des Third-Person-Effekts, ist davon auszugehen, dass die meisten NutzerInnen zwar der Meinung sind, dass Risiken generell vorhanden sind, sie sich jedoch selbst als hinreichend vorsichtig einstufen, während sie beim Verhalten anderer NutzerInnen ein erhöhtes Risikopotential annehmen.

7 Empirie: Quantitative Inhaltsanalyse

Es wurde eine Inhaltsanalyse von 70 ausgewählten *studiVZ* Profilen durchgeführt. Nun sollen einige ausgewählte Ergebnisse der quantitativen Inhaltsanalyse vorgestellt werden. Aufgrund ihres geringen Umfangs können die hier besprochenen Ergebnisse natürlich nicht repräsentativ sein. Vielmehr sollen sie Hinweise für zukünftige Untersuchungen liefern. Von 70 untersuchten Profilen waren nur 14 Profile eingeschränkt sichtbar, das heißt, jeder registrierte *studiVZ*-Nutzer bzw. jede *studiVZ*-Nutzerin kann auf die restlichen 56 Profile und deren gespeicherte Daten zugreifen. In den folgenden Auswertungen werden nur diese 56 zugänglichen Profile untersucht, da die eingeschränkten Profile keine relevanten Daten liefern. Bei den folgenden Auswertungen ist zu bedenken, dass es sich meist um persönliche Daten handelt. Das Schadenspotential dieser Daten (siehe oben) ist den NutzerInnen anscheinend nicht bewusst, die missbräuchliche Verwendung dieser Daten kann negative Folgen für die Betroffenen nach sich ziehen.

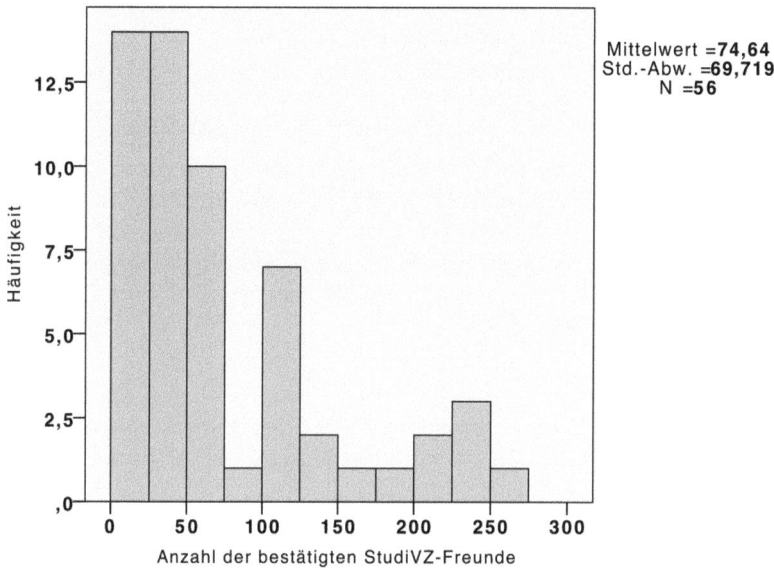

Abbildung 1: Anzahl der bestätigten StudiVZ-Freunde

Immerhin 12 von 56 *studiVZ*-UserInnen gaben ihre politische Ausrichtung bekannt, und 24 Personen gaben ihren Beziehungsstatus an. 43 von 56 UserInnen stellten ein persönliches Profilfoto online, das heißt, das angezeigte Profil kann mit hoher Wahrscheinlichkeit einer real existierenden Person zugewiesen werden. Von den 13 UserInnen, die kein persönliches Foto online gestellt haben, waren 11 UserInnen auf anderen Fotos verlinkt, das heißt auch ohne persönliches Profilfoto kann die Identität mittels Foto hergestellt werden. Von 56 Profilen waren daher nur zwei Profile nicht mit einem persönlichen Foto verknüpft. 51 UserInnen gaben ihren kompletten Namen an. Nur fünf UserInnen gaben nur den Vornamen und den ersten Buchstaben des Nachnamens an. Im Schnitt hat jeder User bzw. jede Userin 74 bestätigte Kontakte (siehe Abb. 1), die Anzahl der *studiVZ*-Freunde schwankt jedoch stark und reicht von einigen wenigen Freunden bis hin zu über 200 bestätigten Kontakten. Damit ist natürlich noch nicht die Frage beantwortet, wie intensiv das Freundschaftsverhältnis zwischen den bestätigten Kontakten ist.

Kein Profil enthielt Angaben über E-Mail-Adresse, Telefon- bzw. Handynummer, *Skype*- bzw. *Jabbar*-Kontaktdaten. Der Kontakt zu anderen UserInnen ist jedoch jederzeit mittels des *studiVZ*-Nachrichtenservices mög-

lich. Hierbei können kurze Textnachrichten verschickt werden, ohne dass
die Kontaktinformationen der Empfänger für den Sender einsehbar sind.
44 UserInnen gaben zumindest eine Adresse, einen Ort, ein Land, eine frü-
here Schule oder eine Postleitzahl an, das heißt eine geografische Zuordnung
wäre zumindest teilweise möglich. Es ist jedoch anzumerken, dass kein Profil
eine genaue Adresse enthielt. In welcher Firma die UserInnen tätig sind,
gaben nur 17 UserInnen an, die Mehrheit machte hierzu keine Angaben.
Informationen über den Arbeitgeber können für *Social-Engineering*-Attacken
missbraucht werden. Je mehr relevante Informationen verfügbar sind, um-
so leichter kann das Vertrauen der betroffenen Personen erschlichen und
benutzt werden (siehe oben).

Im Schnitt hat jeder *studiVZ*-User bzw. jede *studiVZ*-Userin ca. 50 eigene
Fotos online zur Verfügung gestellt, welche öffentlich zugänglich sind (siehe
Abb. 2). Der Inhalt dieser Fotos wurde im Rahmen dieser Studie nicht näher
untersucht. 15 UserInnen hatten keine eigenen Fotos in ihr Profil eingestellt.

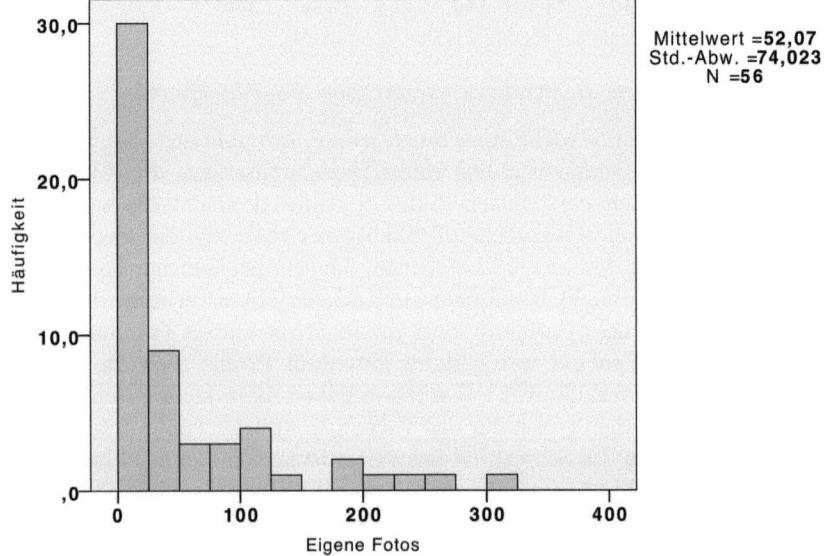

Abbildung 2: Anzahl der in studiVZ eingestellten Fotos

Die Zugehörigkeit zu Gruppen erfreut sich den vorliegenden Ergebnissen
zufolge unter *studiVZ*-UserInnen großer Beliebtheit. Im Schnitt ist jeder User

bzw. jede Userin bei ca. 27 Gruppen angemeldet (siehe Abb. 3). Gruppen
können sehr viel über UserInnen aussagen bzw. ein bisweilen unvorteilhaftes
Bild vermitteln, etwa wenn sich im Profil Gruppennamen wie „Warum
sehen Lesben nicht so aus wie im Porno" oder „Fußball, Ficken, Alkohol"
finden. Es soll nochmals daran erinnert werden, dass jeder angemeldete User,
also prinzipiell auch Vorgesetzte und potentielle Arbeitgeber, auf die hier
erhobenen Daten Zugriff haben kann. Für diese Untersuchung wurden die
Namen der Gruppen allerdings nicht analysiert. Insgesamt waren nur vier
UserInnen in keiner Gruppe registriert.

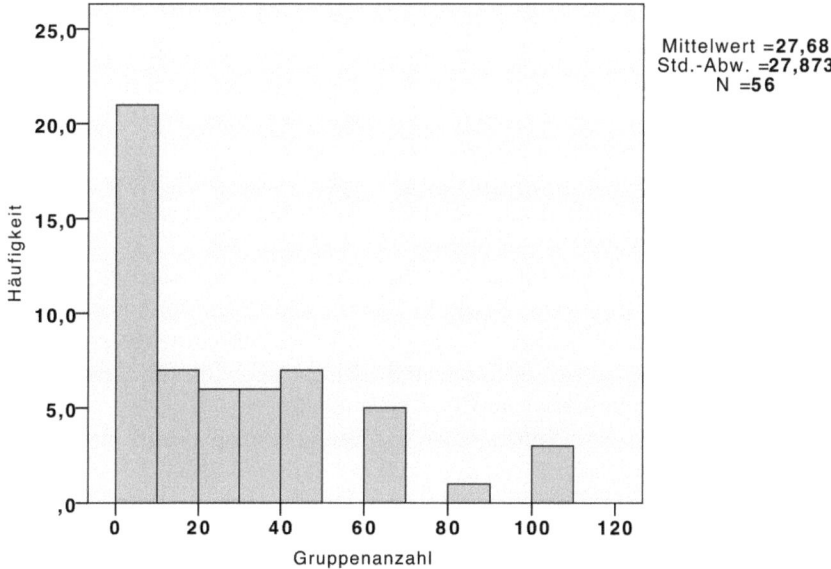

Abbildung 3: Anzahl der Gruppenmitgliedschaften

Im Sinne eines Zwischenresümees lässt sich festhalten, dass es ohne Schwierigkeiten möglich ist, mittels *studiVZ* persönliche Informationen über registrierte Personen zu erhalten. Wenige Mausklicks reichen aus, um ein
detailliertes Bild der betroffenen Personen zu erhalten. In den anschließen-
den Interviews kann nun versucht werden, die persönlichen Beweggründe
von *studiVZ*-NutzerInnen zu hinterfragen.

8 Empirie: Qualitative Interviews

Es wurden fünf qualitative Interviews durchgeführt. Hierfür wurden Freunde aus dem Umfeld des Autors befragt, alle waren aktive Mitglieder von *studiVZ* und studierten zum Zeitpunkt der Interviews an Universitäten oder Fachhochschulen in Österreich. Die Fragen an die Interviewpersonen leiten sich aus den theoretischen Überlegungen und aus den Erkenntnissen der quantitativen Inhaltsanalyse ab.

Nach Siegfried Lamnek handelt es sich bei dem im Rahmen dieser Arbeit angewendeten Interviewtyp um den des problemzentrierten Interviews (vgl. Lamnek 2005, 363–368). Beim Interview selbst werden vorab bereits formulierte Annahmen bzw. Hypothesen überprüft bzw. es wird von einer bestimmten Theorie ausgegangen (im vorliegenden Fall wird die Annahme des Vorhandenseins des Third-Person-Effekts bei den Interviewpartnern überprüft). Somit besteht bereits ein theoretisch-wissenschaftliches Vorverständnis. Die vorhandenen Annahmen werden den Interviewten nicht mitgeteilt. Die gestellten Fragen sind offen, das heißt, ausführliche und freie Antworten seitens der Befragten sind erwünscht und sollen gefördert werden. Es folgen nun ausgewählte Ergebnisse der Befragungen.

Wichtig ist den NutzerInnen die Möglichkeit, mit Personen, zu denen sie im realen Leben eher wenig Kontakt haben, schnell und unkompliziert in Verbindung treten zu können. Gruppen sind ebenfalls ein wichtiger Faktor, vor allem um sich zu präsentieren und nicht so sehr um die Gruppen als diskursives Kommunikationsmedium zu nutzen.

Alle fünf befragten Personen gaben das eigene Risikopotential niedriger an als das durchschnittliche Risikopotential der anderen *studiVZ*-NutzerInnen. Sie wussten generell über die Risiken der Veröffentlichung Bescheid, sahen aber kein Gefährdungspotential in ihren eigenen online gestellten Informationen. Es wurde jedoch betont, dass es andere UserInnen gebe, welche sich durch eben solche Veröffentlichungen in Gefahr begäben.

Zwei der befragten Personen haben sich noch nie aktiv mit den Risiken auseinandergesetzt, die restlichen drei Personen konnten zumindest ein Risiko nennen. Insgesamt ist eher ein Desinteresse bzw. eine Unkenntnis hinsichtlich aller mit *studiVZ* verbundenen Risiken erkennbar. Nur eine Person hat in der Presse über die betreffenden Risiken gelesen, alle anderen Personen hatten über die Medien noch nichts von den Risiken gehört. Es ist zu beachten, dass die Erhebung im Sommer 2008 stattfand; die mediale Berichterstattung über Social Networks und deren Risiken hat sich seither verändert.

Drei der fünf befragten Personen standen dem Thema „Ewige Speicherung" eher neutral gegenüber, das heißt, sie sahen für sich selbst eher keine Gefahren. Die restlichen zwei Personen waren zumindest an dem Thema interessiert und äußerten teilweise Bestürzung bzw. Handlungsbedarf.

Beim Punkt „Personalabteilung" gingen die einzelnen Meinungen bzw. Aussagen weit auseinander. Eine befragte Person findet es eher „doof", wenn der Chef oder die *Human-Resources*-Abteilung *studiVZ* nutzt, einer Person war dies eher egal. Eine andere Person machte dies von der Firma (seriöse vs. eher unseriöse) abhängig, eine Person konnte das konkrete Beispiel einer Freundin nennen, welche aufgrund eines unzulässigen *studiVZ*-Fotos entlassen wurde. Die zuletzt befragte Person gab an, dass sie persönliche Informationen nicht online stellt, da sie nicht wolle, dass Vorgesetzte oder andere Personen diese Informationen einsehen können.

E-Mail-Adressen werden nicht angegeben, da über das *studiVZ*-Nachrichtensystem Textnachrichten verschickt werden können und die E-Mail-Adresse als zu persönlich angesehen wird, ebenso wie Telefonnummern.

Es lässt sich festhalten, dass zum Zeitpunkt der Untersuchung bei den StudienteilnehmerInnen nur ein geringes Risikobewusstsein vorhanden war. Im Rahmen der Interviews konnte nur der Ist-Zustand erhoben werden, weiterführende Fragen hinsichtlich der Motivation müssen in weiteren Forschungsarbeiten verfolgt werden.

9 Interpretation der empirischen Ergebnisse

Es soll hier nochmals darauf hingewiesen werden, dass die in dieser Arbeit getätigten Aussagen und Interpretationen wegen des geringen Umfangs des Materials nicht repräsentativ sein können. Dennoch lassen sich interessante Hinweise bzw. Rückschlüsse gewinnen, die für weitere Untersuchungen relevant sein könnten.

Die quantitative Inhaltsanalyse der Profile hat gezeigt, dass nur wenige Profile eingeschränkt sichtbar sind. Nahezu jeder kann auf diese Profile zugreifen und Informationen über die betreffende Person erlangen. In den Interviews wurde diese Nicht-Einschränkung damit begründet, dass keine besonders schützenswerten Daten online gestellt würden, das heißt, die befragten NutzerInnen sehen die Daten nicht als schützenswert an.

Im Gegensatz dazu wurde mittels Inhaltsanalyse und der Interviews beobachtet, dass Kontaktdaten wie E-Mail-Adresse oder Telefonnummer nahezu niemals online gestellt wurden. Die Befragten begründeten dies mit der

Aussage, dass diese Daten zu persönlich seien. Anscheinend gelten (private) Fotos, Karriereinformationen und Adressen als nicht so schützenswert wie Telefonnummer oder E-Mail-Adresse. Der Third-Person-Effekt konnte im Rahmen der Interviews bestätigt werden.

10 Beantwortung der Forschungsfragen

Ziel dieser Arbeit war es, einen ersten Einblick in das Handeln von *studiVZ*-NutzerInnen zu bekommen. Die Inhaltsanalyse konnte zeigen, welche Daten eingegeben wurden und wie viele Profile allgemein sichtbar sind. Durch die Interviews konnten die Absichten der Nutzung zumindest ansatzweise näher erläutert werden. Auch grundlegende Fragen zum Risikoempfinden konnten beantwortet werden. Die Hauptthese, dass ein Third-Person-Effekt bezüglich der Nutzung von *studiVZ* vorhanden ist, konnte bestätigt werden.

Insgesamt zeigte sich, dass die NutzerInnen durchaus ein fundiertes Wissen über die Risiken der Informationtechnologien für ihre Privatsphäre aufweisen, dieses jedoch nicht konsequent in ihr alltägliches Handeln einbringen. Die betroffenen Personen wendeten diverse Mechanismen an, um ihr Handeln zu rechtfertigen, beispielsweise in Form einer Betonung der eigenen Handlungskompetenz oder der Hervorhebung der eigenen Stellung als Experten hinsichtlich der betreffenden Risiken. Zahlreiche Aussagen deuten jedoch darauf hin, dass die NutzerInnen die Mechanismen der Datenverarbeitung weder gänzlich verstehen noch sie zu beeinflussen versuchen.

11 Ausblick

Im Laufe dieser Arbeit traten viele Anregungen und Ansätze zutage, welche weiter untersucht werden könnten. Sie sollen an dieser Stelle nochmals geordnet wiedergegeben werden.

UNTERSUCHUNG DES RÜCKSCHAUFEHLERS: Diese Art der Risikowahrnehmung konnte im Rahmen der vorliegenden Arbeit nicht untersucht werden, da für deren Untersuchung spezielle Bedingungen notwendig wären. Weitere Untersuchungen zu diesem Thema, speziell im Rahmen von Social Networks wären jedoch angebracht.

UNTERSUCHUNG DER SOZIALEN RISIKOVERSTÄRKUNG: Auch diese Art der Risikowahrnehmung wurde in der vorliegenden Arbeit nicht behandelt.

Hierfür müssten Medien inhaltsanalytisch untersucht werden. Diese Arbeit konnte zeigen, dass die medienvermittelte Wahrnehmung von Social-Network-Risiken eher gering ist. Warum das so ist, könnte weiter erforscht werden.

EINGABEVERLAUF VON NUTZERDATEN: Im Rahmen der Vorbereitungen zur quantitativen Inhaltsanalyse wurde festgestellt, dass neuere Profile eher wenige Daten enthielten. Anscheinend geben NutzerInnen bei der Registrierung nur wenige Daten von sich preis, erst im Laufe der Zeit wird das Profil vervollständigt. Warum das so ist, konnte im Rahmen dieser Arbeit nicht geklärt werden.

SOCIAL ENGINEERING: Social-Network-Profile können im Sinne des *Social Engineering* missbraucht werden, um zum Beispiel Passwörter zu erraten. Es wäre interessant herauszufinden, wieviele Profile erfolgreiches *Social Engineering* ermöglichen. Erfolgreich wäre diese Art der Passwortbeschaffung zum Beispiel, wenn das gesuchte Passwort „Zwergpudel" wäre und eine Gruppe mit dem Titel „Pudel sind die besten Hunde der Welt" mit dem Profil verlinkt wäre. Eine Arbeit zu diesem Thema müsste natürlich sorgfältig geplant und entsprechend sensibel durchgeführt werden.

EINGESCHRÄNKTE PROFILE: In den Interviews konnte Folgendes beobachtet werden: Hatte ein User bzw. eine Userin ein eingeschränktes Profil, so schätzte er/sie die Anzahl der eingeschränkten Profile insgesamt höher ein als Personen, die nicht über ein eingeschränktes Profil verfügen. Daraus könnte eine Forschungshypothese abgeleitet und untersucht werden. Man könnte davon ausgehen, dass NutzerInnen ihr eigenes Verhalten auf andere projizieren und von eher gleichartigem Verhalten ausgehen.

Literatur

Banse, G. und G. Bechmann (1997). *Interdisziplinäre Risikoforschung. Eine Bibliographie.* Wiesbaden: VS Verlag für Sozialwissenschaften.

Bechmann, G. (1997). *Risiko und Gesellschaft.* 2. Aufl. Wiesbaden: VS Verlag für Sozialwissenschaften.

Beck, U. (1986). *Risikogesellschaft. Auf dem Weg in eine andere Moderne.* Frankfurt: Suhrkamp.

Burkart, R. (2002). *Kommunikationswissenschaft.* 4. Aufl. Böhlau: UTB.

Cohen, J., D. Mutz, V. Price und A. Gunther (1988). Perceived Impact of Defamation: An Experiment on Third-Person Effects. *The Public Opinion Quarterly* 52.2, 161–173.

Davison, W. P. (1983). The Third-Person Effect in Communication. *The Public Opinion Quarterly* 47.1, 1–15.

Gottschalk-Mazouz, N. (2002). Risiko. In: *Handbuch Ethik*. Hrsg. von M. Düwell, C. Hübenthal und M. H. Werner. 2. Aufl. Stuttgart: Metzler, 502–508.

Gross, R. und A. Acquisti (2005). *Information Revelation and Privacy in Online Social Networks*. New York: ACM Press.

Lamnek, S. (2005). *Qualitative Sozialforschung*. 4. Aufl. Weinheim/Basel: Beltz.

Luhmann, N. (1991). *Soziologie des Risikos*. Berlin/New York: de Gruyter.

Renz, F. (2007). *Praktiken des Social Networking – Eine kommunikationssoziologische Studie zum online-basierten Netzwerken am Beispiel von openBC (XING)*. Boizenburg: Verlag Werner Hübsch.

Schütz, H. und P. Wiedemann (2003). Risikowahrnehmung in der Gesellschaft. *Bundesgesundheitsblatt – Gesundheitsforschung – Gesundheitsschutz*, 46.7, 549–554.

Wagner, E. (2008). Verfallsdatum für Internetspeicherungen? Die Bedeutung des Vergessens und das ewige Online-Gedächtnis des Internet. *Datenschutz und Datensicherheit* 32.1, 6.

Wellman, B. (1996). *For a social network analysis of computer networks*. New York: ACM Press.

Winkler, I. S. und B. Dealy (1995). *Information Security Technology?...Don't Rely on It. A Case Study in Social Engineering*. Berkeley: USENIX Association.

Teil IV

Intelligente Umwelten

Spielregeln im intelligenten Wohnumfeld

Gerhard Leitner, Rudolf Melcher & Martin Hitz

Die rasante Verbreitung von Informations- und Kommunikationstechnologien (IKT) hat unter anderem dazu beigetragen, dass auch bei bisher nicht ‚infizierten' Teilen der Bevölkerung das Grundbedürfnis der sozialen Vernetzung mittels elektronischer Werkzeuge zum Ausbruch kam. Die Möglichkeit der Virtualisierung, getrieben durch die steigende Verfügbarkeit technischer Infrastrukturen, wie zum Beispiel drahtloser Netze, und Entwicklungen des Web 2.0 wie *Twitter, Facebook* und Konsorten finden ihren bisherigen Höhepunkt in der Verschmelzung von Mobilität, Kommunikation und Vernetzung in Gestalt des *iPhone* als prominentestem Repräsentanten der neuen Interaktionskultur. Die technische Vernetzung hat die Basis dafür geschaffen, soziale Vernetzung auch über bisher unüberwindliche räumliche und zeitliche Distanzen zu ermöglichen (*global village*). Netzwerkbildung wird als strukturbildende Kulturtechnik der Gegenwart betrachtet. Die Schaffung von intelligenten Umgebungen kann als eines der Fundamente gesehen werden, auf deren Basis „nahezu unlimitierter Zugriff zu Information (Daten) und anderen Personen" ermöglicht wird (Kardorff 2006, 8). Lichtleiter, drahtlose Netzwerke und satellitengestützte Infrastruktur sind mittlerweile so selbstverständlich, dass deren Absenz bzw. Fehlfunktion immer weniger toleriert wird. Die bedrohliche Kehrseite der technischen Vernetzung – die Vision des Big Brother – ist im freien Feld (Ortungsmöglichkeit durch Funkzellen), im Umgang mit Behörden (Rasterfahndung, E-Card) oder im privaten Konsum (Rabattkarten, Kundenprogramme), aber auch angesichts zunehmender Meldungen über Datenmissbrauch bei *Facebook* & Co. schon weitgehend akzeptierte Realität.

Der private Haushalt war bisher vor einer vollständigen IKT-Vernetzung ‚verschont', auch wenn die Ausläufer der eingangs erwähnten Netzwerke bis in das private Wohnumfeld reichen. Eine Vernetzung auf sozialer Ebene kann in diesem Setting – ungeachtet der qualitativen Ausprägung – als gegeben angenommen werden. Dieser Aufsatz fokussiert auf das Wohnumfeld als intelligente Umgebung, die Parallelen mit bzw. Unterschiede zu den technischen und sozialen Netzwerken des Cyberspace und die Auswirkungen auf das Verhalten, die Einstellungen und Denkmuster der beteiligten menschlichen Akteure. Wir legen dabei den Fokus auf die Interaktion mehrerer Benutzer in einer Umgebung – ein Aspekt, der bisher kaum Beachtung findet.

1 Häusliche Vernetzung in der Geschichte

Auf den Vorteilen technischer Vernetzung basierende Errungenschaften begleiten die menschliche Zivilisation schon seit Jahrtausenden. Aquädukte, Kanalisation und Hypokaustenheizung im antiken Rom sind Beispiele aus der Geschichte, die sich in der Moderne durch Installation von Fließwasser und Elektrifizierung fortgesetzt haben. Die erste elektrotechnische Unterstützung der Kommunikation, die drahtgebundene Telefoninfrastruktur, wurde schließlich auch als Basis der Informationstechnologie genutzt und hat zu schnellem Wachstum und Erfolg des Internet maßgeblich beigetragen. Fernsehen und Radio als erste funkbasierte, jedoch unidirektionale Netztechnologien komplettieren das Bild. Die meisten Entwicklungen zielten in der einen oder anderen Form darauf ab, das Wohnumfeld ,smarter' zu machen. Explizit in Richtung *Smart-Home*-Technologie gab es vereinzelte Bestrebungen bereits in der Nachkriegszeit. So beschreibt Matthias Horx seinen Vater als einen der Pioniere in diesem Bereich (Horx 2008). Die Anfänge der industriellen Entwicklung bzw. Herstellung von *Smart-Home*-Basistechnologien gehen in die 1970er Jahre zurück, und speziell in öffentlicher oder unternehmerischer Gebäudeinfrastruktur stieg deren Verbreitung seither kontinuierlich an. Waren es zu Beginn eher Überlegungen hinsichtlich effizienterer und komfortablerer Steuerung gepaart mit geringerem Personalaufwand, so sind es gegenwärtig Energieeffizienz und sorgfältiger Umgang mit kostbaren Ressourcen, die den Einsatz und die Verbreitung dieser Technologien vorantreiben. Ein revolutionärer Durchbruch bzw. eine großflächige Verbreitung wie im professionellen Umfeld blieb im privaten Wohnbereich allerdings aus. Die Gründe dafür sind vielschichtig, beispielsweise die im Allgemeinen unbefriedigende Usability, die aus dieser Erfahrung entwickelte Angst, der Technik hoffnungslos ausgeliefert zu sein, und die daraus resultierende Vermeidung von Technik, wo immer dies möglich scheint. Es ist allerdings nur eine Frage einer wahrscheinlich sehr kurzen Zeit, bis sich die Technologien auch in dieser Domäne ausbreiten, denn speziell im Zusammenhang mit dem Phänomen der Bevölkerungsüberalterung laufen auch die noch verbliebenen Rückzugsbastionen Gefahr, eingenommen zu werden (,Hannibal,ante portas

2.0'). Die Gründe dafür dürftem vor allem in Kosten-Nutzen-Überlegungen liegen, denn eine Betreuung bzw. Überwachung von Älteren durch Technik ist auf jeden Fall kostengünstiger als durch Fachpersonal.

2 Entwicklungen in Richtung intelligente Wohnumgebung

Nun stehen wir also mit an Sicherheit grenzender Wahrscheinlichkeit an der Schwelle des intelligenten Eigenheims, und jene, die bisher ausziehen mussten, um das technologische Fürchten zu lernen, brauchen das zukünftig nicht mehr zu tun. Denn gehorchten die über längere Zeit ,domestizierten' Elemente Wasser oder Feuer in Gestalt von Wasserversorgung, Heizung, Telefon und konventionellen Elektroinstallationen im Wesentlichen den Gesetzen der Physik und konnten durch deren Kenntnis und Anwendung gebändigt werden, so sind intelligente Systeme durch einfache Intervention nicht mehr in den Griff zu bekommen, zumal im Zusammenhang mit *Ubiquitous Computing* nicht mehr klar ist, wo sich die aktuell in Aktion befindliche intelligente Komponente befindet bzw. die Verbindung zwischen Ursache und Effekt primär informationaler Art ist. Die Möglichkeit der Systeme, eigenmächtig Aktionen durchzuführen, selbst Fehler zu entdecken und diese auch selbst „heilen" zu können (Baker et al. 2006), kann auf psychologischer Ebene ebenso bedrohliche Formen annehmen wie die Tatsache, dass die neue Intelligenz auch Auswirkungen auf bisher ,harmlose' Infrastruktur hat, denn auch „Strom ist nicht länger dumm!".[1] Die notwendige Basis, die Verknüpfung bisher parallel funktionierender technischer Systeme (Internet, Telefon, Strom, Entertainment) in Richtung vollständige Vernetzung, kristallisiert sich als das Kernproblem heraus. Diese in verschiedener Hinsicht positive Synergie bringt als Übersummativität, Gestalt bzw. Emergenz eine neue Qualität ins Spiel, deren Bedeutung und Relevanz derzeit lediglich auf hypothetischer Basis eingeschätzt werden kann.

Die Hersteller intelligenter Hardware und insbesondere Infrastruktur- und Serviceanbieter sind aus nachvollziehbarer Motivation bestrebt, die Vorzüge solcher Systeme zu idealisieren. Einerseits werden in zahlreichen Prestigeprojekten, wie zum Beispiel *Living Tomorrow* oder *Microsoft Home of the Future*, die aktuellen Möglichkeiten aufgezeigt und die bevorstehenden goldenen Zeiten der Umgebungsintelligenz prophezeit, andererseits sollen Beispiele in der Werbung, etwa durch gezielte Auswahl des Testimonials,[2]

---

[1] http://www.digitalstrom.org/fileadmin/DigitalS/download/dS_Postkarten_Web.pdf.
[2] http://www.youtube.com/watch?v=6PGDwn2FFCs.

auf subtile Art und Weise die einfache und unproblematische Nutzung suggerieren.

Mittlerweile ist die Technologie erschwinglich, empfindlich hohe Kosten waren bisher ein wesentliches Manko der im professionellen Bereich eingesetzten Systeme, welche zum Beispiel auf dem Europäischen InstallationsBus Standard (EIB/KNX) basieren. Der marketingmäßige Frontalangriff auf die Zielgruppe der Mittelschichtskonsumenten verspricht also einen entsprechenden *return on investment*, und die Technologie verschafft sich auf subtile Weise, unter anderem über die Theken des bisher als harmlos geltenden Baumarktes, Zutritt in die geheiligten vier Wände. Für euphorische und technikaffine Konsumenten erscheinen die Anwendungsmöglichkeiten hinsichtlich Komfort, Bequemlichkeit, Unabhängigkeit und Sicherheit äußerst attraktiv. Die eingehendere Beschäftigung mit möglichen Entwicklungen – vom berüchtigten autonom shoppenden Kühlschrank über die Möglichkeit, Funktionen vom Urlaubsort aus zu steuern,[3] bis hin zur kompletten Haussteuerung – fördert jedoch Probleme zutage, die bisher kaum erkannt oder zur Diskussion gestellt wurden.

3 Evolution der smarten Funktionalität

Es stellt sich also die Frage, wie sich eine näherungsweise ideale Ausprägung eines *Smart Homes* der Zukunft gestaltet und welche Probleme dabei zutage treten, wenn man die bisher diskutierten Aspekte genauer betrachtet. Diesen Fragen gehen die Autoren des vorliegenden Artikels in ihrer Forschungsgruppe „Interaktive Systeme"[4] schon längere Zeit nach. Zur systematischen Analyse wurde ein Basismodell konzipiert (siehe folgende Seite), das zum besseren Verständnis der einzelnen Entwicklungsstufen beitragen soll.

Die erste Stufe, Fernbedienung, begleitet uns schon seit etwa 50 Jahren und wird vermutlich auch in Zukunft eine Rolle spielen. Binnenvernetzung und Vernetzung zwischen Systemen in Stufe zwei bietet die Basis, auf höheren Stufen komplexere Steuerungen vorzunehmen, wie zum Beispiel die in Stufe drei angedeuteten Makros. Um beispielsweise alle Rollos in einem Raum gemeinsam hochzufahren, bedarf es allerdings einer vorhergehenden Konfiguration durch einen Benutzer. Kybernetische Regelkreise in der nächsten Stufe bedürfen (im Gegensatz zu Makros) keiner expliziten Konfiguration durch den Benutzer. Durch mehr oder weniger komplexe Regeln steuert sich

---

[3] Dies wurde zum Beispiel bereits 2001 mit dem Werbespot „Alles eon zu Hause?" beworben.

[4] Fakultät für technische Wissenschaften, Alpen-Adria-Universität Klagenfurt, http://ias.aau.at/.

das System selbst (Mittagssonne → Temperatur steigt über Komfortwert → alle Rollos im Süden schließen).

Die nächste Stufe der Personalisierung erfordert wiederum die explizite Mitteilung der Präferenzen durch Benutzer, auf die das System reagiert. Im Gegensatz zu den unteren Schichten des Modells enthalten die eingestellten Parameter persönliche Präferenzen, zum Beispiel die bevorzugte Musik, Helligkeits- und Wärmepräferenzen. In der Stufe des *Ubiquitous Computing* verschwinden einerseits ‚typische' Devices, die Intelligenz der Systeme integriert sich im Sinne Mark Weisers[5] in der Umgebung, welche zum Beispiel durch Verhaltensbeobachtung (*awareness*) auch implizit auf Benutzerpräferenzen reagieren kann. Als höchste Entwicklungsstufe kann das System lernen, mit expliziten, impliziten und Kontextinformationen umzugehen bzw. adaptiv auf diese zu reagieren.

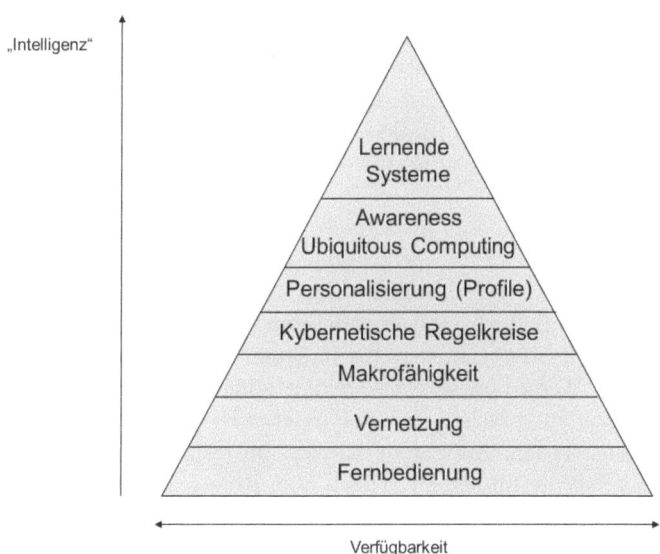

Abbildung 1: Entwicklungen der Smart-Home-Technologie[6]

Es gibt einige Beispiele für den skizzierten Entwicklungsstufen entsprechende Realisierungen aus der jüngeren Vergangenheit und deren mögliche Probleme. In manchen Fällen können intelligente Umgebungen ‚zu eigenständig' agieren (kybernetische Regelung), wie das Beispiel des intelligenten

---

[5] „The most profound technologies are those that disappear" (Weiser 1991, 94).
[6] Entwickelt im Rahmen eines internen Workshops 2007 von den Autoren des vorliegenden Beitrags.

Autos eines thailändischen Ministers[7] zeigt. Der Bordcomputer des Autos fühlte sich ob nicht nachvollziehbarer Umstände veranlasst, seinen Dienst zu versagen, indem er die Türen verriegelte und die Belüftung abstellte. Allerdings befanden sich Minister und Chauffeur zu dieser Zeit im Inneren des Wagens und konnten nur durch Brachialgewalt wieder befreit werden. In anderen Fällen wiederum halten sich intelligente Umgebungen ‚zu sklavisch' an die Voreinstellungen (Makros, Profile). So beschreiben Scott Davidoff et al. (2006) die Situation im Projekt *MavHome*, in der die Bewohner Gäste empfangen haben. Da die intelligenten Systeme zu starr auf die eingestellten (und teilweise auch aufgezeichneten) Wach- und Schlafenszeiten der Bewohner fixiert waren und keine Abweichungen duldeten, mussten besagte Gäste im Dunkeln empfangen und bewirtet werden. Der bezeichnende Titel einer einschlägigen Arbeit zum Thema *Smart-Home*-Systeme, „Was macht es denn jetzt?" (Ringbauer und Hofvenschiöld 2004), zeigt ebenfalls, dass eine vollständige Kontrolle durch die Technik nicht das Ziel sein kann. Eine der ursprünglichen Ideen der künstlichen Intelligenz, nämlich die Entwicklung technischer Systeme, welche menschliche Intelligenzleistungen nachahmen bzw. übernehmen, hat sich in diesem Fall offenbar nicht bewährt. Dies ist möglicherweise auch ein Grund für den bisher nicht erfolgten Durchbruch dieser Technologie.

Das andere Extrem, eine ausschließliche Regelung bzw. Konfiguration durch den Benutzer (*end user programming*) würde in der direkten Interaktion keinen Mehrwert zum bisherigen Status aufweisen. In der Konfiguration würde eine ausschließliche Parametrisierung durch den Benutzer aber zu enormen Mehraufwänden führen, die in keiner Relation zum zu erzielenden Nutzen stehen. Wenn beispielsweise Schnittstellen nicht den Anforderungen der Endbenutzer entsprechen, müssten externe Dienstleister mit der Konfiguration betraut werden. Außerdem existiert im routinemäßigen Tagesablauf auch eine Vielfalt an implizitem Wissen über Rollen, Abläufe und Verantwortungsbereiche, deren Konkretisierung gegenüber einem technischen System schwierig wäre. Vereinzelte Programmierung und Konfiguration bzw. direkte Eingriffsmöglichkeiten werden allerdings auch in Zukunft erforderlich sein. Friederike Otto et al. (2006) nennen hierzu drei wesentliche Anforderungen:

– Benutzer müssen immer die Kontrolle über das System haben,

– sie müssen die Möglichkeit haben, es zu administrieren, und

– sie müssen in der Lage sein, falsche Entscheidungen des Systems zu korrigieren.

---

[7] http://www.techdirt.com/articles/20030512/1530243.shtml.

Entsprechende Schnittstellen müssen also angeboten werden, welche es dem Benutzer einfach und effizient ermöglichen, mit dem System zu interagieren.

4 Anforderungen an die technische Basis

Auf technischer Ebene gilt es allerdings einige Detailprobleme zu lösen, denn aktuelle Systeme sind in verschiedener Hinsicht suboptimal. Eine spontane Interaktion wird mit fortschreitender technischer Entwicklung eher schwieriger als einfacher, ein Indikator dafür, dass die Zeit für die Erfüllung der Prognosen von Mark Weiser offenbar noch nicht reif ist. Diese Tendenz zeigt sich in vielen Entwicklungen der letzten Jahrzehnte. Der so genannte ‚technische Fortschritt' hat beispielsweise dazu geführt, dass das Hochfahren von Computern immer länger dauert; auch konventionelle Geräte wie Fernseher haben mittlerweile eine *boot-up time*. Das in den 1970er und 1980er Jahren gängige Verkaufsargument ‚Sofortbild/Sofortton' scheint offenbar kein relevantes Kriterium mehr zu sein. Initiativen in der Vergangenheit, Computer zu entwickeln, die schneller starten und zum Beispiel nach dem Hochfahren sofort wieder in den Status gehen, der beim Herunterfahren vorhanden war (zum Beispiel der *Canon Cat*; vgl. Raskin 2000), wurden nicht mehr weiterverfolgt. Ein weiterer wesentlicher Kritikpunkt an bestehenden Systemen ist deren fehlende Interoperabilität. Man denke nur an die Vielfalt von Handyladegeräten – bzw. die, wie es Jakob Nielsen (2004) bezeichnet, „Fernbedienungsanarchie" in unseren Wohnzimmern –, um festzustellen, dass die zu Beginn erwähnte Synergie der hauseigenen Infrastrukturen nur über entsprechende Standardisierung erfolgen kann. Die Zukunftsperspektive sollte nicht so aussehen, dass Benutzer ihre smarte Umgebung jedes Mal erst hochfahren müssen, um Einstellungen vornehmen zu können (Nijholt et al. 2009), und einfachste Interaktionen letztlich so enden, wie auf einer in einem Webshop erhältlichen Fußmatte angedeutet (siehe folgende Seite).

Angesichts der Schwächen reiner Automatisierung einerseits und vollständiger Benutzersteuerung andererseits scheint eine ausbalancierte Kombination aus beiden am vielversprechendsten. Um diese Kombination bzw. Varianten derselben zu unterstützen, bedarf es, neben den erwähnten Anforderungen an die Hardware, auch einer entsprechenden Softwarebasis, die flexibel und adaptiv genug ist, um sich auch an dynamische Änderungen des Interaktionsverhaltens und der Nutzerbedürfnisse anpassen zu können. Getrieben von einer aktiven Forschungscommunity wurden im Rahmen der Open-Source-Philosophie bereits zahlreiche Basiskonzepte entwickelt, die derzeit in prototypischen Realsierungen, zum Beispiel im Rahmen forschungsorientierter

Projekte Anwendung finden. Erste in der Forschungsgruppe „Interaktive Systeme" durchgeführte Eigenentwicklungen basieren auf diesen Konzepten und sollen in näherer Zukunft als Basis für weitere Forschung dienen, wie zum Beispiel im kürzlich gestarteten Forschungsprojekt *Casa Vecchia*.[8]

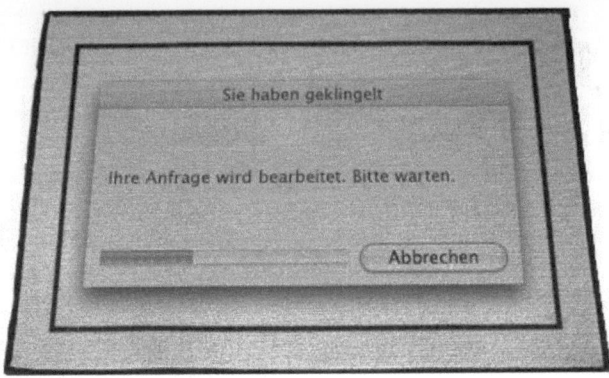

Abbildung 2: Eine aus derzeitiger Sicht offenbar ‚coole' Fußmatte[9]

Im Rahmen der Arbeit von Daniel Felsing (2010) wurde eine auf OSGi-Middleware basierende Schichtenarchitektur konzipiert und implementiert, welche sowohl Interaktionen des Benutzers als auch Aktionen des Systems selbst ermöglicht (Letzteres auf Grundlage einer Wissensbasis bzw. Ontologie, die auf OWL[10] basiert). Die Plattform besteht aus mehreren Schichten, wobei die unterste Schicht dazu dient, Hardware verschiedenster Bauart in das System zu integrieren. Ist ein Gerät identifiziert, wird es über die zweite Schicht (*Bridge Layer*) abstrahiert und in der zentralen Schicht (*Middleware Layer*) als Service zur Verfügung gestellt. Dabei gibt es Serviceanbieter und Servicenutzer. Eine Wissensbasis und Auswertungsalgorithmen observieren die Abläufe innerhalb der Plattform und sollen zukünftig durch Schlussfolgerungen intelligente Steuerungen vornehmen können. Die höchste Schicht (*Application Layer*) stellt Zugriffsmöglichkeiten durch Benutzer zur Verfügung.

---

[8] http://www.casavecchia.at; FFG-gefördertes Projekt Nr. 825889.

[9] http://hannes-schurig.de/12/11/2009/geile-fusmatten/.

[10] Web Ontology Language – die im Akronym zu OWL (engl. Eule) vertauschten Buchstaben sollen Weisheit und Wissen assoziieren (vgl. BMBF/VDE-Innovationspartnerschaft AAL 2010, 162).

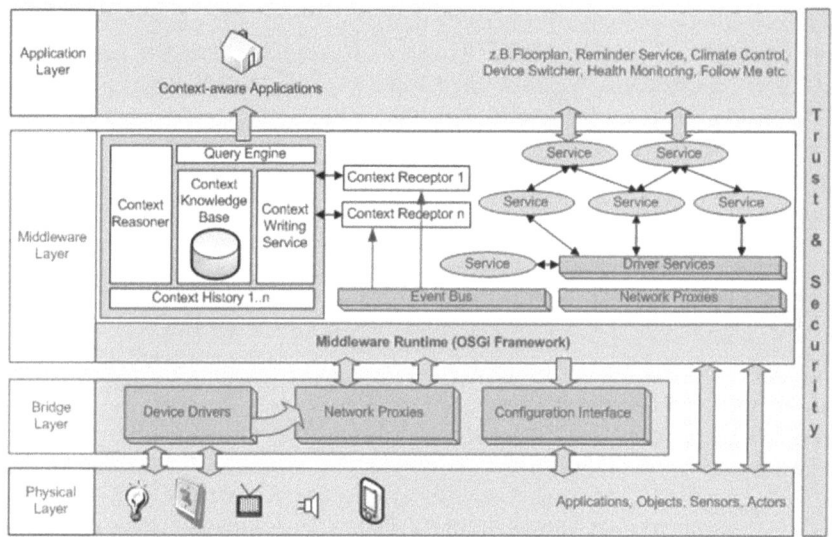

Abbildung 3: Smart-Home-Basisplattform

Aufbauend auf dieser Architektur und unter Nutzung des *Application Layers* konzipierte Wolfgang Rabl (2010) Varianten des Zugriffs und der Steuerung durch Benutzer, zum Beispiel über Desktop, PDA und ansatzweise auch als sprachbasierte Interaktion. Die Prototypen enthalten an sich notwendige Funktionen, die jedoch in am Markt verfügbaren Systemen kaum zu finden sind. Beispielsweise ist eine zur Laufzeit permanent verfügbare konsistente Sicht auf den aktuellen Status des Systems und dessen Komponenten vorhanden. Die gleichzeitige Interaktion mit dem System durch mehrere Nutzer ist ebenso möglich wie eine kombinierte Nutzung mehrerer Interaktionsgeräte durch ein und denselben Benutzer. Beispielsweise kann ein PDA als singuläres Interaktionsgerät verwendet werden, hat aber natürlich augrund seines Formfaktors darstellungstechnische Einschränkungen. Bei Verfügbarkeit eines größeren Displays kann dieses in Kombination mit dem PDA genutzt werden, und zwar in der Form, dass das größere Display als reine Anzeige fungiert, während der PDA die Steuerungsfunktion übernimmt. Diese Verschmelzung von Geräten bzw. deren Trennung ist zur Laufzeit möglich und unterstützt so größtmögliche Flexibilität.

Die Basistechnologie für ein *Smart Home* ist also sowohl theoretisch als auch in konkreten Realisierungen verfügbar.[11] Diese bisher skizzierten Aspek-

---

[11] Eine Realisierung wurde aufgrund ihrer Nähe zu den Autoren exemplarisch genannt.

te bilden die Grundlage für die zentrale Herausforderung an künftige intelligente Umgebungen im privaten Wohn- und Lebensumfeld: Die Interaktion mehrerer menschlicher Akteure im Wechselspiel mit dem nicht-menschlichen Akteur *Smart Home*. Die diesbezüglichen Überlegungen werden in den folgenden Abschnitten skizziert. Dabei wird auf den informatischen Zugang fokussiert; psychologische oder soziologische Perspektiven werden somit nur gestreift.

5 Zukunft – Mehrbenutzerszenarien

Die zu erwartenden Herausforderungen stehen im Zusammenhang mit charakteristischen Eigenschaften der Nutzer, deren Individualität, den dementsprechend auftretenden Interessenkonflikten und den Möglichkeiten ihrer Bewältigung durch die notwendigen Entscheidungsfindungsprozesse. Bisher mussten sich Schnittstellen technischer Geräte bzw. Netzwerke im Haushalt kaum den Anforderungen und Bedürfnissen mehrerer Benutzer stellen. Wasserleitung, Steckdose, Herd ermöglichten bisher nur bilaterale Interaktion. Situationen, die mehrere Personen betreffen konnten, wie zum Beispiel die einzustellende Temperatur der Heizung, wurden zwischenmenschlich verhandelt, die Technik übernahm hier lediglich die Rolle des Ausführenden. In jenen Fällen, in welchen zum Beispiel die Auswahl des Fernsehprogramms zu Meinungsverschiedenheiten führte, wurde entweder ebenfalls auf zwischenmenschliche Verhandlungen gesetzt oder Machtpositionen wurden ausgespielt, oder es fällte schlicht derjenige, der zufällig im Besitz der Fernbedienung war, die Programmentscheidung.

Auch in der Entwicklung von graphischen Benutzungsschnittstellen zeigt sich eine Fokussierung auf das Individuum; Geräte von den Anfängen des *Xerox Star* bis zum *iPhone* und *iPad* sind – mit wenigen Ausnahmen – egozentriert. Intelligente Umgebungen im Wohnumfeld werden diese Art der Interaktion massiv verändern. Diese Veränderung ist einerseits bedingt durch die nunmehr vorhandenen Kompetenzen der Umgebungsintelligenz, eigenständig Steuerungsvorgänge vornehmen zu können. Das bedeutet, dass sowohl die Rolle eines zusätzlichen nicht-menschlichen Akteurs als auch die Rolle des Moderators in konfliktträchtigen Situationen mitgedacht werden muss. Andererseits wird die Technik in der Umgebung verteilt (*distributed computing*), und es wird unter Umständen für die menschlichen Akteure nicht mehr möglich bzw. nötig sein, einzelne Geräte zu steuern. An die Stelle der Einzelsteuerung tritt nun die Steuerung von ganzheitlichen Szenarien (konfigurierbare Settings, Stimmungen). Auf dieser Überlegung aufbauend sollte die einst von Mark Weiser (1993) vorgeschlagene Entwicklung der Interaktionsparadigmen im *Ubiquitous Computing* in Richtung „many people, many computers" erweitert werden. Dieses erweiterte, unter dem Schlagwort *n:m Computing* bereits intensiv diskutierte Interaktionsparadigma wird sich, zumindest in einer Übergangsphase, im *Smart Home* wiederfinden, zum Beispiel wenn computerisierte Komponenten (Heizung, Licht, Beschallung) mit mehreren, sich innerhalb oder außerhalb der Wohnung oder des Hauses befindlichen Personen interagieren müssen. Die nachstehende Grafik stellt den Versuch einer Skizze des zusätzlichen Paradigmas dar.

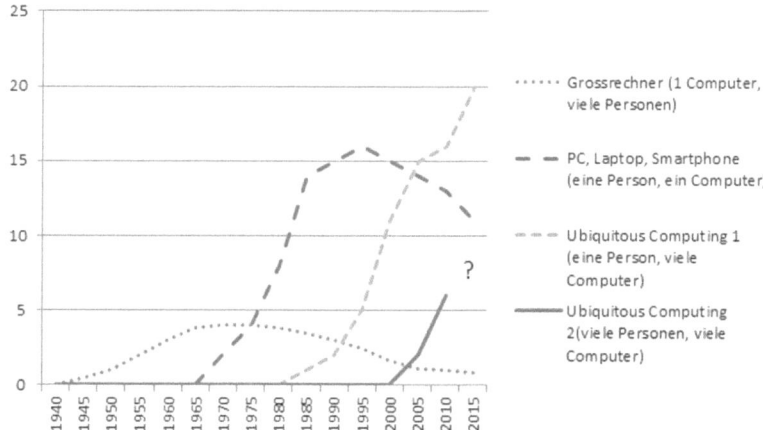

Abbildung 4: Entwicklungen im Ubiquitous Computing (in Anlehnung an Weiser 1993)

Das Einnehmen dieser neuen Perspektive soll bewusst auch mit einer Abkehr von der bisher vorherrschenden Nomenklatur und Begriffen wie Benutzer, Benutzung, Steuerung, Kontrolle und Bedienung von Geräten einhergehen. Der Fokus wird nunmehr auf Gewohnheiten, Rituale, Bewohner und Habitaten liegen, und auf Basis dieser neuen Begrifflichkeiten sollen Denkmodelle für ein das Attribut ‚intelligent' verdienendes Lebensumfeld der Zukunft entwickelt werden.

Die Bewohner sollen – Ausnahmen bestätigen auch hier die Regel – nicht damit rechnen können bzw. müssen, dass die maschinelle Infrastruktur – also das jeweilige intelligente Habitat – Steuerungsbefehle 1:1 umsetzt. Vielmehr werden kundgetane Präferenzen, mit historischen Nutzungsdaten und aktuellen Kontextinformationen kombiniert betrachtet, auf ihre jeweilige

Relevanz geprüft. Die Aufgabenstellung wird anschließend durch die technische Infrastruktur umgesetzt. Dabei trifft diese, aufgrund ‚intelligenter‘ Algorithmen und entsprechender Rückmeldungsschleifen zu den Bewohnern, die notwendigen Entscheidungen. Es ist absehbar, dass sich Bewohner in dieser Situation mit neuen Problemen konfrontiert sehen, denn es stellt sich die Frage, ob dieser komplexe Ablauf in jedem Fall exekutiert werden soll, ob Bewohner auch eigenständige Entscheidungen des Systems akzeptieren und unter welchen Voraussetzungen sie dies tun.

Diese Zukunftsperspektive wirft mehr Fragen auf, als sie Antworten zu geben vermag. Sowohl aus der Perspektive der Benutzbarkeitsforschung (*usability research*) als auch jener des Interaktionsdesigns ergeben sich Herausforderungen zur Bewältigung der resultierenden Probleme. Der oben beschriebene Regelkreis ist auf Basis konventioneller Interaktionsformen und derzeit verfügbarer Endgeräte nicht vorstellbar. Stärker als bisher sind Bewohnern daher technische Möglichkeiten zur Verfügung zu stellen, damit sie ihren Präferenzen und Zielen spontan und vielfältig Ausdruck und Gewicht verleihen können (*faculty of speech*). Diese Forderung inkludiert neben der Unterstützung natürlicher Sprache auch die Erfassung von Gestik und Mimik als Eingabemodalität. Neben der Rückmeldung kognitiv-rationaler Inputs soll dadurch auch die Möglichkeit geboten werden, dem System emotionale und konativ-verhaltensbezogene Informationen, wie zum Beispiel Gewohnheiten und rituelle Abläufe, zu vermitteln. Bewohner müssen außerdem Möglichkeiten erhalten, Verhandlungen mit den Mitbewohnern zu führen, durch welche das jeweilige Habitat einerseits informiert wird (um das neue Wissen in seine Abläufe integrieren zu können) bzw. zwischen denen es andererseits als Mediator fungiert. Diese Verhandlungen können wie bisher unmittelbar oder nunmehr auch zeit- und ortsversetzt und damit asynchron stattfinden. Letztere Möglichkeit rechtfertigt in gewissem Maße auch den Einsatz solcher Technologien.

Die Ergebnisse dieser Verhandlungen fließen direkt in das autonome Verhalten des Habitats ein bzw. steuern dieses auf der Grundlage der daraus abgeleiteten Regeln. Dies bedeutet aber, dass das Verhalten des Habitats mit der Zielsetzung der Reduktion auf einfache Regeln und der besseren Vorhersagbarkeit des Verhaltens ständig neu codiert und optimiert wird.

In der Mehrzahl der Abläufe werden die technisch unterstützten Habitate für deren Bewohner derart einfach zu beeinflussen sein, dass die dafür notwendigen Gerätschaften selbst förmlich unsichtbar werden oder eine direkte Bedienung gänzlich wegfällt. Dieser Komfortgewinn sollte jedoch nicht darin resultieren, dass Bewohner wieder darauf zurückgeworfen werden, ursprüngliche Verhandlungs- und Interaktionstaktiken in der Kommunikation mit anderen menschlichen Akteuren anwenden und deren Ergebnisse explizit dem Habitat rückmelden zu müssen. Letztlich müsste die zwischenmenschliche Interaktion und Kommunikation in all ihrer Vielfalt, ihren Konflikt- und Kooperationspotentialen direkt vom System verstanden werden, um hier eine optimale Unterstützung durch das Habitat zu ermöglichen, ohne der gleichzeitigen Bevormundung durch einzelne Bewohner oder gar durch das Habitat selbst Vorschub zu leisten.

Anhand der nachfolgenden Beispiele wollen die Autoren die Anwendbarkeit von Spielregeln und damit verwandten Prinzipien (Konventionen, Rituale, Auswahlverfahren) in intelligenten Wohnumgebungen diskutieren und eine weitere Auseinandersetzung anregen.

Die Forschung setzt sich mit der Problematik der Mehrbenutzerinteraktion intensiv auseinander, wenngleich entsprechende technische Realisierungen noch nicht sehr weit fortgeschritten sind. Dies ist vor allem dadurch begründet, dass die grundlegenden Systeme hauptsächlich in artifiziellen Umgebungen evaluiert werden, deren Umstände nur bedingt mit jenen eines ‚echten‘ Wohn- und Lebensumfelds vergleichbar sind. Diese Wohn- und Lebensumfelder werden von psychologischen und sozialen Faktoren beeinflusst, die nur bedingt in die Evaluation einbezogen werden können, während zugleich davon auszugehen ist, dass die neuen Systeme das Lebens- und Wohnumfeld verändern und genau auf die besagten psychologischen und sozialen Faktoren einwirken. Deshalb können die vorgestellten Ansätze lediglich punktuelle Einblicke in zukünftige Entwicklungen geben. Zur Zeit wird dabei hauptsächlich auf Unterhaltungselektronik bzw. das Home Entertainment Center, fokussiert. Dies liegt wahrscheinlich daran, dass es dabei ein finites Set an Auswahlmöglichkeiten gibt und dieses anhand objektivierbarer Kriterien (Genre, Dauer, Tageszeit, Zielgruppe) beschreibbar ist. Im Gegensatz dazu ist zum Beispiel die durch eine Heizung produzierte Wärme in einem Raum aufgrund physikalischer Bedingungen auch objektiv nicht überall gleich verteilt bzw. hat durch subjektives Wärmeempfinden eine schwierig klassifizierbare Komponente.

Gemäß Jinghua Groppe und Wolfgang Müller (2005) gibt es drei Möglichkeiten, den bei der Auswahl eines Programms entstehenden Konflikten zwischen mehreren Benutzern zu begegnen, bzw. Konflikte mit Hilfe technischer Systeme zu lösen. Das *fair principle* basiert auf einer gerechten Verteilung, das heißt, aufgrund historischer Daten kann darauf geachtet werden, dass alle Beteiligten gleich lange fernsehen dürfen. *Use first* gibt demjenigen Benutzer, der als erster eine Ressource benutzt, das Recht, dies so lange zu tun, wie sie oder er es wünscht. *Preference priority* basiert auf dem Konzept, dass manche Präferenzen (zum Beispiel Nachrichtensendungen) höhere objektive Priorität haben als andere. Otto et al. (2006) schlagen ein ähnliches Modell mit einigen Erweiterungen vor. *Hierarchical priority* bedeutet, dass bestimmte Benutzer wichtiger sind als andere und somit die weniger Mächtigen überstimmen können. Die bekannte Strategie des FCFS *(first come first serve)* ist äquivalent zum *use first* im vorhergehenden Modell. *Scheduled priority* berücksichtigt die tageszeitlichen Positionen bestimmter Programme. Programme wie zum Beispiel Nachrichten oder Serien, die täglich zur gleichen Zeit laufen, haben gegenüber Einzelereignissen höhere Priorität. Ein alternativer Ansatz in Richtung Umgebungsintelligenz als Moderator ist *technology augmented social mediation* (TASM). Die Infrastruktur stellt zum Beispiel über PDA allen an der Entscheidung Beteiligten eine Übersicht aller entscheidungsrelevanten Informationen zur Verfügung. Entscheidungen werden nur dann getroffen, das heißt, ein entsprechendes Programm wird ausgewählt, wenn alle Personen einer Entscheidung zustimmen. Eine Pilotstudie in Korea und Deutschland zeigte, dass die TASM-Methode den anderen Auswahlverfahren gegenüber bevorzugt wurde. Die beschriebenen Ansätze basieren auf einer vorangegangenen Konfiguration durch Benutzer bzw. auf laufender manueller Adaptierung der Präferenzen.

Alternativen in Richtung automatisierter Steuerung durch die Umgebung gibt es zum Beispiel auf der Basis von *agents* bzw. Sensornetzwerken; Letztere sind die Basis der im Folgenden vorgestellten Arbeiten *UbiTV* (Oh et al. 2005) und *UbiController* (Yoon und Woo 2006). *UbiTV* verspricht ein ‚harmonischeres Familienleben‘, denn die Auswahl des Fernsehprogramms wird auf Basis objektivierbarer Daten gesteuert. Beispielsweise zeichnen an Personen angebrachte Sensoren auf, ob eine Person sich in Richtung des Fernsehers orientiert und in welcher Häufigkeit bzw. Dauer sie das tut. Auf dieser Basis wird demjenigen Benutzer Priorität eingeräumt, der sich offenbar am meisten für das Fernsehen ‚interessiert‘.

UbiController geht einen Schritt weiter, erfordert allerdings das Tragen eines Geräts. Auf Basis von Sensordaten kann die jeweilige Position einer Person bestimmt werden, und das Gerät passt die zur Verfügung stehenden Funktionen an den aktuellen Kontext an. Das heißt zum Beispiel, dass, wenn sich die Person im Wohnzimmer befindet, auch nur Funktionen des Wohnzimmers zur Verfügung gestellt werden. Gleichzeitig werden die Daten aber auch dazu genutzt, potenzielle Konfliktsituationen zu identifizieren und auf Basis von Recommender-Technologien zu lösen, die Benutzer bei ihrer Entscheidung unterstützen sollen. Somit stellt *UbiController* eine erste Realisierung in Richtung automatischer (sensorbasierter) Systeme dar, die

kombiniert mit Benutzerinteraktion arbeiten. Allerdings existieren auch hier
– wie in konventionelleren Nutzungsszenarien – Barrieren zwischen technischem System und menschlichem Benutzer. Gregor Schiele et al. (2007)
schlagen in diesem Zusammenhang vor, den Systemen „gute Manieren"
beizubringen, indem sie sich die aus dem sozialen Umgang zwischen menschlichen Akteuren bekannten Verhaltensregeln zunutze zu machen. Angesichts
des oben diskutieren Problembereichs der Egozentrierung muss dabei aber
eine optimale Balance zwischen der Maximierung des Nutzens des Individu-
ums (von der es vermutlich nicht abweichen will) und des Nutzens für die
Gruppe fokussiert werden.

6 Fazit

Unabhängig von der Wohn- bzw. Lebensform (Wohngemeinschaft, Familie,
Singlehaushalt) besteht die Zielsetzung echter intelligenter Umgebungen
darin, sich an das soziale Gefüge anzupassen und nicht umgekehrt. Das ist
naturgemäß mit Schwierigkeiten verbunden. Wenn auch Sajal Das (2008)
gemeint hat, dass tägliche Abläufe regelmäßige Muster beinhalten, die, zum
Beispiel durch ein technisches System, gelernt werden können, so ist die
Quintessenz von Scott Davidoff et al. (2006), dass sich solche Abläufe eher
gegen eine Routinisierung zu wehren scheinen. Der Mehrwert von assis-
tenzgestützten Technologien ist demnach daran zu messen, wie gut diese
außergewöhnliche Ereignisse abbilden und mit ihnen umgehen können. Dies
ist beispielsweise genau dann ein Thema, wenn Notfälle eintreten und die
Technik entsprechend reagieren sollte. Einfache tägliche Routinen mit einem
enormen Aufwand zu unterstützen, wird speziell von den Endverbrauchern
hinsichtlich der Kosten-Nutzen-Rechnung kritisch hinterfragt und als Zu-
viel des Guten (‚gilding the lily') angesehen. Es ist zwar toll, wenn mein
Kühlschrank selbst Milch bestellen kann, aber ist das wirklich essentiell?
Speziell wenn man davon ausgehen muss, dass die diesbezügliche Logik
manuell programmiert werden muss. Ein wesentliches Kriterium ist in diesem Zusammenhang, dass die Notwendigkeit der Anschaffung zusätzlicher
Geräte bzw. der Betrieb bereits bekannter Geräte, die immer komplizierter
zu programmieren sind, nicht die Lösung ist. Menschen wollen keine Geräte
steuern, sie wollen ihr Leben besser in den Griff kriegen (ebd.).

Was in der Diskussion aus nachvollziehbaren Gründen vernachlässigt
wird, sind psychologische Faktoren, die einen entscheidenden Einfluss haben
können. So beschreiben David Bonnefoy et al. (2007), dass Fernsehen im
Normalfall eine ungeplante Aktivität ist, die mit möglichst wenig Aufwand

betrieben wird. Im Normalfall erfolgt zielloses Hin- und Herzappen, bis etwas Akzeptables gefunden wird. Sobald jedoch eine an sich frei verfügbare Ressource knapp wird, das heißt die Wahlfreiheit, sich ein Programm aussuchen bzw. beliebig Zappen zu können, eingeschränkt ist, erhöht sich deren Wichtigkeit und es wird – oft in Relation zum zu erwartenden Nutzen unangemessener – Aufwand betrieben, um sich aus dieser Einschränkung zu befreien. Dem liegt das in der Psychologie schon relativ lange bekannte Phänomen der Reaktanz (Brehm 1966) zugrunde. Dieses und verwandte Phänomene kommen in vielen Bereichen zum Tragen. Beispielsweise soll der bei *Amazon* gegebene Hinweis „nur noch 1 Stück auf Lager" dazu motivieren, einen vielleicht nicht zu hundert Prozent beabsichtigten Kauf aufgrund der künstlich suggerierten Verknappung doch spontan durchzuführen. Diese und andere Faktoren müssen in die Gestaltung zukünftiger intelligenter Umgebungen sicher mit einfließen. Wesentlicher Aspekt in der Gestaltung zukünftiger Systeme ist eine sinnvolle Aufteilung der Aufgaben zwischen System und Benutzer, im Sinne von „maba, maba" (*men are better at, machines are better at*, Ringbauer und Hofvenschiöld 2004).

Ein gänzlicher Verzicht auf intelligente Technologien scheint langfristig kaum realistisch. Konservative Mitmenschen, die sich erfolgreich gegen neue Entwicklungen am Fernsehmarkt gewehrt haben, mussten vor ein paar Jahren klein beigeben. Diejenigen, die bisher ohne Sat- und Kabelfernsehen ausgekommen sind und in Österreich nur die Programme des ORF empfangen konnten und wollten, mussten nach Einführung von DVB-T feststellen, dass sie keine Möglichkeit mehr haben, sich gegen den so genannten Fortschritt zu wehren. Das Beispiel DVB-T verdeutlicht darüber hinaus die Auswirkungen, die eintreten, wenn der Fokus der Umsetzung einer technologischen Innovation lediglich auf technische Faktoren gelegt wird und sich nicht an den Bedürfnissen der Nutzer orientiert.

Literatur

Baker, C. R., Y. Markovsky, J. v. Greuen, J. Rabaey, J. Wawrzynek und A. Wolisz (2006). Zuma: A plattform for smart-home environments. In: *Proceedings of the 2nd IEEE International Conference on Intelligent Environments*. Los Alamitos: IEEE, 51–60.

BMBF/VDE-Innovationspartnerschaft AAL (2010). *Interoperabilität von AAL Systemkomponenten, Teil 1: Stand der Technik*. Berlin: VDE-Verlag.

Bonnefoy, D., M. Bouzid, N. Lhuillier und K. Mercer (2007). 'More Like This' or 'Not for Me': Delivering Personalized Recommendations in Multi-user Environments. *Lecture Notes in Computer Science* 4511, 87–96.

Brehm, J. (1966). *The Theory of Psychological Reactance*. New York: Acadamic Press.

Das, S. K. (2008). *Smart Computing Environments: Challenges, Solutions and Future Directions*. URL: http://rusmart.e-werest.org/2008/das.pdf.

Davidoff, S., M. Lee, C. Yiu, J. Zimmerman und A. Dey (2006). Principles of Smart Home Control. In: *Proceedings of UbiComp '06*. Hrsg. von P. Dourish und A. Friday. Orange County, 19–34.

Felsing, D. (2010). Eine erweiterbare Smart Home Plattform auf Basis des FS20 Systems. Masterarbeit. Klagenfurt: Universität Klagenfurt.

Groppe, J. und W. Müller (2005). Profile management technology for smart customizations in private home applications. In: *Proceedings of the 16th International Workshop Database and Expert Systems Applications*. Los Alamitos: IEEE, 226–230.

Horx, M. (2008). *Technolution – Wie unsere Zukunft sich entwickelt*. Frankfurt/New York: Campus.

Kardorff, E. von (2006). Virtuelle Netzwerke – eine neue Form der Vergesellschaftung? In: *Qualitative Netzwerkanalyse: Konzepte, Methoden, Anwendungen*. Hrsg. von B. Hollstein und F. Straus. Wiesbaden: VS Verlag für Sozialwissenschaften, 63–97.

Nielsen, J. (2004). *Remote Control Anarchy*. URL: http://www.useit.com/alertbox/20040607.html.

Nijholt, A., J. Zwiers und J. Peciva (2009). Mixed Reality Participants in Smart Meeting Rooms and Smart Home Environments. *Personal Ubiquitous Computing* 13, 85–94.

Oh, Y., C. Shin, W. Jung und W. Woo (2005). The ubiTV application for a Family in ubiHome. In: *The 2nd International Ubiquitous Home Workshop*, 23–32.

Otto, F., C. Shin, W. Woo und A. Schmidt (2006). A User Survey on: How to Deal with Conflicts Resulting from Individual Input Devices in Context-Aware Environments? In: *Advances in Pervasive Computing 2006, Adjunct Proceedings of the 4th International Conference on Pervasive Computing*. Hrsg. von T. Pfeifer et al. Wien: Österreichische Computergesellschaft, 65–68.

Rabl, W. (2010). Multimodale Interaktion im Smart-Home-Bereich. Masterarbeit. Klagenfurt: Universität Klagenfurt.

Raskin, J. (2000). *The Humane Interface: New Directions for Designing Interactive Systems*. New York: ACM Press/Addison-Wesley Publishing Co.

Ringbauer, B. und E. Hofvenschiöld (2004). Was macht es denn jetzt? – Emotionale Faktoren bei der Akzeptanz von Smart Home Lösungen. In: *2. Workshop des German Chapters der UPA*. Stuttgart: Lawrence Erlbaum, 87–89.

Schiele, G., M. Handte und C. Becker (2007). Good Manners for Pervasive Computing – An Approach Based on the Ambient Calculus. In: *Fifth IEEE Inter-*

national Conference on Pervasive Computing and Communications Workshops *(PerComW'07)*. Los Alamitos: IEEE, 585–588.

Weiser, M. (1993). Ubiquitous Computing. *Computer* 26.10, 71–72.

Weiser, M. (1991). The Computer for the 21st Century. *Scientific American* 265.9, 94–104.

Yoon, H. und W. Woo (2006). UbiController: Situation-aware mobile user interface for ubiquitous computing environment. In: *Proceedings of UbiComp '06*. Orange County, Conference Supplement.

Alle im Literaturverzeichnis und in den Fußnoten referenzierten Links wurden im September 2011 geprüft.

Wie denkt eine intelligente Umwelt? Modelle adaptiven Verhaltens in der Ambient Intelligence

Hajo Greif

1 Einleitung

Die Frage, *wie* eine intelligente Umwelt denkt – und nicht *was* sie denkt – richtet sich an die impliziten und explizite Modelle, die, häufig unter dem Stichwort „Selbstorganisation", auf unterschiedlichen Ebenen in die Gestaltung von *Ambient-Intelligence*-Systemen (fortan AmI) eingehen. Insofern handelt dieser Beitrag weniger vom Denken der Maschinen als von den Gedanken hinter ihrer Gestaltung, die sie zum Erbringen von im Sinne der Absichten ihrer Gestalter und Nutzer intelligenten Leistungen befähigen sollen. Die gängigen Themen der philosophischen Debatten um das Forschungsprogramm der Künstlichen Intelligenz (KI) bilden dementsprechend nur eine Facette eines komplexeren Bildes, das die Computerwissenschaften und ihre realweltlichen Anwendungen bis heute prägt, aber erst etliche Jahre nach dem Ende der klassischen KI (wieder) in seiner Gänze zur Geltung kommt.

Als W. Ross Ashby 1952 sein Buch mit dem programmatischen Titel *Design for a Brain* zum ersten Mal veröffentlichte und dort das materielle Modell jenes Designs präsentierte, wählte er ein deutlich anderes Zielsystem für sein Modell als es die KI zu seiner Zeit tat: Weder bestand seine Absicht darin, die funktionalen Prozesse im menschlichen Gehirn möglichst detailgetreu nachzubilden, noch darin, Formen intelligenten menschliches Verhaltens nachzubilden, das auf diesen Prozessen beruht. Stattdessen entwarf er ein ausgesprochen basales Modell adaptiven Verhaltens in einer Umwelt, auf das alle Formen der Intelligenz zuallererst aufbauen.[1] Die selbstorganisierende, auf unterschiedliche Elemente eines Systems verteilte *Form* der Steuerungs-

---

[1] Die gänzlich überarbeitete Neuausgabe des Werks (Ashby 1960) trägt dementsprechend den Untertitel „The Origin of Adaptive Behaviour".

prozesse ist der Gegenstand von Ashbys Untersuchung. Der *Inhalt* jener Prozesse ist für seine Version der Kybernetik, anders als für die KI, allenfalls von sekundärer Bedeutung.

Ansätze dieser Art haben sowohl in der neueren, verhaltensbasierten KI eine Renaissance erfahren als auch in den Versuchen, intelligente Umwelten zu entwerfen, die menschlichen Absichten und menschlichem Verhalten gegenüber anpassungsfähig sind. Um den Paradigmenwechsel zu verdeutlichen, wird es sinnvoll sein, nach einer kurzen Erörterung von Fragen der wissenschaftlichen Modellbildung (Abschnitt 2) die Ansätze der KI und der (Ashby'schen) Kybernetik unter besonderer Berücksichtigung ihrer jeweiligen Arten der Modellbildung einem systematischen Vergleich zu unterziehen (Abschnitte 3 und 4), um abschließend nach den Implikationen dieser beiden Traditionen für die System-Umwelt-Modellierung in der Gestaltung intelligenter Umwelten zu fragen (Abschnitt 5). Von besonderem Interesse ist in diesem Zusammenhang die Frage, in welcher Beziehung die adaptive *Form* des Verhaltens intelligenter Umwelten zu deren *Gehalt* steht – insofern dieses Verhalten nämlich Absichten und Überzeugungen der menschlichen Nutzer antizipieren soll.

2 Die Rolle von Modellen

Ein nicht unwesentlicher Teil der Verwirrung, welche sich in den Debatten in und um KI und Kybernetik entfaltet hat, ist möglicherweise dem Verschwimmen einer für die wissenschaftliche Praxis prima facie zentralen Unterscheidung geschuldet, nämlich der Unterscheidung zwischen wissenschaftlicher Modellbildung und technischer Nachbildung. Ein Lehrbeispiel hierfür findet sich bereits in einem Gründungstext der Kybernetik: „The ultimate model of a cat is of course another cat, whether it be born of still another cat or synthesized in a laboratory" (Rosenblueth et al. 1943, 23). Diese Annahme ist zwar im Prinzip wahr, und man sollte die Autoren an dieser Stelle nicht zu sehr beim Wort nehmen, aber insofern man dem hier formulierten Verständnis folgt, verkennt man die Funktion von Modellen in den Wissenschaften. Wenn es gelänge, eine, wenngleich vielleicht sogar vollständige, Nachahmung oder Kopie ihres Gegenstands – des „Zielsystems" – zu erzeugen, wäre damit noch nicht unbedingt ein Modell des Zielsystems erzeugt worden, da solch eine Nachbildung im Prinzip auch ohne ein systematisches Wissen über die physikalische und funktionale Struktur des betreffenden Systems gewonnen werden kann. Somit könnten wichtige

Eigenschaften des Zielgegenstands in einer epistemologischen ‚Black Box‘ verbleiben. Dies wäre einem wissenschaftlichen Erkenntnisanspruch nicht zuträglich. Selbst eine vollständige Nachbildung böte keine Gewähr für eine Vollständigkeit des Wissens über das Zielsystem. Andersherum mag ein Modell durchaus in einem nur sehr indirekten, abstrakten Sinn eine Nachbildung des Zielsystems sein und keine Ähnlichkeit auf der Ebene unmittelbar beobachtbarer Eigenschaften aufweisen.

Eine Modellbildung im wissenschaftlichen Sinne erfordert dementsprechend sowohl eine Definition des intendierten Typs von Beziehung zwischen Modell und Zielsystem als auch eine Auswahl der so zu modellierenden Eigenschaften des Zielsystems. Beiderlei Festlegungen haben zur Folge, dass eine Analogiebeziehung zwischen Modell und Zielsystem postuliert wird, die stets spezifisch und begrenzt ist.[2] Dies stellt eine für die Modellbildung notwendige Bedingung dar.[3] Der Erfolg der Auswahl der Eigenschaften, die das Modell mit seinem Zielsystem teilen soll, bemisst sich an dem Grad, in dem es unter Einsatz des Modells gelingt, neue empirische Hypothesen oder theoretische Aussagen für den jeweiligen Gegenstandsbereich zu finden oder zu begründen, zum Beispiel in Form von Voraussagen über das weitere Verhalten des Zielsystems. Vielfach liegt der besondere Wert eines Modells darin, einen Weg zu solchen Aussagen anzubieten, wenn die geradlinige Lösung eines Problems nicht in Sicht ist.[4]

Eine Analogie kann einerseits die Form von partiellen Ähnlichkeiten in beobachtbaren – oder auf Seiten des Zielsystems mutmaßlich beobachtbaren – Eigenschaften annehmen, so dass eine bestimmte Untermenge von Eigenschaften des Modells eine bestimmte Untermenge von Eigenschaften des Zielsystems wiedergibt. Dies gilt etwa im Falle eines Skalenmodells des Sonnensystems, in dem die Variable „Größe" gezielt aus der Menge der gewählten Eigenschaften ausgeschlossen wird, das Modell aber in erster Linie, wie sein Zielsystem, ein beobachtbarer Gegenstand oder Prozess ist.

---

[2] Folgen wir Newton da Costa und Steven French (2003), ist zwischen „theoretischen" und „ikonischen" bzw. „analogischen" Modellen zu unterscheiden. Meine Aufmerksamkeit richtet sich an dieser Stelle auf den letzteren Typ von Modellen. Erstere sind von einer anderen Art, die in einer anderen Tradition der Wissenschaftstheorie verhandelt wird. Aber auch dort finden sich Formen von Analogien.

[3] Vgl. Black (1962); Hesse (1966); Nagel (1961).

[4] Diese Beobachtung kann so interpretiert werden, dass Modelle allein heuristische Werkzeuge und Abkürzungen in einem Denken sind, die streng deduktiv um so verlässlicher, aber unter größerem Aufwand an Zeit und Disziplin an sein Ziel käme. In „Models and Archetypes" argumentiert Max Black (1962) jedoch dafür, dass Modelle ein autonomer und genuin produktiver Teil wissenschaftlichen Denkens sind.

Diese Form der Analogie gilt aber auch etwa für das Billiardballmodell des Verhaltens von Gasen, in dem das seinerzeit vermutete, aber nicht beobachtbare Verhalten von Molekülen eines Gases dazu diente, seine beobachtbaren thermodynamischen Eigenschaften zu erklären. Auch wenn im letzteren Falle das Modell kein Objekt im engeren Sinne sein muss, sondern auch eine abstrakt formulierbare Struktur sein kann, haben wir es in beiden Fällen mit *materialen* Analogien zu tun.

Materiale Analogien sind andererseits, wenngleich nicht immer trennscharf, von strukturellen Analogien abstrakter, *formaler* Art zu unterscheiden.[5] In diesem Falle wird keine tatsächlich oder mutmaßlich beobachtbare Ähnlichkeit in Eigenschaften oder Verhalten zwischen Modell und Zielsystem erwartet, sondern ein teilweiser Isomorphismus in deren formaler Struktur.[6] Dieser nimmt die Gestalt mathematischer Abbildungsbeziehungen zwischen Zustandsvariablen an: Bestimmte Transformationen bestimmter Variablen im Zielsystem müssen in regelförmiger Weise ihre Entsprechungen in Transformationen der Variablen im Modell finden.[7]

Sowohl die Frage der Auswahl der zu modellierenden Eigenschaften als auch die Unterscheidung zwischen formalen und materiellen Modellen wird für die weitere Diskussion eine zentrale Rolle spielen. Die beiden Forschungstraditionen der KI und der Kybernetik geben diesbezüglich ausgesprochen unterschiedliche, teils gegensätzliche Antworten. Die Modellierung intelligenter Umwelten wird aus beiden Antworten lernen können – ohne sie aber direkt übernehmen zu können.

3 KI: Formale und materielle Modelle

Als Gründungstext der KI wird gerne Alan Turings „Computing Machinery and Intelligence" angeführt (1950). Dort beschreibt Turing in einem Gedankenexperiment das „imitation game", ein Nachahmungsspiel, in dem ein Computer unter restringierten, gleichsam verblindeten Kommunikationsbe-

---

[5] Vgl. Hesse (1966, 67–71) und Nagel (1961, 110–113).

[6] Zum Begriff des partiellen Isomorphismus vgl. da Costa und French (2003, 49–52); vgl. auch Black (1962, Kapitel XIII).

[7] So lässt sich zum Beispiel das geometrische Problem der Aufteilung von Rechtecken in ungleich große Quadrate – das Zielsystem – anhand von Diagrammen elektrischer Schaltkreise – als Modell – lösen. Zu diesem Zweck werden 1:1-Analogien zwischen den elektrodynamischen Eigenschaften der Relais des Schaltkreises und den gesuchten geometrischen Eigenschaften (das heißt hier der Größe) der Quadrate hergestellt (als Beispiel zitiert in ebd., 231 f, nach Gardner 1958).

dingungen die Rolle eines menschlichen Kommunikationspartners annehmen und so Aufschluss über einige wesentliche Merkmale intelligenten Verhaltens geben soll. Obwohl Turings spielerisches Gedankenexperiment auf den ersten Blick wie eine Blaupause für ein Forschungsprogramm der nachbildenden Modellierung menschlicher Intelligenz anmutet, ist das Programm der KI damit aus zwei Gründen nicht hinreichend beschrieben.

Zum einen wurde nur in manchen Bereichen der KI-Forschung die Idee der Nachahmung menschlichen Kommunikationsverhaltens überhaupt weiterverfolgt. Zudem bleibt es umstritten, ob der Versuch, solch eine Fähigkeit zur Nachahmung zu implementieren, mehr ist als eine Form (bestenfalls) halbwissenschaftlicher Effekthascherei, die wenig Auskunft über die *Grundlagen* menschlicher Kommunikation zu geben in der Lage ist.[8] Insoweit das Ziel der KI in der Modellierung kognitiver Prozesse liegt, ist diesem Ziel hiermit wenig gedient.

Zum anderen war es gar nicht Turings primäres Ziel, Aufschluss über Merkmale menschlichen Denkens und menschlicher Kommunikation zu gewinnen. Weder ging er davon aus, auf dem Wege des Nachahmungsspiels das Design einer intelligenten Maschine entworfen zu haben, noch war es seine Absicht, eine Definition dessen zu liefern, was Intelligenz überhaupt sei. Turings Gedankenexperiment kann durchaus als ein Versuch beschrieben werden, genau diese – für die KI später so zentralen – Fragen elegant zu umgehen.[9]

Der primäre Zweck des Turing'schen Gedankenexperiments bestand vielmehr darin zu demonstrieren, dass die logischen Operationen eines Systems in Abstraktion von ihren physikalischen Eigenschaften betrachtet werden können (während diese Operationen zugleich stets physikalisch realisiert sind). Per Implikation sollte sich zeigen, dass gleichartige Operationen in physikalisch unterschiedlichen Systemen realisiert werden können – ob Maschinen oder Organismen. Beide Seiten dieser Idee der Entkopplung von

---

[8] Eine aktuelle Formulierung dieser schon seit Anbeginn der KI artikulierten Kritik (vgl. z.B. die Darstellung in Gardner 1985, 141) findet sich bei Jaron Lanier (2011), in einem Rückblick auf die Auftritte und den Sieg des IBM-Supercomputers WATSON in der Quiz-Show *Jeopardy* vom 14. bis 16. Februar 2011. Mit WATSONS Leistung sei entgegen dem im Spielaufbau angelegten Anschein weder etwas über die Natur des menschlichen Denkens noch über die Möglichkeit maschineller Intelligenz gesagt.

[9] Es wurde verschiedentlich darauf hingewiesen, dass Turings Nachahmungsspiel weder einen Test zum Nachweis der hinreichenden Bedingungen für das Vorhandensein maschineller Intelligenz anbieten konnte und sollte noch eine (operationale) Definition der Begriffe von „Intelligenz" oder „Denken" zu liefern intendiert war (vgl. hierzu Copeland 2000; Moor 1976; Whitby 1996).

Struktur und Funktion waren zu Turings Zeit neuartig. Diese Idee nahm bereits in einem früheren Aufsatz (Turing 1936) Gestalt an, wenngleich in einem prima facie anderen Kontext: dem Hilbert'schen Entscheidungsproblem in der Prädikatenlogik. Dieses Problem besteht in der Frage, ob es innerhalb des prädikatenlogischen Kalküls ein eindeutiges, wohldefiniertes und im Prinzip durchführbares Verfahren für eine Entscheidung über die Beweisbarkeit seiner Einzelaussagen gibt. Turings (und zuvor Alonzo Churchs) Weg zu einer Antwort auf dieses Problem beruhte auf einer Übersetzung logischer Beweisschritte in mathematische Formen, und sie bestand in dem Versuch, die Berechenbarkeit dieser Formen zu prüfen.

In einem ersten Schritt entwarf Turing eine theoretische Maschine, die er treffenderweise „Logical Computing Machine" (LCM) nannte und die in seiner Nachfolge als „Turing-Maschine" Bekanntheit erlangt hat. Solch eine Maschine sollte in der Lage sein, anhand einer Menge sehr einfacher formaler Instruktionen (die ihr in Form von „Anweisungstafeln" zugeführt werden) und eines im Prinzip unbegrenzten Speichers für die durchzuführenden Operationen ein beliebiges berechenbares mathematisches Problem (oder eine Menge von solchen Problemen) zu lösen. Berechenbar ist ein mathematisches Problem, wenn es für seine Lösung eine Menge exakter Regeln gibt, anhand welcher sich in einer endlichen Zahl von Schritten ein eindeutig bestimmbares Resultat erreichen lässt – so dass sich diese Berechnungen entlang der zuvor definierten Regeln (auch) von einem Menschen durchführen lassen. Die Rolle der (immer noch *theoretischen*) Maschinen in diesem Kontext liegt zunächst im Entwurf eines mechanisierbaren, präzisen und von menschlicher Kreativität und Intuition unabhängigen Verfahrens zur Klärung der Berechenbarkeit mathematischer Probleme.[10] Die in diesen Maschinen implementierten formalen Routinen nahmen sich allerdings wiederum die sehr strikt geregelten Verhaltensroutinen menschlicher Rechenkräfte – in der ursprünglichen Verwendungsweise des Begriffs „Computer" – zum Vorbild.[11] Auch komplexe Probleme sollen sich auf einfache Basisoperationen zurückführen lassen. Das Erfüllen dieser Routinen verlangt zwar Regelkenntnis und mentale Disziplin, wird als solches jedoch kaum zu den herausragendsten und wahrscheinlich auch nicht zu den typischsten Leistungen des menschlichen Geistes gezählt.

In einem zweiten Schritt ließ Turing eine – ebenso theoretische – „Universalmaschine" alle möglichen Funktionen seiner LCMs simulieren – auf dem

---

[10] Diese, einem intuitiven Verständnis von Berechenbarkeit fogende, Rekonstruktion von „Turing-Berechenbarkeit" folgt B. Jack Copeland (2009).

[11] Vgl. hierzu Ludwig Wittgensteins pointierte Beobachtung: „Turings ‚Maschinen'. Diese Maschinen sind ja die *Menschen*, welche kalkulieren" (1984, 197).

Wege auswechselbarer Anweisungstafeln, welche die für die jeweilige Aufgabe erforderlichen Instruktionen für diese Turing-Maschine höherer Ordnung enthalten. Als eine mögliche Inkarnation dieses Konzepts der „Universalmaschine" sah Turing den digitalen Computer an, als dessen Anweisungstafeln seine auswechselbaren und modifizierbaren Programme dienen. In diesem Sinne kann eine Universalmaschine, ohne hardwareseitige Umbauten zu erfordern, allen (aber auch nur denjenigen) Aufgaben zugeführt werden, die ins Reich der Turing-berechenbaren mathematischen Probleme fallen oder sich durch Turing-berechenbare Prozesse modellieren lassen. Zugleich markiert die Universalmaschine jedoch auch die Grenzen dessen, was Turing-berechenbar ist, da sie eine negative Antwort auf das Entscheidungsproblem liefert: Über die Beweisbarkeit einer Aussage in einem logischen Kalkül kann innerhalb desselben insofern nicht entschieden werden, als die Universalmaschine kein eindeutiges Verfahren bietet, über die Turing-Berechenbarkeit der Operationen einer beliebigen anderen Turing-Maschine zu entscheiden. Sie erlaubt keine eindeutige Voraussage dahingehend, ob die Prozesse in solch einer Maschine tatsächlich zu einem Abschluss kommen – und somit das Kriterium der endlichen Zahl von Schritten einer Berechnung erfüllen oder verletzen. Letzteres kann nie prinzipiell ausgeschlossen werden, da die Zahl der möglichen Operationen einer Turing-Maschine – auch im Sinne der Länge der Sequenz – unendlich ist.

Mit diesem Argument und den dort eingeführten theoretischen Maschinen – die im Prinzip auch gänzlich andere konkrete, materielle Inkarnationen erfahren könnten als den digitalen Computer – wies Turing den Weg zu Formen logisch-formaler Modellbildung in einer ganzen Reihe von wissenschaftlichen Gegenstandsbereichen. Diese beschränkten sich für ihn nicht auf menschliche kognitive Fähigkeiten, sondern umfassten unter anderem auch Prozesse der Morphogenese (vgl. Turing 1952). Insofern Turing sich mit menschlichen kognitiven Fähigkeiten befasste, diente ihm das Nachahmungsspiel jedoch nicht so sehr als ein Modell derselben, sondern in erster Linie als der Entwurf eines experimentellen Belegs für die Universalität der Universalmaschine. Dieser Beleg kann unter der Voraussetzung erbracht werden, dass sich das Verhalten menschlicher Kommunikationspartner tatsächlich in Gestalt der in einem digitalen Computer implementierten formal-mathematischen Abläufe reproduzieren lässt. Modelle kognitiver Prozesse erscheinen in Turings Versuchsaufbau somit eher als eine Art von Sekundärnutzen, der zudem von begrenzter Tragweite ist: Wenn es gelänge, Maschinen zu konstruieren, denen mentale Prädikate zugeschrieben werden, dann demonstriere dies nicht nur die Leistungsfähigkeit der Maschinen, sondern es zeige auch, dass

sich die menschlichen Vorstellungen davon, was Denken ist, verändert haben
(Turing 1950, 442).

Zweierlei Dinge sind damit jedoch noch nicht gesagt – und möglicherweise
auch nicht impliziert, auch wenn Turing diese Möglichkeiten offenlässt:

(i) eine Modellierbarkeit *aller* kognitiven Fähigkeiten in Turing'schen
Universalmaschinen bzw. digitalen Computern. Die Domäne der so
modellierbaren Prozesse ist auf jene kognitiven Prozesse eingegrenzt,
für die sich mathematisch-formale Analoga im Bereich der Turing-
berechenbaren Funktionen finden lassen. (Unter anderem ließe sich der
freie Wille als möglicher Grenzfall anführen.)[12]

(ii) eine Bestimmung des *Gehalts* der modellierten kognitiven Prozesse.
Turing schlägt ein Modell vor, das allein die formale Gestalt der Prozesse des Schlussfolgerns im menschlichen Denken und verwandter
Prozesse zum Gegenstand hat. Worüber etwas geschlussfolgert oder
welches konkrete Verhalten von Dingen in der Umwelt einer Person
berechnet wird, ist nicht Gegenstand des Turing'schen Ansatzes.

Teile der KI-Forschung zielten, zunächst ganz in Turings Sinne, zuallererst
darauf ab, Computer und Computerprogramme zur Lösung bestimmter,
logikbasierter Aufgaben einzusetzen, zum Beispiel für mathematische oder
logische Beweise. Dies allein konnte bereits als eine bemerkenswerte Leistung
gelten, da Computer in solchen Versuchsanordnungen nicht als, wenngleich
leistungsfähige, *Rechen*-Maschinen auftraten. Die Leistung der mathematischen Modellierung logischer Beziehungen in Turing (1936) eröffnete die
Möglichkeit, eine prima facie auf mathematische Operationen festgelegte
Apparatur zur Lösung logischer Probleme einzusetzen. Jedoch war keineswegs verlangt, dass die Maschinen solche Aufgaben auf dieselbe Weise lösen
wie Menschen. Eine formale Ähnlichkeit der Schritte des Schlussfolgerns
galt als hinreichend.[13] Dies entspricht der klassischen Definition der KI: *„to*

---

[12] Während etwa Copeland die Meinung vertritt, dass Turing sich im Entwurf seiner
Universalmaschine grundlegend auf eindeutig in Regelform explizierbare mathematische Leistungen *von Menschen* bezog und jede darüber hinausgehende Leistung einer
anderen, nicht näher spezifizierten Form von Maschinen bedürfte, der „Hypermachi-
nes" (Copeland 2000; Copeland 2006; Copeland 2009), vermeint Andrew Hodges eine
Uneindeutigkeit in der Bestimmung der Bezugsgröße Mensch vs. Maschine und einen
Wandel in Turings Ansichten zu den möglichen Grenzen der Leistungsfähigkeit der
von ihm konzipierten Maschinen auszumachen (Hodges 2006; Hodges 2008).

[13] Das war, was das Newell-Simon'sche Programm *Logic Theorist* erreichen konnte. Bei
ihrem Nachfolgeprojekt, dem *General Problem Solver*, zeigte sich, dass es Grenzen der
Allgemeinheit des Problemlösens gibt, das von Computerprogrammen nachgebildet

construct computer programs which exhibit behavior that we call ‚intelligent behavior' when we observe it in human beings" (Feigenbaum und Feldman 1963, 3, Hervorhebung im Original). Doch kam es in der Folgezeit zu einem Rollentausch zwischen unterschiedlichen Begriffen der KI: Allgemeines Problemlösen galt zunächst als Ziel der KI im eigentlichen Sinne, während das Programm der kognitiven Modellierung als eine Subspezies unter der Rubrik der „simulation of cognitive processes" verhandelt wurde (ebd., Teil 2).

Das Paradigma der kognitiven Modellierung war es, das sich letztlich als ‚die' KI durchgesetzt hat und das sich die beiden zuvor genannten Annahmen (i) und (ii) zur Voraussetzung machte. Wo Turing zunächst nur davon ausging, dass Prozesse in Computern und Prozesse im menschlichen Gehirn einige wesentliche Gemeinsamkeiten auf der Ebene ihrer formal modellierbaren funktionalen Eigenschaften aufweisen, wurde in der klassischen KI eine genuine materiale Analogie zwischen den Operationen eines digitalen Computers und menschlichen Denkprozessen postuliert.

Zum einen wurde die Analogie zwischen Prozessen in Computern und Prozessen im menschlichen Gehirn fortan ganz konkret interpretiert: Der menschliche Geist sei, wie ein Computer, als in sich geschlossenes System zu verstehen, das mit seiner Umwelt über Input-Output-Beziehungen in Verbindung steht. Übermittelt und verarbeitet werden Informationen in Form von Symbolen. Dementsprechend ließen sich alle kognitiven Aktivitäten als formales Operieren an Symbolen modellieren.

Zum anderen wurden die Computermodelle, wie bereits angedeutet, vielfach im Sinne einer Simulation verstanden und gestaltet. Das Ziel war somit die Nachahmung kognitiver Fähigkeiten. Diese erfolgte zwar auf unterschiedlichen Ebenen (Konversationsverhalten ebenso wie neuronale Aktivierungsmuster), wurde jedoch stets im Sinne beobachtbarer Ähnlichkeiten verstanden. Solche Ähnlichkeiten, nicht formale Analogien, bildeten das primäre Erfolgskriterium für die Simulationen.

Die Computer-Analogie wurde somit nicht nur mit einer größeren Reichweite versehen als bei Turing selbst, sondern auch auf zweifache Weise wörtlich verstanden. Dies wurde möglich, weil das Verständnis der im Modell hergestellten Analogiebeziehung sich von einer formalen zu einer materiellen Analogie verschob. Diese Verschiebung ging mit einer zweiten Verschiebung einher: Das Verständnis des Begriffs der Berechnung im Rahmen des Modells entfernte sich, folgen wir Jean-Pierre Dupuy (2009, 6 f, 11 f), von der Vorstellung einer im mathematischen Sinne „mechanischen" Berechnung, so wie sie von Turing erörtert wurde, und näherte sich der Vorstellung

---

werden kann. Vgl. Gardner (1985, 145–151); McCorduck (1979, 143 f, 211–215).

einer „symbolischen" Berechnung an, in welcher der semantische Gehalt der
Symbole in den Mittelpunkt rückt. Genau an diesen Punkten trennen sich
die Wege der KI und ihres „poorly loved parent" (Dupuy 2009, Kapitel 2),
der Kybernetik.

4 Kybernetik: System und Umwelt

Während die KI bisweilen unentschieden zwischen der Fähigkeit zu einer allgemeinen Problemlösung, der Modellierung menschlicher kognitiver Leistungen
und dem Versuch der Erzeugung „synthetischer Intelligenz" oszillierte, dabei
jedoch stets den menschlichen Geist als in sich geschlossenes System betrachtete, das mit seiner Umwelt in formal-symbolisch verfassten In- und Output-
beziehungen in Austausch tritt, ging ein anderes Forschungsprogramm, das
bereits Mitte der 1940er Jahre aufkam und als dessen Abkömmling, Schwe-
sterdisziplin und Konkurrentin zugleich die KI bisweilen betrachtet wird,
einen anderen Weg: die Kybernetik.[14] Dieses Forschungsprogramm machte
sich die Erklärung des Entstehens und der Funktion adaptiven Verhaltens
von Systemen aller Art – natürlichen wie technischen – in einer veränderlichen, idealerweise einer natürlichen Umwelt zur Aufgabe. Es gründete
seine Erklärungen auf ein informations- und wahrscheinlichkeitstheoretisches
Fundament und verfolgte eine *Bottom-up*-Erklärungsstrategie.

Kybernetik und KI teilen einige Prämissen und Kernhypothesen, die als
Indikatoren ihrer ‚phylogenetischen' Verwandtschaft gelten können. So ist die

---

[14] Stefano Franchi und Güven Güzeldere (2005) weisen auf die gemeinsamen Wurzeln
beider Forschungsprogramme hin und beschreiben das spätere Konkurrenzverhältnis –
in dem die KI lange die Oberhand gewonnen zu haben schien – weitgehend als den
Effekt ideologischer und politischer Differenzen. In der Tat findet sich eine Reihe
gemeinsamer Bezugspunkte für beide Forschungsprogramme – etwa Claude Shannons
und Warren Weavers mathematische Theorie der Information oder John von Neu-
manns Rolle als einer der Protagonisten der Kybernetik und zugleich als Erfinder des
als von-Neumann-Architektur bekannt gewordenen Aufbaus des modernen digitalen
Computers. Ebenso erfolgt Herbert Simons Bezugnahme auf die kybernetische Forschungstradition (1969, Kapitel 7) in ganz selbstverständlicher Manier und erscheint mit
deren Zielen gleichgerichtet. Auch bei Allen Newell (1983) findet sich die Betonung einer
starken Kontinuität zwischen Kybernetik und KI hinsichtlich ihrer Erklärungsziele und
-methoden. Howard Gardner (1985) betonte erstmals den gemeinsamen intellektuellen
Ursprung und identifiziert eine Reihe inhaltlicher Gemeinsamkeiten unterschiedlicher
Forschungsprogramme der 1950er Jahre. Eine stärker systematische – und ausgesprochen kritische – Rekonstruktion des Ursprungs und der Rolle der Kybernetik in der
Wissenschaftslandschaft ihrer Zeit wird von Jean-Pierre Dupuy (2009) unternommen.
Jedenfalls lassen sich einige *systematische* Differenzen zwischen Kybernetik und KI
identifizieren, die für die gegenwärtige Diskussion aufschlussreich sein können.

Entkopplung der Betrachtung der funktionalen Struktur eines Systems von der Form seiner physikalischen Realisierung ein Kernelement der Kybernetik. Die Gemeinsamkeiten der internen wie externen Verhaltensmuster solch unterschiedlicher Dinge wie Organismen, Maschinen und sozialer Systeme sollen identifiziert werden. Dieses Motiv scheint in der KI in abgeschwächter Form wieder auf. Eine zweite Parallele zwischen Kybernetik und KI findet sich in der Verwendung theoretischer, idealisierter Maschinen als Modelle: Anhand der in abstrakter und mathematischer Form dargestellten Operationen der betreffenden Maschinen soll gezeigt werden, über welche grundlegenden Eigenschaften das Zielsystem verfügt. Und eine dritte Parallele lässt sich in der Wahl des Konzepts der Maschinen finden, welche zum Zwecke der Modellierung herangezogen werden: Anders als Industriemaschinen und dergleichen, die über ihre physikalischen Effekte gekennzeichnet sind und die entweder von Menschen kontrolliert werden oder starren automatischen Abläufen folgen, zeichnen sich die Maschinen der Kybernetik und der KI durch ihre Fähigkeit aus, Prozesse zu kontrollieren.[15]

Die Begrenztheit der Parallelen zwischen KI und Kybernetik erweist sich jedoch bereits bei einem genaueren Blick auf die letztgenannte Gemeinsamkeit: Die Rollen, die dem Einsatz *konkreter* Maschinen im jeweiligen Forschungsprogramm zugeschrieben werden, unterscheiden sich nicht nur hinsichtlich der Wahl digitaler (Turing) vs. analoger Computer (Ashby). Die KI strebt eine Modellierung bzw. Simulation kognitiver Prozesse und ihrer Resultate in Computerprogrammen an. Sie wählt ein konkretes Zielsystem und versucht einige seiner wesentlichen Eigenschaften in einem anderen Medium zu reproduzieren. Die Aufmerksamkeit der Kybernetik hingegen richtet sich auf die möglichen funktionalen Analogien in der Verhaltensstruktur zwischen Computern, menschlichen Gehirnen und anderen natürlichen oder technischen Systemen. Die Fragestellung lautet: Welche grundlegenden Verhaltensmerkmale haben Gehirne, Computer und andere Systeme gemeinsam, die ihnen ein adaptives Verhalten in einer veränderlichen Umwelt ermöglichen? Die Kybernetik befasst sich mit dem menschlichen Geist nur und genau im Sinne der funktionalen Organisation des menschlichen Gehirns als adaptivem System, nicht mit der Nachbildung von Denkprozessen und deren Gehalt.[16]

Die Fragestellungen der Kybernetik ergaben sich zudem aus dem Umgang mit ganz konkreten technischen Problemen, die zunächst keinerlei offensichtliche Beziehung zu kognitionspsychologischen Fragen aufweisen: Die

---

[15] Zu dieser Beobachtung vgl. z.B. Hodges (2011); Boden (2006, 218–221).
[16] Vgl. hierzu Dupuy (2009, 4 ff); Franchi und Güzeldere (2005, 25).

Entwicklung von Technologien, die über Mechanismen der Zielsteuerung und Selbstkorrektur verfügen – zum Beispiel Servomechanismen für Flugzeuge und Luftabwehrgeschütze –, erforderte andere als die für linear operierende Maschinen etablierten Gestaltungsansätze. Per Analogieschluss wurde auch die funktionale Struktur des Gehirns zum Untersuchungsgegenstand, unter der Prämisse, dass das Gehirn eine Maschine mit Kontrollfunktion sei. Der programmatische Titel *Design for a Brain* (Ashby 1952) steht, bei aller augenscheinlichen Verwandtschaft, letzten Endes für ein anderes Programm als das der KI. (In der weiteren Darstellung werde ich mich weitgehend an Ashbys Variante dieses Forschungsprogramms orientieren.)

Die Gemeinsamkeit zwischen Servomechanismen, Gehirnen und den anderen Systemen, mit denen die Kybernetik sich beschäftigt, findet sich im Vorhandensein von identifizierbaren Ziel- und Normalzuständen und in der Rolle von Information für ihre Erreichung, Erhaltung und Wiedererlangung. Die Erklärung dieser Zustände und Prozesse soll möglich sein, ohne finale Ursachen oder das Vorhandensein anderer Kräfte voraussetzen zu müssen, die sich nicht im materialistischen Bild einer kausal geschlossenen Welt unterbringen lassen – eine Zielsetzung, die von den Autoren bisweilen, leicht irreführend, als behavioristisch charakterisiert wird.[17]

Die Ziel- und Normalzustände aller untersuchten Systeme werden als emergente Eigenschaften der Interaktion zwischen den Elementen des jeweiligen Systems betrachtet. Solche Zustände treten dann auf, wenn auf einen bestimmten Eingangszustand hin nicht eine Vielzahl unterschiedlicher und zufallsverteilter Zustände oder Ereignisketten, sondern eine regelmäßig und ohne weiteres Hinzutun auftretende bestimmte Abfolge von Ereignissen und Zuständen beobachtbar ist. Solche Systeme werden von Ashby als zustandsdeterminiert (*state-determined*) bezeichnet (Ashby 1960, 25 f). Eine Untermenge dieser Systeme wiederum zeichnet sich durch die Eigenschaft der Stabilität aus – für welche es die zugrunde liegenden Mechanismen zu identifizieren gilt.

---

[17] Diese programmatische Festlegung auf ein „behavioristisches" (aber im Kern vor allem materialistisches) Weltbild wird erstmals bei Arturo Rosenblueth et al. (1943) artikuliert. Paradigmatisch formuliert wird sie in Ashby (1960, 8–10). Irreführend ist diese Selbstcharakterisierung insofern, als die Kybernetik als Teil einer kritischen Reaktion auf die behavioristische Psychologie der ersten Hälfte des 20. Jahrhunderts verstanden werden kann (vgl. Gardner 1985, 10–14, 19 f). Diese Lesart der Beziehung zwischen Kybernetik und Behaviorismus wird von Dupuy (2009) zwar zunächst bestritten, doch der eigentliche und zentrale Unterschied liegt darin, dass fortan der interne funktionale Aufbau der Systeme zum Gegenstand einer Analyse wird, die eine quasi-behavioristische Form annimmt, insofern sie jegliche Form phänomenaler und qualitativer Beschreibung vermeidet.

Der grundlegende für die Stabilität von Systemen verantwortliche Mechanismus der Kontrolle wird in der Übermittlung von Information über die Resultate eines Verhaltens gesehen, die im Sinne einer negativen Rückkopplung auf das System zurückwirkt und sein Verhalten in Bezug auf seinen jeweiligen Ziel- oder Normalzustand korrigiert. Diesen Mechanismus erläutert Ashby anhand eines im Wortsinne materialen Modells, das er 1948 unter anderem aus Komponenten eines Bombenkontrollsystems der *Royal Air Force* konstruierte und das als der „Homöostat" Bekanntheit erlangte.[18]

Der Homöostat bestand aus vier Teilschaltkreisen, die untereinander so gekoppelt waren, dass eine Spannungsveränderung in einer Einheit sowohl an diese selbst als auch an die anderen Einheiten übermittelt wurde. Jede Einheit des Homöostaten stand für eine Variable, die auf eine Manipulation hin mit den Werten der anderen Variablen interagierte und so Rückkopplungsschleifen erzeugte. Die möglichen Werte für jede Variable fielen dabei in zwei markant unterschiedliche Bereiche:

1. den Wertebereich, in welchem die Rückkopplung zwischen den Einheiten in einem stabilen Gleichgewicht resultierte; die Einheiten kehrten nach einigen Durchgängen in eine neutrale Position zurück;

2. den Wertebereich, in welchem eine unkontrollierte Dynamik auftrat; die Rückkopplungen trieben die Werte für jede Variable in den Bereich eines instabilen Gleichgewichts, in dem die Spannungsverteilung Extrempositionen annahm.

Da beiderlei Zustände eintreten konnten, war das Resultat zunächst ein System mit Rückkopplungsfunktionen, aber weder ein stabiles noch gar ein adaptives System. Ein adaptives oder, in Ashbys Worten, „ultrastabiles" Verhalten wurde durch den Einsatz von Drehwählern in jeder Einheit erreicht. Wann immer der Wert einer oder mehrerer Einheiten die Schwelle zur Instabilität passierte, erzeugten diese Vorrichtungen in festgelegter und koordinierter Taktung nach dem Zufallsprinzip neue Werte, so lange bis sich wieder selbst-korrigierende, Typ-1-Rückkopplungen einstellten. Auch auf massive Manipulationen hin stellte sich über einen gewissen Zeitraum wieder ein stabiles Gleichgewicht ein.

Es ist an dieser Stelle wichtig festzuhalten, dass der Homöostat nicht als das Modell der internen Dynamik eines geschlossenen Systems intendiert war, sondern als das Modell einer System-Umwelt-Interaktion. Ziel des Modells war es, denjenigen Teil eines Systems darzustellen, der auf Umweltvariablen

---

[18] Die Beschreibung des Homöostaten findet sich in Ashby (1960, Kapitel 8).

reagiert – und die Umweltvariablen, auf die es reagiert (Ashby 1960, 103).
Ashbys Modell war somit das Modell der Interaktion eines vereinfachten,
Zwei-Variablen-Systems mit einer vereinfachten, Zwei-Variablen-Umwelt.
Die adaptive Leistung des Homöostaten bestand darin, seine eigenen und
die Umweltvariablen innerhalb des stabilen Bereichs zu halten sowie sie
erforderlichenfalls in diesen Bereich zurückzuführen. Dieselben Mechanismen
seien, so der Analogieschluss, in dem komplexeren Wechselspiel zwischen
Organismen und ihren Umwelten im Spiel.

Ganz offensichtlich erfolgt die Modellbildung bei Ashby in mehrerlei Hinsicht unter gegenüber der KI umgekehrten Vorzeichen: So bedient er sich, bei
allem Bestreben nach maximaler formaler Abstraktion, ganz konkreter Maschinen, um die grundlegenden Merkmale von Prozessen der Rückkopplung
zwischen Systemen und ihrer Umwelt zu modellieren. Das Zielsystem besteht
somit in einer Vielzahl – zumindest im Prinzip – beobachtbarer Prozesse,
deren strukturelle Analogien es zu identifizieren gilt. Ashbys Homöostat
bietet ein genuin physisches Modell der Rückkopplungsprozesse zwischen
Variablen in System und Umwelt.

Zugleich findet sich, ungeachtet der genuin materialen Analogiebeziehung,
kein Versuch der Etablierung von Ähnlichkeitsbeziehungen, die in der Beobachtung oder Interaktion mit dem System unmittelbar zutage treten würden.
Ashbys Homöostat mag als Modell adaptiven Verhaltens beliebiger Art dienen – ein Vergleich mit den Prozessen im menschlichen Nervensystem wird
öfters gezogen –, aber gerade darum ist er keinem spezifischen System in
einer spezifischen Weise ähnlich. Der Homöostat mag ein Modell basaler Mechanismen bieten, die zu den Grundlagen menschlicher Intelligenz gehören,
aber er wird nicht zum Teil eines Nachahmungsspiels oder gar eines Versuchs
der Erzeugung einer Simulation höherstufiger kognitiver Fähigkeiten. Es
wird zuallererst kein Versuch unternommen, Verhaltensziele des Systems
jenseits des Erreichens von Gleichgewichtszuständen zum Teil des Modells
zu machen. In Ashbys Modell sind allein abstrakte Variablen zu finden, die
sich nur auf allgemeinstem Niveau auf konkrete Ziele konkreter Systeme in
konkreten Umwelten abbilden lassen.

Gerade der Anspruch eines so basalen wie universalen Modells adaptiven
Verhaltens hat dem Ashby'schen Modell von Seiten der KI Kritik eingetragen.
So haben Marvin Minsky und Herbert Simon angemerkt, dass der Homöostat
in der Tat ein lehrreiches Modell sei – allerdings vor allem in dem, was
es *nicht* demonstrieren könne (so berichtet in McCorduck 1979, 46 f). Die
von Ashby dargestellten homöostatischen Mechanismen mögen zwar eine
notwendige Vorbedingung für absichtsvolles Verhalten und höherstufige

kognitive Fähigkeiten sein, indem sie zeigen, wie es einem Organismus gelingt, sich von störenden Umwelteinflüssen nicht von seinem Ziel abbringen zu lassen. Diese Eigenschaften haben dem Homöostaten Beschreibungen wie „eine Maschine zur Verhinderung von Veränderung" oder „die schlafende Maschine" eingehandelt.[19] Doch jegliche Zielgerichtetheit jenseits dieser ultrastabilen Gleichgewichte, so die Kritiker, werde von diesem Modell überhaupt nicht erfasst.

In diesem Sinne wird die Kybernetik von Seiten der KI bereits bei Edward Feigenbaum und Julian Feldman (1963, v) als der Versuch charakterisiert, das Verhalten intelligenter Systeme anhand möglichst einfacher Informationseinheiten zu modellieren – während die KI von vornherein auf eine höherstufige und komplexere Ebene der Modellbildung fokussiert. Letztlich seien die von der Kybernetik ins Feld geführten Mechanismen zu abstrakt und zu grob definiert, um komplexes, absichtsvolles Handeln zu erklären (Haugeland 1985, 168–173).

5 Die Modellierung intelligenter Umwelten

Sowohl die KI als auch die Kybernetik haben, jeweils für sich genommen und in ihren klassischen Ausprägungen, als Forschungsprogramme an Bedeutung verloren. Allerdings hat die Kybernetik etwa seit der Jahrtausendwende eine Renaissance erlebt: Als sich die Grenzen der symbolbasierten KI immer deutlicher zeigten, wurden einige Motive der kybernetischen Forschungstradition – möglicherweise ohne dass dies den Akteuren immer bewusst war[20] – wieder aufgegriffen und in neuere Ansätze der KI-Forschung integriert. Vor allem die Annahme, dass höhere kognitive Fähigkeiten auf den körperlichen und perzeptuellen Interaktionen eines Organismus mit seiner Umwelt sowie den damit verbundenen adaptiven Notwendigkeiten beruhen, erfuhr neue Aufmerksamkeit. Doch bereits früher und in direkter Anknüpfung an die zweite Generation der Kybernetik lieferten die soziologische Systemtheorie und einige ihrer angewandten Abkömmlinge ihre eigene Interpretation dieser Tradition und folgten damit deren Anspruch, ganz unterschiedliche Systeme anhand eines einheitlichen Typs von Modell zu erklären.

---

[19] So berichtet von Margaret Boden (2006, 228) und Andrew Pickering (2005, 237).

[20] Bei Stefano Nolfi und Dario Floreano (2000), Floreano und Claudio Matiussi (2008) sowie Inman Harvey (2004) werden Motive der Kybernetik in einer Art und Weise wiederaufgegriffen, welche diese Quelle nur vage und indirekt aufscheinen lässt. Sehr wohl bewusst ist dieses Erbe jedoch Luc Steels und Rodney Brooks (1995) sowie Brooks (1991).

Die KI hat im Zuge dieser Renaissance in manchen Bereichen eine umfassende inhaltliche Neubestimmung erfahren, verfolgte aber weiterhin ihre kognitionswissenschaftlichen Ziele. In anderen Bereichen jedoch hat sie den Bereich der Kognitionswissenschaften (wieder) verlassen und ist, unter Aufgabe ihrer einst weitreichenden Erklärungsansprüche, in angewandte Technologien eingegangen, deren Erscheinung und Nutzungsweise oft nur wenig mit der Modellierung kognitiver Prozesse zu tun haben. An dieser Stelle lässt sich eine Rückkehr zur ursprünglichen Definition der KI feststellen: Computerprogramme erfüllen Aufgaben, für die bei einem Menschen Intelligenz erforderlich wäre. Konversationsagenten oder KI-basierte Suchalgorithmen mögen hierfür als Beispiele dienen – oder auch AmI-Technologien. Diese werden weder entworfen, um Modelle menschlichen Denkens zu erzeugen, noch setzen sie solche Modelle unbedingt voraus. Mark Weiser machte in seinem programmatischen Aufsatz „The Computer for the 21st Century" sogar geltend, dass sich adaptive, verteilte Systeme entwerfen lassen, ohne auch nur eine Spur von KI zu erfordern (1991, 98). In der Praxis lassen sich jedoch durchaus Querverbindungen aufspüren.[21]

Im Bereich der AmI lässt sich, vor dem Hintergrund der vorangegangenen Diskussionen, eine bemerkenswerte Synthese von Fragestellungen und Lösungsansätzen aus der angewandten KI und der Kybernetik beobachten. Eine solche Synthese ist allein schon deswegen naheliegend, weil AmI-Systeme ein adaptives, intelligentes Verhalten in und gegenüber menschlichen Handlungsumwelten aufweisen sollen. Genauer gesagt, sollen sie sich als Bestandteile menschlicher Handlungsumwelten an menschliche Handlungsmuster anpassen und deren Ziele antizipieren. Somit sind, anders als in lange dominanten Teilen der KI, nicht mehr konkret individuierte und in manchen Aspekten menschenähnliche Entitäten die Interaktionspartner, sondern eine modifizierte menschliche Handlungsumwelt oder bestimmte – aber nicht mehr eindeutig individuierte – Eigenschaften derselben. Anders als in der Kybernetik wiederum werden die konkreten Eigenschaften menschlicher Handlungsumwelten und konkrete menschliche Handlungsziele für die Modellierung von Rückkopplungs- und Anpassungsprozessen relevant. Gegenüber beiden zuvor beschriebenen Traditionen liegt die besondere Leistung und ein

---

[21] Zum Beispiel finden sich Sammelbände zum Thema AmI in der Reihe *Lecture Notes in Artificial Intelligence* – und präsentieren Beiträge, die fest in der KI-Tradition verwurzelt sind (vgl. z.B. Cai 2005; Cai und Abascal 2006). Ein expliziter Versuch der Verbindung zwischen KI und AmI findet sich bei Alexander Kleiner (2005), der sich auf das Konzept intelligenter Agenten stützt. Im Kontext von *Smart-Home*-Technologien wird die Verbindung bei Juan Carlos Augusto und Chris Nugent (2006) gemacht.

Distinktionsmerkmal der AmI darin, dass die Interaktion mit AmI-Systemen dezidiert in einer Umwelt des Alltagshandelns gelingen muss – also in einer Umwelt, deren Variablen nicht experimentell kontrolliert werden können. Was dies konkret bedeutet, lässt sich anhand konkreter Anwendungsfelder der AmI verdeutlichen – etwa anhand von *4G-*, *Augmented-Reality-* und *Smart-Home-*Technologien.

4G-NETZWERKE: Die Drahtlosnetzwerke der vierten Generation (4G, auch „Next Generation Networks") sollen die bisher heterogenen Typen und Standards digitaler Netzwerke (3G, WLAN, WiMAX) in sich vereinigen und so einen über unterschiedliche Dienste und Endgeräte hinweg universellen, anpassungsfähigen, robusten und flexiblen Netzwerkzugang ermöglichen. Auf Grundlage bestehender Telekommunikations- und Computerinfrastrukturen soll mittels eines einheitlichen (IP-) Protokolls ein nahtloser Übergang zwischen verschiedenen Netzwerken und unterschiedlichen Endgeräten an unterschiedlichen Orten erzielt werden. Selbst in ein und demselben Endgerät sollen, je nach Nutzungsbedarf, unterschiedliche Netzwerke gleichzeitig, integriert und ohne Konfigurationsaufwand genutzt werden können (zum Beispiel GPS und mobiles Internet in ortsbezogenen Diensten). Zu diesen Zwecken kommt eine verteilte Netzwerkarchitektur in Form lokaler, selbstorganisierter Ad-hoc-Vernetzung zwischen Endgeräten verschiedener Nutzer zum Einsatz, in der die jeweiligen Rollen in Abhängigkeit von Position und aktueller Nutzung des Gerätes automatisch festgelegt werden. Die Endgeräte werden somit zu Relais im Netzwerk. Den Nutzern soll auf diesem Wege eine Vielfalt von Anwendungen und Diensten in flexibler und integrierter Weise zugänglich werden.[22]

AUGMENTED REALITY: Ein Anwendungsszenario, in dem solche Netzwerke ihre Fähigkeiten unter Beweis stellen können, findet sich in *Augmented-Reality-*Technologien (AR). Ihr Ziel ist es, die Alltagsumwelt der Nutzer mit Informationen anzureichern, die sich möglichst bruchlos in die Wahrnehmung dieser Umwelt einfügen und sich auf die Eigenschaften dieser Umwelt beziehen. Zu diesem Zweck werden reale und virtuelle Objekte so kombiniert und in die Wahrnehmung der Nutzer integriert, dass sie in ein und derselben wahrgenommenen Umwelt koexistieren und zueinander in Beziehung treten. Auf diesem Wege soll die Orientierung der Nutzer in und ihre Interaktion

---

[22] Vgl. hierzu z.B. Adibi et al. (2010); Khan et al. (2009); Wegdam et al. (2004); Yu Hui und Yeng (2003).

mit der Umwelt erleichtert und erweitert werden. Das Spektrum der intendierten Anwendungsmöglichkeiten der AR reicht von der Bereitstellung von Navigationsinformationen über die zielgerichtete Bewerbung von Angeboten in der lokalen Umgebung der Nutzer bis hin zur Bereitstellung von Spiel- und Unterhaltungsfunktionen. Diese Anwendungen erlauben – zumindest in anspruchsvolleren AR-Designs – eine Interaktion über jene in die Umwelt integrierten virtuellen Objekte, die somit als Interfaces dienen.[23]

SMART HOMES: Während für AR-Technologien die paradigmatischen Nutzungsszenarien primär mobiler Art sind, werden im Falle der *Smart Homes* Wohnumgebungen mit verteilten intelligenten Systemen angereichert, welche auf die Bedürfnisse der Bewohner ebenso adaptiv reagieren sollen wie auf physikalische Umweltbedingungen.[24] Die Nutzungsszenarien beinhalten Funktionen des Komforts, der Unterhaltung und der Beeinflussung von Stimmungen der Bewohner ebenso wie die Bereitstellung von Überwachungs- und Hilfefunktionen für ältere oder körperlich eingeschränkte Personen, um ihnen ein Leben im eigenen Zuhause zu ermöglichen, aber auch das autonome Management von Ressourcen, so zum Beispiel Klimatisierung oder Steuerung des Stromverbrauchs, gehören zu den Einsatzbereichen von *Smart-Home*-Technologien. Wichtig ist es in diesem Kontext, unterschiedliche Funktionen so zu integrieren, dass sie nicht untereinander oder mit den Handlungszielen der Bewohner konfligieren, aber auch einen Weg bieten, den unterschiedlichen Handlungszielen unterschiedlicher Bewohner gerecht zu werden.[25]

Ein wesentliches gemeinsames Gestaltungsziel, das sich über diese drei Beispielfelder hinweg beobachten lässt, findet sich, neben der Modifikation der Handlungsumwelten als solcher, in der Vorgabe, dass die technische Beschaffenheit solcher modifizierter Umwelten von ihren Nutzern möglichst wenig oder idealerweise gar keine Aufmerksamkeit erfordern soll. Dies gilt jedenfalls

---

[23] Vgl. hierzu z.B. Azuma et al. (2001); Feiner (2002); Haller et al. (2007); Streitz et al. (2007); Zhou et al. (2008).

[24] Von manchen Autoren wird eine Unterscheidung zwischen diesen Funktionen, versammelt unter dem Begriff *Smart Environments*, und AmI im engeren Sinne vorgenommen: *Smart Environments* fokussieren stärker auf die intelligente Verteilung von Ressourcen in verteilten, vernetzten Systemen, während in der AmI das Nutzerverhalten im Vordergrund steht (Augusto und Aghajan 2009).

[25] Vgl. hierzu Augusto und Nugent (2006); Cook und Das (2005); Edwards und Grinter (2001); Friedewald et al. (2005); Singla et al. (2010); Taylor et al. (2007), ebenso Leitner et al. (2011, in diesem Band).

für die funktionalen Routinen der AmI-Systeme und in manchen Fällen sogar für ihre Gegenwart. Die technischen Infrastrukturen und Benutzerschnittstellen der AmI werden so, metaphorisch gesprochen, in einem doppelten Sinne transparent: Die Nutzer sollen mit der unaufdringlichen und selbstgesteuerten Unterstützung der Systeme möglichst direkt ihr Handlungsziel in den Blick nehmen und es erreichen können. Zugleich jedoch sollen sie die von den Systemen angebotenen Handlungsmöglichkeiten mit möglichst wenig Aufwand durchschauen und die Kontrolle über das Geschehen behalten können.

Dieses Ziel soll zum Teil dadurch erreicht werden, dass auf recht direktem Wege Modelle des Verhaltens der Nutzer erzeugt und implementiert werden – am ausgeprägtesten im Falle der AR. Zum Teil werden jedoch auch selbstorganisierende Architekturen entworfen, die sich selbsttätig an die jeweiligen Situationen anpassen – am ausgeprägtesten im Falle der 4G-Technologien. Bereits auf dieser Ebene spiegelt sich die zweifache Genealogie der AmI wieder: Aus der KI vertraute Formen der Modellierung menschlichen Verhaltens als zielgerichteter Tätigkeit finden sich neben den Modellen elementar adaptiven, aber inhaltlich unterbestimmten Verhaltens der Kybernetik. Mischformen aus beiden Ansätzen sind, im Lichte der praktisch orientierten Zielsetzung der AmI, möglich und wahrscheinlich. Doch ist auf dieser Ebene noch nichts darüber gesagt, gegenüber *welchen* Aspekten menschlichen Verhaltens sich AmI-Systeme adaptiv verhalten sollen.

Im Falle der 4G-Technologien findet sich eine Adaptivität der Systeme gegenüber dem Verhalten der Nutzer nur im Hinblick auf sehr allgemeine Verhaltensmuster – nämlich im Hinblick auf die Position und Bewegung der Nutzer im Raum, den Wechsel zwischen unterschiedlichen Handlungskontexten (Arbeit, privat, auf Reisen etc.) sowie die Verfügbarkeit ihrer Geräte im Netz. Eine Modellierung des Verhaltens der Nutzer erfolgt nur auf diese und ähnliche Variablen hin, zu deren Bestimmung ihre eigentlichen Handlungs*ziele* nicht adressiert werden müssen. Es muss nicht antizipiert werden, was ein Nutzer als Nächstes tun wird und welches ultimate Ziel sie damit anstreben mag. Es soll allein eine adaptive, flexible, robuste Infrastruktur erzeugt werden, die auf die Bewegungsmuster der Nutzer reagiert und sie sich im besten Falle zunutze macht. Diese Infrastruktur mag zwar eine Möglichkeitsbedingung für eine Vielfalt von Diensten sein, sie bleibt jedoch gegenüber deren Inhalten indifferent.

Dieser Fall ist zu unterscheiden von Anwendungen, die gegenüber den Handlungszielen der Nutzer adaptive Verhaltensmuster erzeugen – was durchaus auch mit konventionellen Computersystemen und Architekturen möglich ist. Einem solchen System muss es nicht nur, so wie in der verhaltensbasierten KI, gelingen, sich gegenüber *seiner* Umwelt adaptiv zu verhalten. Es gilt auch das Verhalten der Nutzer und die von ihnen erwarteten Eigenschaften *ihrer* Umwelt zu antizipieren, so dass das System von ihnen als ein integraler Bestandteil ihrer handlungsrelevanten Umweltbedingungen wahrgenommen wird und nicht als ein gegenüber den eigenen Handlungsabsichten eigensinniges Artefakt. Dazu ist es unter anderem erforderlich, zwischen auf der Beobachtungsebene zunächst identisch scheinenden, aber in ihrer Zielsetzung unterschiedlichen Verhaltensweisen zu unterscheiden. Auch ohne den Versuch, menschliches Denken als solches zu modellieren, ist eine Analyse semantischer Zusammenhänge erforderlich, welche nutzerseitige Verhaltensmuster verlässlich auf ihre Ziele hin klassifiziert. Der Gegenstand der Modellbildung ist folglich ein anderer als im Falle einer adaptiven Infrastruktur. Die Eigenschaften Letzterer können, müssen aber nicht ein Echo auf der Ebene der Anwendungen finden – und umgekehrt.

Prima facie ließe sich somit eine Arbeitsteilung zwischen KI und Kybernetik hinsichtlich der Ebenen der Modellbildung ausmachen – im Sinne einer von kybernetischen Prinzipien informierten Infrastruktur, welcher eine Modellierung der Verhaltensziele der Nutzer in der Tradition der KI gegenübersteht, wobei beide Ebenen miteinander korrellieren können, aber nicht müssen. Doch auf der Ebene der Ziele und Methoden der Modellierung menschlichen Verhaltens erscheint das Zusammenspiel von komplexerer Art.

AMI UND KYBERNETIK: Es ist zwar keine notwendige Bedingung für das Funktionieren auch der anspruchsvolleren AmI-Technologien, die kognitiven Fähigkeiten der Nutzer zu modellieren, aber die Eigenschaften der modifizierten Umwelt müssen zumindest so gestaltet werden, dass sie nicht infolge allfälliger Inkongruenzen für Irritationen sorgen. Sie sollen somit die Handlungserwartungen der Nutzer erfüllen, während sie zugleich erkennbar und kontrollierbar bleiben. Das Zielsystem der Modellierung ist die Interaktion zwischen den Nutzern und ihren Umwelten, in welche sich die AmI-Applikationen einfügen sollen. Zu diesem Zweck gilt es Rückkopplungsmechanismen zwischen Veränderungen in der Umwelt, den Handlungen der Nutzer und dem Verhalten des AmI-Systems zu etablieren, so dass die Interaktion zwischen allen Elementen idealerweise stabil bleibt oder sich nach Abweichungen selbsttätig wieder stabilisiert. Das Resultat ist eine wechselseitige Anpassung zwischen dem Verhalten der Nutzer, dem Verhalten des Systems und der modifizierten Umwelt insgesamt. Anders als im

Falle von Ashbys Homöostat haben wir es allerdings mit einem System zu tun, welches das Labor verlässt und in dem die Umwelt nicht auf eine Menge abstrakt-formal modellierter Umweltvariablen reduziert wird. Die Systeme müssen sich fortan in komplexen, nicht restringierten Umwelten bewähren.

AMI UND KI: Anders als in der Kybernetik können sich AmI-Systeme nicht auf die allgemeine Form der Adaptivität menschlichen Handelns beschränken. Zugleich ist jedoch nicht verlangt, dass Wahrnehmungen, Überzeugungen oder Handlungsabsichten dergestalt simuliert würden, dass sie ihren menschlichen Originalen ähnlich wären. Dennoch müssen jene Modelle um der quasi-natürlichen Erscheinung der AmI willen zum einen die Umweltbeziehungen menschlichen Verhaltens nachbildend erfassen. Dafür müssen die Modelle zum anderen zumindest die Gerichtetheit auf bestimmte Gegenstände des Handelns antizipieren bzw. diese im Verlauf wiederholter Interaktionen zu antizipieren lernen. Somit sind materiale Analogien – nämlich des konkreten zielgerichteten Verhaltens – verlangt, die sich die Beziehung zwischen menschlichen Akteuren und ihrer Umwelt zum Gegenstand nehmen: Welche Dinge und Sachverhalte werden in welchen Kontexten auf welche Weise behandelt? Welche Relevanz haben sie für das weitere Handeln des menschlichen Akteurs? Auch wenn die AmI bezüglich der Handlungskontexte gleichsam behavioristischer vorgehen kann als die klassische KI, die eine große Schwierigkeit darin fand, informelle und implizite Formen des Wissens und deren Kontexte zu erfassen, bleibt das Erfordernis des Erfassens von Handlungszielen und -kontexten bestehen.

6 Schlussfolgerungen

Gerade dann, wenn intelligente Umwelten im zuvor beschriebenen Sinne funktionieren und es ihren Nutzern durch deren unaufdringliche Unterstützung gelingt, ihre Handlungsziele zu erreichen, aber auch dann, wenn die Nutzer zugleich die von AmI-Anwendungen angebotenen Handlungsmöglichkeiten durchschauen und kontrollieren können, stellt sich eine Situation ein, die dem vielzitierten Problem des Kontrollverlustes in intelligenten Umwelten ähnlich scheint, aber von subtilerer Art ist: Wenn sich eine Umwelt automatisch an die Handlungen und Ziele einer Person anpasst, werden sich, ungeachtet aller Kontrollmöglichkeiten, die Ziele und der Raum der Handlungsmöglichkeiten der Person verändern.

Eine nicht-adaptive Umwelt wird aufgrund ihrer Widerständigkeit von einem Akteur verlangen, dass er oder sie entweder die eigenen Handlungsabläufe den dort vorgefundenen Bedingungen anpasst oder die Umweltbedingungen im Sinne der eigenen Handlungsziele aktiv modifiziert – oder eine Mischung aus beiden Strategien verfolgt. Beides gelingt nicht immer und nicht immer vollständig. Wenn hingegen die Umwelt die Handlungsziele des Akteurs antizipiert und einige ihrer eigenen Eigenschaften modifiziert, um die Erreichung dieser Ziele zu erleichtern, wird sie damit neue Ausgangsbedingungen für dessen weiteres Handeln geschaffen haben. Der Inhalt und die Reichweite der im Weiteren in den Blick genommenen Handlungsziele und -wege wird sich am Stand der bereits mit technischer Unterstützung erreichten Ziele orientieren. Während die im Sinne der oben erwähnten „doppelten Transparenz" implementierten Kontrollmöglichkeiten sich auf die Mittel der Erreichung bereits definierter Ziele beschränken – wobei die Möglichkeit offenbleibt, auf die Erreichung dieser Ziele zu verzichten –, sind auf dieser Ebene die Definition der Ziele und der Modus der Interaktion mit der Umwelt selbst betroffen. Diese bleiben nicht unter vollständiger Kontrolle des Akteurs.

Man mag an dieser Stelle einwenden, dass solche Situationen im Falle all jener Technologien eintreten können, die üblicherweise unterhalb der Aufmerksamkeitsschwelle ihrer Nutzer operieren: Indem sie als selbstverständliche Teile der eigenen Handlungsumwelt behandelt werden und indem sie ihre Funktionen erfüllen, ohne von ihren Nutzern ein Wissen über diese Funktionen zu verlangen und ohne Aufmerksamkeit auf ihre möglichen Rückwirkungen auf das eigene Handeln zu lenken, haben solche Technologien menschliche Handlungsziele und deren Reichweite schon immer modifiziert. Diese Beobachtung ist sicherlich zutreffend, etwa im Fall des elektrischen Lichts (das menschliche Aktivitätsmuster in die Nächte hinein verschob) oder im Fall der mechanischen Uhr (die zum ersten Mal die wahrgenommene Zeit in exakt messbare Einheiten einteilte und so individuelle wie kollektive Handlungsabläufe strukturierte und disziplinierte). Doch Effekte dieser Art werden im Falle der AmI ausgeprägter und systematischer sein, da diese Technologien die Interaktion der Akteure mit ihrer Umwelt und die Modi dieser Interaktion direkt und systematisch adressieren und sich ihnen dynamisch anpassen. Insofern es in der Interaktion zu Rückkopplungseffekten kommt, wird zu erwarten sein, dass die Anpassung nicht von einseitiger Art ist. Ob und was und wie auch immer eine intelligente Umwelt denken mag: Sowohl die Menge, die Form und die Reichweite der Interaktionsmöglichkeiten als auch die Gegenstände und Ziele solch einer Interaktion werden andere sein als im Falle einer Handlungsumwelt, die sich mit einer gewissen Regelmäßigkeit und Beharrlichkeit gegenüber den eigenen Zielen und Absichten versperrt.

Literatur

Adibi, S., A. Mobasher und M. Tofighbakhsh (2010). *Fourth-Generation Wireless Networks: Applications and Innovations*. Hershey: IGI Global.

Ashby, W. R. (1952). *Design for a Brain*. 1. Aufl. New York/London: John Wiley & Sons.

— (1960). *Design for a Brain. The Origin of Adaptive Behaviour*. 2. Aufl. New York/London: John Wiley & Sons.

Augusto, J. C. und H. Aghajan (2009). Editorial: Inaugural Issue. *Journal of Ambient Intelligence and Smart Environments* 1.1, 1–4.

Augusto, J. C. und C. D. Nugent, Hrsg. (2006). *Designing Smart Homes: The Role of Artificial Intelligence*. Lecture Notes in Computer Science. Berlin: Springer.

Azuma, R. T., Y. Baillot, R. Behringer, S. Feiner, S. Julier und B. MacIntyre (2001). Recent Advances in Augmented Reality. *IEEE Computer Graphics and Applications* 21.6, 34–47.

Black, M. (1962). *Models and Metaphors*. Ithaca: Cornell University Press.

Boden, M. A. (2006). *Mind as Machine: A History of Cognitive Science*. Oxford: Oxford University Press.

Brooks, R. (1991). Intelligence without Reason. In: *Proceedings of the 1991 International Joint Conference on Artificial Intelligence*. Hrsg. von J. Mylopoulos und R. Reiter. Bd. 1. Cambridge/London: MIT Press, 569–595.

Cai, Y., Hrsg. (2005). *Ambient Intelligence in Scientific Discovery*. Lecture Notes in Artificial Intelligence 3345. Berlin: Springer.

Cai, Y. und J. Abascal, Hrsg. (2006). *Ambient Intelligence in Everyday Life*. Lecture Notes in Artificial Intelligence 3864. Berlin: Springer.

Cook, D. J. und S. J. Das, Hrsg. (2005). *Smart Environments: Technologies, Protocols, and Applications*. Hoboken: Wiley & Sons.

Copeland, B. J. (2000). The Turing Test. *Minds and Machines* 10, 519–539.

— (2006). Turing's Thesis. In: *Church's Thesis After 70 Years*. Hrsg. von A. Olszewski, J. Woleński und R. Janusz. Heusenstamm: Ontos, 147–174.

— (2009). The Church-Turing Thesis. In: *The Stanford Encyclopedia of Philosophy*. Spring 2009. Stanford: The Metaphysics Research Lab, html. URL: http://plato.stanford.edu/archives/spring2009/entries/church-turing/.

da Costa, N. und S. French (2003). *Science and Partial Truth: A Unitary Approach to Models and Scientific Reasoning*. Oxford/New York: Oxford University Press.

230   Hajo Greif

Dupuy, J.-P. (2009). *On the Origins of Cognitive Science: The Mechanization of the Mind*. Cambridge/London: MIT Press.

Edwards, W. K. und R. Grinter (2001). At Home with Ubiquitous Computing: Seven Challenges. *Ubicomp 2001: Ubiquitous Computing*, 256–272. URL: http://dx.doi.org/10.1007/3-540-45427-6_22.

Feigenbaum, E. A. und J. Feldman, Hrsg. (1963). *Computers and Thought*. New York: McGraw Hill.

Feiner, S. K. (2002). Augmented Reality: A New Way of Seeing. *Scientific American* 286.4, 48–55.

Floreano, D. und C. Matiussi (2008). *Bio-Inspired Artificial Intelligence*. Cambridge/London: MIT Press.

Franchi, S. und G. Güzeldere (2005). Machinations of the Mind: Cybernetics and Artificial Intelligence from Automata to Cyborgs. In: *Mechanical Bodies, Computational Minds: Artificial Intelligence from Automata to Cyborgs*. Hrsg. von S. Franchi und G. Güzeldere. Cambridge/London: MIT Press, 15–149.

Friedewald, M., O. da Costa, Y. Punie, P. Alahuhta und S. Heinonen (2005). Perspectives of Ambient Intelligence in the Home Environment. *Telematics and Informatics* 22, 221–238.

Gardner, H. (1985). *The Mind's New Science: A History of the Cognitive Revolution*. New York: Basic Books.

Gardner, M. (1958). Squaring the Square. *Scientific American* 199.5, 136–142.

Haller, M., M. Billinghurst und B. Thomas, Hrsg. (2007). *Emerging Technologies of Augmented Reality: Interfaces and Design*. Hershey: Idea Group Publishers.

Harvey, I. (2004). Artificial Life. In: *The Oxford Companion to the Mind*. Hrsg. von R. Gregory. 2. Aufl. Oxford: Oxford University Press, 56.

Haugeland, J. (1985). *Artificial Intelligence: The Very Idea*. Cambridge/London: MIT Press.

Hesse, M. B. (1966). *Models and Analogies in Science*. Notre Dame: University of Notre Dame Press.

Hodges, A. (2006). Did Church and Turing have a Thesis about Machines? In: *Church's Thesis After 70 Years*. Hrsg. von A. Olszewski, J. Woleński und R. Janusz. Heusenstamm: Ontos, 242–252.

— (2008). Alan Turing and the Turing Test. In: *Parsing the Turing Test*. Hrsg. von R. Epstein, G. Roberts und G. Barber. Berlin: Springer, 13–22.

— (2011). Alan Turing. In: *The Stanford Encyclopedia of Philosophy*. Hrsg. von E. N. Zalta. Summer 2011. Stanford: The Metaphysics Research Lab, html. URL: http://plato.stanford.edu/archives/sum2011/entries/turing/.

Khan, A. H., M. A. Qadeer, J. A. Ansari und S. Waheed (2009). 4G as a Next Generation Wireless Network. In: *2009 International Conference on Future Computer and Communication*. New York: IEEE Computer Society, 334–338.

Kleiner, A. (2005). Game AI: The Possible Bridge between Ambient and Artificial Intelligence. In: *Ambient Intelligence. The Evolution of Technology, Communication and Cognition towards the Future of Human-Computer Interaction*. Hrsg. von G. Riva, F. Vatalaro, F. Davide und M. Alcañiz. Amsterdam: IOS Press, 143–157.

Lanier, J. (2011). It's not a Game. *Technology Review* 114.3, 80–81.

Leitner, G., R. Melcher und M. Hitz (2011). Spielregeln im intelligenten Wohnumfeld. In: *Vernetzung als soziales und technisches Paradigma*. Hrsg. von H. Greif und M. Werner. Wiesbaden: VS Research, in diesem Band.

McCorduck, P. (1979). *Machines Who Think: A Personal Inquiry into the History and Prospects of Artificial Intelligence*. San Francisco: Freeman & Co.

Moor, J. H. (1976). An Analysis of the Turing Test. *Philosophical Studies* 30, 249–257.

Nagel, E. (1961). *The Structure of Science*. New York: Harcourt, Brace & World. Kap. 12: Mechanistic Explanation and Organismic Biology.

Newell, A. (1983). Intellectual Issues in the History of Artificial Intelligence. In: *The Study of Information: Interdisciplinary Messages*. Hrsg. von F. Machlup und U. Mansfield. New York: Wiley & Sons, 187–227.

Nolfi, S. und D. Floreano (2000). *Evolutionary Robotics: The Biology, Intelligence and Technology of Self-Organizing Machines*. Cambridge/London: MIT Press.

Pickering, A. (2005). A Gallery of Monsters: Cybernetics and Self-Organization 1940–1970. In: *Mechanical Bodies, Computational Minds: Artificial Intelligence from Automata to Cyborgs*. Hrsg. von S. Franchi und G. Güzeldere. Cambridge/London: MIT Press, 229–245.

Rosenblueth, A., N. Wiener und J. Bigelow (1943). Behavior, Purpose and Teleology. *Philosophy of Science* 10.1, 18–24.

Simon, H. A. (1969). *The Sciences of the Artificial*. 2. Aufl. Cambridge/London: MIT Press.

Singla, G., D. J. Cook und M. Schmitter-Edgecombe (2010). Recognizing Independent and Joint Activities among Multipe Residents in Smart Environments. *Journal of Ambient Intelligence and Humanized Computing* 1.1, 57–63.

Steels, L. und R. Brooks (1995). *The Artificial Life Route to Artificial Intelligence: Building Embodied, Situated Agents*. Hillsdale: Erlbaum.

Streitz, N., A. Kameas und I. Mavrommati, Hrsg. (2007). *The Disappearing Computer. Interaction Design, System Infrastructures and Applications for Smart Environments*. Berlin: Springer.

Taylor, A., R. Harper, L. Swan, S. Izadi, A. Sellen und M. Perry (2007). Homes that make us smart. *Personal and Ubiquitous Computing* 11.5, 383–393. URL: http://dx.doi.org/10.1007/s00779-006-0076-5.

Turing, A. M. (1936). On Computable Numbers, with an Application to the Entscheidungsproblem. *Proceedings of the London Mathematical Society* s2-42, 230–265.

— (1950). Computing Machinery and Intelligence. *Mind* 59, 433–460.

— (1952). The Chemical Basis of Morphogenesis. *Philosophical Transactions of the Royal Society, B* 237, 37–72.

Wegdam, M., J. van Bemmel, K. Lagerberg und P. Leijdekkers (2004). An Architecture for User Location in Heterogeneous Mobile Networks. In: *7th IEEE International Conference on High Speed Networks and Multimedia Communications, HSNMC, Toulouse, France*. New York: IEEE Computer Society.

Weiser, M. (1991). The Computer for the 21st Century. *Scientific American* 265.9, 94–104.

Whitby, B. (1996). The Turing Test: AI's Biggest Blind Alley? In: *Machines and Thought*. Hrsg. von P. Millican und A. Clark. Bd. 1. The Legacy of Alan Turing. Oxford: Clarendon Press, 53–62.

Wittgenstein, L. (1984). *Bemerkungen über die Philosophie der Psychologie*. 7. Aufl. Bd. 7. Werkausgabe. Frankfurt: Suhrkamp.

Yu Hui, S. und K. H. Yeng (2003). Challenges in the Migration to 4G Mobile Systems. *IEEE Communications Magazine* 41.12, 54–59.

Zhou, F., H. B.-L. Duh und M. Billinghurst (Sep. 2008). Trends in Augmented Reality Tracking, Interaction and Display: A Review of Ten Years of ISMAR. In: *Proceedings of ISMAR 2008*. Cambridge.

Alle im Literaturverzeichnis referenzierten Links wurden im September 2011 geprüft.

Autorinnen und Autoren

AZUMA, JUNICHI, O. Univ.-Prof. ist Direktor für den Bereich Englisch als Fremdsprache an der University of Marketing and Distribution Sciences, Kobe, Japan
E: junichi.azuma@nifty.com
W: http://ilearn.mediahof.org/

BAMMÉ, ARNO, O. Univ.-Prof. Dipl.-Hdl. Dipl.-Soz. Dr. ist Vorstand des Instituts für Technik- und Wissenschaftsforschung, Alpen-Adria-Universität Klagenfurt
E: arno.bamme@aau.at
W: http://www.uni-klu.ac.at/iff-tewi/inhalt/780.htm

BERGER, WILHELM, Ao. Univ.-Prof. Dr. phil. ist Prodekan der Fakultät für Interdisziplinäre Forschung und Fortbildung, Alpen-Adria-Universität Klagenfurt
E: wilhelm.berger@aau.at
W: http://www.uni-klu.ac.at/iff-tewi/inhalt/525.htm

ERLACHER, WILLIBALD, Dr. phil. ist wissenschaftlicher Mitarbeiter am Institut für Unterrichts- und Schulentwicklung sowie in der Abteilung Organisationsentwicklung und Gruppendynamik, Alpen-Adria-Universität Klagenfurt
E: willibald.erlacher@aau.at

GREIF, HAJO, Ass.-Prof. Dr. phil. ist Assistenzprofessor am Institut für Technik- und Wissenschaftsforschung, Alpen-Adria-Universität Klagenfurt
E: hajo.greif@aau.at
W: http://wwwu.aau.at/hgreif/

HITZ, MARTIN, Univ.-Prof. Dipl.-Ing. Dr. ist stellvertretender Vorstand des Instituts für Informatik-Systeme, Alpen-Adria-Universität Klagenfurt
E: martin.hitz@aau.at
W: http://www.uni-klu.ac.at/tewi/inf/isys/ias/staff/martin_hitz.html

KOTZMANN, ERNST, Ass.-Prof. Dr. phil. ist Assistenzprofessor am Institut für Technik- und Wissenschaftsforschung, Alpen-Adria-Universität Klagenfurt
E: ernst.kotzmann@aau.at

LEITNER, GERHARD, Ass.-Prof. Mag. Dr. ist Assistenzprofessor am Institut für Informatik-Systeme, Alpen-Adria-Universität Klagenfurt
E: gerhard.leitner@aau.at
W: http://www.uni-klu.ac.at/tewi/inf/isys/ias/staff/gerhard_leitner.html

LESJAK, BARBARA, Ass.-Prof. Mag. Dr. ist Assistenzprofessorin in der Abteilung Organisationsentwicklung und Gruppendynamik, Alpen-Adria-Universität Klagenfurt
E: barbara.lesjak@aau.at

MELCHER, RUDOLF, Univ-Ass. Mag. ist wissenschaftlicher Mitarbeiter am Institut für Informatik-Systeme, Alpen-Adria-Universität Klagenfurt
E: rudolf.melcher@aau.at
W: http://www.uni-klu.ac.at/tewi/inf/isys/ias/staff/rudolf_melcher.html

MITTERMEIR, ROLAND, O. Univ.-Prof. Dipl.-Ing. Dr. ist stellvertretender Vorstand des Instituts für Informatik-Systeme, Alpen-Adria-Universität Klagenfurt
E: roland.mittermeir@aau.at
W: http://www.uni-klu.ac.at/tewi/inf/isys/kid/staff/8108.htm

PASSOTH, JAN-HENDRIK, Dr. phil. ist Postdoc an der Fakultät für Soziologie der Universität Bielefeld
E: jan.passoth@uni-bielefeld.de
W: http://www.uni-bielefeld.de/soz/medien/jpassoth.html

SACKL, ANDREAS, Dipl.-Ing. Bakk. phil. BSc ist Researcher in User-centered Interaction and Communication Economics am Forschungszentrum Telekommunikation Wien
E: sackl@ftw.at
W: http://www.andreassackl.net/

SCHACHTNER, CHRISTINA, Univ.-Prof. Dipl.-Soz. DDr. ist Vorständin des Instituts für Medien- und Kommunikationswissenschaft, Alpen-Adria-Universität Klagenfurt
E: christine.schachtner@aau.at
W: http://wwwu.uni-klu.ac.at/cschacht/

WERNER, MATTHIAS, M.A. ist wissenschaftlicher Mitarbeiter am Interuniversitären Forschungszentrum für Technik, Arbeit und Kultur (IFZ), Graz
E: werner@ifz.tugraz.at
W: http://www.ifz.tugraz.at/team/werner-matthias

WIESER, MATTHIAS, Mag. Dr. ist Postdoc-Assistent am Institut für Medien- und Kommunikationswissenschaft, Alpen-Adria-Universität Klagenfurt
E: matthias.wieser@aau.at

MIX
Papier aus verantwortungsvollen Quellen
Paper from responsible sources
FSC® C105338

If you have any concerns about our products,
you can contact us on
ProductSafety@springernature.com

In case Publisher is established outside the EU,
the EU authorized representative is:
Springer Nature Customer Service Center GmbH
Europaplatz 3, 69115 Heidelberg, Germany

Printed by Libri Plureos GmbH
in Hamburg, Germany